Die Vermessung der Schatten

RUDOLF W. DELLMOUR

ISBN: 1727297636
ISBN-13: 9781727297638

„Schlösser sind nun einmal kleine Städte und alle Fäden laufen dort verständlicherweise zusammen"
Franz Kafka: „Das Schloss"

INHALT

1 IM WALDVIERTEL

1.1. Herr Doktor Gruber

Was wir über Herrn Doktor Gruber wissen, ist im Grunde sehr bescheiden. Er schien sein Dasein keinem besonderen Zweck gewidmet zu haben, außer der hingebungsvollen Registrierung des gewöhnlichen, aber stets so facettenreichen Lebens der Menschen und der ihn umgebenden Natur. Gruber war ein Chronist im klassischen Sinne und seiner Wesensart entsprechend könnten wir ihn durchaus in einem mittelalterlichen, klösterlichen Leben wiederfinden. Aber er lebte in unserer Zeit, mitten unter uns, auch wenn er von den meisten nicht bemerkt wurde.

Er beobachtete, er dokumentierte, er hielt fest. Wozu? Wir wissen es nicht. Vielleicht für uns Nachfolgende? Was wir von ihm wissen, das ist uns im Wesentlichen durch seine Schriften übermittelt worden, die er sehr zahlreich verfasste, von denen aber nur ein kleiner Teil erhalten blieb; außer den Tagebüchern (die „Grünen und Blauen Hefte", und so weiter) ein paar Briefe, die allesamt an seine Schwester adressiert waren, und zusätzlich durch seine Sammlungen, von denen noch Teile aufgefunden werden konnten. Weitere Quellen sind Zeitgenossen, die ihn persönlich kannten und von denen noch Einiges in Erfahrung gebracht werden konnte.

Charakteristisch für Gruber war seine systematische Arbeitsweise. Er untergliederte die mannigfaltigen Erscheinungsformen der ihn umgebenden Welt in „Kategorien" und entwickelte ein Verfahren, das imstande war das verwirrende und völlig undurchsichtige Zusammenspiel zwischen Menschen und Umwelt zu beschreiben. Mit diesem Verfahren, das er auch als die „Kategorien" bezeichnete, versuchte er „all das zu determinieren, was dem flüchtig Vorübereilenden, wie auch dem akribisch Forschenden in seiner Gesamtheit entgehen musste: die Einheit in der Vielfalt, die unglaubliche Banalität des Lebendigen, die Gewöhnlichkeit des Geborenwerdens und die Trivialität des Sterbens“. So seine Definition in einem seiner Feldbücher.

Eines Tages im Spätsommer des Jahres 1955 tauchte Doktor Gruber in der kleinen niederösterreichischen Ortschaft Albrechtsberg auf. Keiner kannte ihn und niemand wusste, woher er kam. Auch späterhin erklärte er sich niemals genauer über seine Herkunft. Es war lediglich bekannt, dass er eine Schwester in Wien hatte; an diese schickte er bisweilen einen Brief oder ein Paket, und davon bekam naturgemäß der Briefträger Kenntnis. Aber es lässt sich auch hier nicht mit Sicherheit sagen, ob sie wirklich existierte; es wurden in seinem Nachlass einige an sie adressierte Briefe gefunden, die postwendend an den Absender Gruber zurückgeschickt worden waren.

Was ihn aber nach Albrechtsberg getrieben hatte, war und blieb unbekannt. War es bloße Neugierde, oder Forschungsdrang, eine heimliche Leidenschaft gar? Die genauen Gründe werden wir wohl nie erfahren. In einer Tagebuchnotiz aus seinen „Blauen Heften“ finden wir eine Darstellung seiner ersten Eindrücke, als er im Wirtshaus in Albrechtsberg zufällig seinem Schicksal begegnete. Wenn wir die Authentizität dieser Aufzeichnungen akzeptieren, so brachte ihn der pure Zufall in diese Ortschaft. Der folgende Auszug behandelt seine ersten Eindrücke.

1.2. Eine Dorfschenke im Waldviertel

Aus den „Blauen Heften“ des Herrn Gruber, Band R14/Feldbuch: 1955, Sonntag, 21. August: „Ich kam von einer urgeschichtlichen Ausgrabung im Kamptal. Zu Fuß stolperte ich die beschwerlichen Wege durch den weiten Gföhler Wald, wo mich ein heftiges Unwetter überraschte. Nach einem steilen Weg in ein reizvolles Flusstal hinab und auf der anderen Seite wieder aufwärts kam ich in ein kleines Dorf mit Kirche, Wirtshaus und Schlossberg. Ich war weit gewandert an diesem Tage und redlich müde. Doch der Anblick der zauberhaften Landschaft ließ mich während des Tages alle Mühen und selbst den Hunger vergessen.

Noch lag das goldene Stroh in Ballen, Haufen und langen Streifen auf den Stoppelfeldern, noch schien die warme, gelbe Sonne in das braune, kalte Flusswasser, noch schwirrten Libellen und Mücken über den Fluss. Ein schöner Sommer dieses Jahr. Ein Sommer, der zu Ende ging und ein Tag, der sich vor dem Abend neigte. Das Wirtshaus befand sich am Ende des Dorfes, nach Westen zu, auf der rechten Straßenseite. Ein niedriges, einstöckiges Gebäude, firstseitig zur Straße gewandt. Mit dem Giebel berührte es beinahe den daneben liegenden Bauernhof. Ich besah mir alles gründlich: Das graue Dach, gedeckt mit quadratischen, moosbedeckten Dachziegeln aus billigem Betongemisch; charakteristisch für die zwanziger und dreißiger Jahre; am Giebel ein schiefer, kurzer Strommast aus Metall. Die Fassade ein schmutzig-graues Weiß. Wetterseitig der Verputz hinter der Dachrinne rausgebrochen. Darunter die ehemalige weiße Kalktünche sichtbar. Beidseitig des Einganges, symmetrisch gelegen, je zwei Fenster; hochkant, rechteckig, zweiflügelig, je aus sechs quadratischen, einfach verglasten Scheiben. Kastenfenster. Die Fensterflügel aus Fichtenholz, die Faserung vom Wetter herausmodelliert, die Farbe verblasst, von der Sonne vergilbt, von der Witterung abgeblättert.“

Warmer Wind strich über die Dorfstraße, Sommergeruch, Gräser winkten. Als Gruber sich dem Wirtshaus näherte, standen vor dem Eingang drei Personen. Eine ältere Frau in blauer, bodenlanger Arbeitsschürze, den rechten Arm in die Hüfte gestemmt. Vor ihr ein kleines Mädchen mit einer Stoffpuppe in den Armen. Die Frau hatte ihre linke Hand auf die Schulter des Kindes gelegt. Rechts vor ihr ein halbwüchsiges Mädchen mit Kopftuch und geflickter Schürze, beide Hände in die Bauchtaschen gesteckt. Alle drei betrachteten aufmerksam den näherkommenden Fremden. Als er sie beinahe erreicht hatte, verschwanden sie durch den hölzernen Windschutz im Haus. Gruber ordnete die ihm unbekannten Personen zu: Die ältere Frau hielt er für die Wirtin, die Mädchen für ihre Töchter. Als er auf die Eingangstüre zuschritt, versuchte er, durch die staubigen

Fenster ins Innere zu sehen. In der Stube herrschte Dunkelheit und er vermochte nichts zu erkennen. Stattdessen sah er tote Fliegen, die zwischen den Fensterflügeln gefangen waren. Sie lagen auf dem Rücken und streckten ihre dürren Beinchen in die Höhe. Von der roten Morgensonne gelockt, waren sie zwischen die Ritzen der Fensterflügel geschlüpft. Gruber malte sich aus, wie sie, geblendet von der Mittagssonne, am inneren Fensterbrett hoffnungslos hin und her getorkelt waren. Am Nachmittag waren sie gestorben, noch ehe die Abendsonne lange Schatten hinter ihre winzigen Körper warf. Er betrachtete sie eine Weile und ging dann durch den Holzvorbau in die Wirtsstube hinein. Eine abgewetzte steinerne Stufe verband den Vorbau mit der Straße; „Ah, Waldviertler Marmor!", registrierte Gruber. Es gab kein vorgelagertes Gärtchen, keinen Gartenzaun, keinen Gehsteig. Gruber war im tiefen Land und nicht in der Stadt. In der Wirtsstube hing ein Kalender, auf dem dieser Tag dick mit einem Farbstift eingerahmt war. Als er den Raum betrat, standen der Wirt und ein Gast in angeregter Unterhaltung davor. Sie besprachen offensichtlich ein Ereignis, das mit diesem Datum im Zusammenhang stand. Die Einrichtung der Wirtsstube bestand aus einer großen Schank und einigen Tischen. Gruber bemerkte keine Besonderheit, außer vielleicht dem Schankkäfig. Eine Einrichtung, die nur mehr selten anzutreffen war. Der Wirt konnte sich dahinter in Sicherheit bringen, wenn betrunkene Gäste mit Stühlen und Trinkgläsern um sich warfen. Noch bevor Gruber die Tür hinter sich geschlossen hatte, war der Wirt hinter die Schank geeilt. Der andere Gast hatte sich in eine Ecke an einen abgelegenen Tisch zurückgezogen.

Der Wirt war groß und wohlbeleibt. Er glotzte den Eintretenden neugierig an und süffelte genüsslich an einem Achterl Wein. Er hieß Schmähwald und schien geistig zurückgeblieben. Aus dem aufgekrempelten Hemd ragten auffallend dicke und stark behaarte Unterarme hervor. Gruber erschrak über die riesigen Fäuste, als der Wirt ihm wenig später ein Krügerl Bier vor die Nase stellte. So groß wie der Kopf eines Kindes, dachte er. Außer dem Wirt und dem Mann, mit dem er gerade noch im Gespräch gewesen war, befanden sich noch zwei weitere Personen im Raum. Es mochten Bauern aus der Ortschaft oder den umliegenden Gehöften sein. Sie waren in blaue, mehrfach geflickte und ausgebleichte Schlosseranzüge gekleidet, wie sie die Bauern dieser Gegend gern zur Arbeit trugen. Auch sie tranken Wein und saßen im Gespräch vertieft an einem Tisch direkt neben der Schank, nicht weit von Gruber entfernt, der immer noch bei der Eingangstür stand. Dennoch schienen sie ihn nicht zu bemerken.

Er setzte sich an den Nebentisch, ohne ihre Aufmerksamkeit zu erregen. Fliegen liefen am Rand seines Bierglases auf und ab, bevölkerten den dunklen Tisch, die abgenützten Stühle, die Wirtshausbänke aus braun gebeiztem Kiefernholz, die Diele aus aufgedrehten, breiten Lärchenbohlen, den Salzstreuer, den Pfefferstreuer, die tief in die Stube herabhängenden Lampenschirme. Gruber registrierte sorgfältig die Bewegung der Fliegen in der Stube. Das Gespräch der Bauern wurde bisweilen durch minutenlanges Schweigen unterbrochen. Die gelbe Abendsonne fiel schräg durch die Fenster und beleuchtete den Staub auf den Scheiben.

Zu dieser Zeit wusste Gruber noch nichts vom Schloss. Sein Interesse galt der Einrichtung der Wirtsstube. An der Holztäfelung der Wände hingen Fotografien und Bilder. Fotos der FF Albrechtsberg: vor dem Zeughaus, das die Aufschrift „gegr. 1900“ trug. In zwei Reihen die Mannschaft: stehend zehn Mann, davor kniend sechs Jungmänner. In der Mitte des Fotos, etwas schräg gestellt, der Feuerwehrhauptmann: spitzer Helm, breiter Ledergürtel, die Arme in die Seiten gestemmt, mit umfangreichem Bierbauch. Die Männer allesamt mit Schnurrbart, davor die neue Spritzmaschine. Daneben ein Foto mit dem Wirtssohn nach erfolgreicher Musterung. In der Hand hält er die rot-weiß-rote Fahne mit der Aufschrift: „Tauglich“. Derselbe beim Abrüsten als Korporal. Blumen und Landschaftsbilder aus Katalogen ausgeschnitten. Die Rahmen aus schwarz und braun lackiertem Holz, verziert mit geschnitzten Blumen. Der Wirt vor seinem Haus in weißer

Schürze, die Arme hängen schwer herab, dicker, gelblichweißer Schnurrbart, eine Weste, ein grünes Jackett mit Uhrkette. In hohen Lederstiefeln steht er auf dem schlammigen Weg der Dorfstraße.

In der Stube herrschte Stille, nur von draußen hörte man das laute Zirpen der Grillen. Gruber fühlte sich beobachtet. Als er den Kopf hob und verstohlen aus den Augenwinkeln auf den Wirt oder die neben ihm sitzenden Bauern blickte, so war nichts davon zu bemerken. Der Geruch von Heu zog durchs offene Fenster, das der Wirt nach seinem Eintreten geöffnet hatte. Die letzten, verspätet geschlüpften Schwalben sausten durch die Gassen und um den Kirchturm. Niemand zeigte sich auf der Straße. Es dunkelte rasch. Gruber trank. Er war durstig und müde. Seine Stiefel waren schwer vom lehmigen, ungeschotterten Weg, seine Beine schwer von der Anstrengung des Wanderns, und seine Gedanken schwer vom vielen Nachdenken.

Er hörte auf die Gespräche. Wenn er auch meist nicht auf die Worte achtete, sondern mehr auf Kontinuität oder Unterbrechung der Stimmen, auf ihren Klang, auf die Melodie. So, wie man dem Rauschen eines Flusses zuhört, oder dem Fallen des Regens, oder dem leisen Knistern des fallenden Schnees, oder dem Prasseln des Hagels, oder dem Rascheln des dürren Laubes auf Waldwegen. Es ging ihm nicht um die Worte, und doch fielen mitunter Ausdrücke im Gespräch der Bauern, die haften blieben und Bilder bei ihm auslösten und ihn zum Träumen bewegten. Es wurden Sätze gesprochen, die er in sein Feldbuch aufzeichnen wollte. Dazwischen lagen oft lange Strecken, wo er seinen eigenen Wegen folgte, gewiesen durch bestimmte Worte der Erzähler. Kamen die Bilder im Kopf zum Stillstand, so fiel bald wieder ein Wort und holte weitere vergessene Bilder aus der Erinnerung oder ließ neue, bislang unbekannte, entstehen. Er war ganz in der Bilderflut versunken. Er trieb im Gespräch. Er hatte sich seiner Müdigkeit überlassen und war dabei unmerklich in die Geschichte der Erzähler gelangt. Von einem schrulligen Alten wurde berichtet, „Der General" genannt, der einsam und unzugänglich auf seinem Schloss lebte. Von „Meierhof-Bewohnern“ und einem Gutsverwalter wurde mit leisen Stimmen gesprochen.

Es war seltsame Fügung, dass Gruber gerade zu dieser Stunde in diesem Wirtshaus abgestiegen war. Er konnte zu jenem Zeitpunkt nicht wissen, welche Bedeutung die Kenntnis dieser Gespräche für sein eigenes Leben haben würde. Es war wohl die Situation insgesamt, die ihn auf seltsame Weise anzog. Es gab gleichermaßen Geheimnisvolles wie auch Triviales in den Erzählungen. Das Gespräch der Bauern bestand aus einer Mischung von Resignation und Wut, von Mitteilungsbedürfnis und Verschwörungsgeist. Ihr Erzählen verwob weit zurückliegende Ereignisse mit der Gegenwart. Die Beschreibung des Schlosses und seiner Bewohner, die mysteriöse Person des Generals, die Einkünfte des Verwalters, die Verpachtung der Schlossgründe, die Herkunft der Parkbäume, das Alter der Schlossmauern, die Uniformen des Schlosspersonals … vor Grubers Augen entwickelte sich eine verschlungene, fremde und geheimnisvolle Welt, die ihn lockte. Er verspürte dieselben Empfindungen, die er als Kind gehabt hatte, wenn er den Geruch feuchter, kalter, dumpfer Luft einatmete, der aus den Kellern und halb verschütteten Räumen von Ruinen und leer stehenden Häusern strömte. Oder die modrige und stickige Luft, wie er sie auf Dachböden vorgefunden hatte, die seit Langem nicht betreten worden waren. Diese Gerüche hatten eine Flut von Bildern in seinem Kopf ausgelöst. Gerüche und Bilder waren zusammengehörige Erscheinungsformen gewesen, die einander substituierten. Jedes für sich hatte dieselbe Geschichte erzählt, nur auf unterschiedliche Weise.

Mittlerweile war es dunkel geworden. Gruber konnte den Raum nicht mehr vollständig überblicken. Kein Licht wurde aufgedreht. Nur durch den Klang der Stimmen vermochte er die Position der Sprechenden zu bestimmen. Ihre Bewegungen nahm er gerade noch als undeutliche Schatten wahr. Von der Schank her war kein Geräusch zu hören – sie lag bereits in völliger Dunkelheit. Möglicherweise war der Wirt eingeschlafen. Gruber versuchte, dem Gespräch zu folgen. Die Erzählung hatte sich längst in eine Fülle von fließenden Bildern aufgelöst und ließ ihn versunken auf diesem Bach dahintreiben. Sprachen sie vom General, so bekam ihre Stimme etwas Weiches. So, als sprächen sie zu ihrer Geliebten oder zu ihren Kindern. Sprachen sie hingegen vom Verwalter, so senkten sie ihre Stimmen und drehten dabei die Köpfe. Die Augen blickten unruhig in der Stube umher, tasteten die dunkel gefärbten Wandpaneele ab und kamen auf dem Tisch, an dem sie saßen, wieder zur Ruhe. Sie machten auf Gruber den Eindruck von betenden Mönchen. Leicht vornüber gebeugt, die Köpfe einander zugeneigt, die Augen halb geschlossen. Wie die Tatzen eines großen Tieres ruhten die Hände schwer auf den Tischplatten. Die Männer schienen den fremden Gast nicht zu bemerken, oder er war für sie ohne Bedeutung. Sie kannten ihn nicht. Sie ahnten nichts von seiner Neugierde am Menschen.

Gewohnt, dem kleinsten Detail Beachtung zu schenken, neben den üblichen Fährten zu forschen und zwischen den Zeilen zu lesen, war sein Interesse jedoch längst erwacht. Er begann zu vermuten, dass in diesem Schloss, von dem die Bauern so eindringlich sprachen, gewisse Seltsamkeiten einen Ausdruck fanden, der sich im Leben der darin befindlichen Menschen widerspiegelte. Wer waren die Leute, die im Gespräch als „Gsindl“ bezeichnet wurden? Es schien eine besondere Verquickung der Lebensgeschichte der Meierhof-Bewohner mit der Vergangenheit des Schlosses zu bestehen. Dazu kam die Person des Generals, der scheinbar außerhalb dieses Systems stand, sowie der „Verwalter“, über den sie sich insgesamt sehr negativ äußerten. Als die beiden Erzähler verstummten und begannen, mit anhaltender Ausdauer auf die Tischplatte zu starren, wurde es Zeit für Gruber, zu gehen. Er hatte genug gehört und wusste, was zu tun war! Vor ihm lag ein neues Forschungsthema, das womöglich die nächsten Jahre ausfüllen würde. Und er hatte auch schon einen Arbeitsbegriff: „Das Schlossprojekt“!

1.3. Der Plan zu den Kategorien

Als er nach dem Wirt rufen wollte, stand der schon an seiner Seite. Es war mittlerweile so dunkel in der Stube geworden, dass Gruber nicht zu sagen vermochte, ob er schon länger hinter ihm gestanden hatte. Er zahlte und verließ das Wirtshaus. Vor dem Haus lag die Nacht. Unter klarem Sternenhimmel wanderte er noch eine gute Weile, fand einen geeigneten Ort und brachte dort die Nacht im Freien zu. Der Tau lag schon auf den Gräsern. Aber noch lange lag Gruber wach und dachte an das Gespräch der Bauern. Die Sache mit dem Schloss und dem General ging ihm nicht mehr aus dem Kopf. Er fühlte sich angezogen. Auch passte die ganze Geschichte zu seinen Ideen der Beziehung zwischen Mensch und Umwelt, zwischen Physiognomie und Geologie. Ein komplexes Thema mit ineinander verschachtelten Fragen und Antworten, der Gefahr von Zirkelschlüssen und Irrtümern ausgesetzt, der Möglichkeit des Scheiterns selbst; also ganz nach seinem Geschmack. Als er an diesem Abend auf freier Flur, unter dem schwarzblauen, sternenübersäten Himmel lag und seine Gedanken in das Weltall hinaussandte, wusste er bereits, dass er an diesem Ort für eine Weile bleiben würde. Nicht lange, dachte er, vielleicht für ein paar Wochen. Dann schlief er ein. Mochten solche Entscheidungen für ihn vielleicht relativ einfach gewesen sein, weil er kein richtiges Zuhause kannte und wie ein Heimatloser in der Welt herumirrte, oder aus anderen Gründen, die wir nicht kennen. Es ist am Ende ohne Bedeutung. Tatsache ist, dass dieser Ort zu Grubers Schicksal wurde.

Als er am nächsten Morgen erwachte, nass vom Tau und fröstelnd vor Kälte, wiederholte er nochmals seinen Entschluss. Er wollte bleiben, denn er liebte das Erforschen komplizierter Zusammenhänge. Und er liebte die Menschen und ihre Geheimnisse. Und er liebte den Satz von Konfuzius: „Wenn sich auf deinem Weg eine Abzweigung zeigt, so folge ihr.“

1.4. Einzug bei Tante Anna

Das Erste, was er brauchte, war eine Unterkunft. Gruber sah sich im Ort nach einem Quartier um. Aber alle seine Versuche, bei den Bauern auf einem Hof unterzukommen, schlugen fehl. Er war ein Fremder, und Fremden gegenüber hegten sie grenzenloses Misstrauen. Doch am Ortsrand wurde er schließlich fündig. Nachdem er einige Nächte im Dorfwirtshaus verbracht hatte, lernte er „Tante Anna“ kennen. Sie quartierte ihn ins Präparierzimmer ihres verstorbenen Onkels Fred ein. Der war passionierter Jäger gewesen, obgleich er zeitlebens an schwerem Asthma gelitten hatte und nur keuchend auf die Pirsch gehen konnte. Es musste ihn schreckliche Überwindung gekostet haben, auf einen Hochstand hinaufzuklettern. So wohnte nun Gruber inmitten von glasäugigen Falken, Eulen, Käuzen, Rehtrophäen, ausgestopften Mardern und Nusshähern.

Tante Anna war in ihrer Jugend im Schloss als Zofe beschäftigt gewesen, erzählte sie, und überließ ihm den Raum zur freien Verfügung mit der Einschränkung, nichts an der Anordnung der Gegenstände zu verändern. Neben einer Unzahl an Vogelpräparaten hingen an den Wänden alle möglichen Fischschädel und abgehäutete Dachse und sogar ein Igel-Balg, den der Verstorbene als Bleistiftbehälter verwendet hatte. Onkel Fred hatte sich in seiner Freizeit Geld mit Tierpräparation verdient; darunter Hauskatzen, fette alte Dackel mit schäbigem Fell, überfahrene Füchse und anderes Getier. Mit diesem Taschengeld hatte er sich verschiedene kleine Freuden gegönnt, unter anderem die Finanzierung einer jährlichen, zweiwöchigen Reise in das Habachtal, um dort mit einem alten Jugendfreund nach Smaragden zu schürfen. Nach Tante Annas Erzählungen war Onkel Fred ein seltsamer Kauz gewesen, und Gruber fühlte, dass er sich mit ihm gut verstanden hätte. Wortkarg wie ein Schotte sei Fred gewesen, dabei aber herzlich und stets freundlich und liebevoll. Wenn er durchs Dorf gegangen sei, habe er immer Süßigkeiten für die Kinder in seiner Hosentasche gehabt. Nie sei er von einem

Spaziergang zurückgekommen, ohne im Wirtshaus einzukehren und ein Gläschen Wein zu trinken. Tante Anna erzählte, dass sie in ihrem ganzen Leben nie ein schlechtes Wort von ihm gehört habe. Eines Tages sei er nach dem Mittagessen am Tisch eingeschlafen und nicht mehr aufgewacht. Er war 86 Jahre alt geworden und es hatte in seinem Leben wohl keinen Menschen gegeben, der ihm Feind gewesen war.

Tante Anna war eine gesprächige und nette Frau. Sie bekochte Gruber und freute sich, wieder jemanden im Haus zu haben, um den sie sich kümmern konnte. Gruber führte mit ihr oft halbe Nächte lang Gespräche, und all ihre Erinnerungen an das Schloss begannen durch sein Interesse wieder aufzuleben. Nach und nach fanden sich auch alte Bekannte und Freundinnen von ihr ein, die zum Teil entweder selbst im Schloss gearbeitet hatten, oder Anekdoten beisteuern konnten und damit sein Wissen vermehrten. Gruber begann, alle diese Geschichten akribisch aufzunehmen. Interessanterweise schien keiner im Dorf mehr von Tante Annas Schlosskenntnis zu wissen. Es mochte vielleicht auch notwendig sein, dass sie anderen gegenüber darüber schwieg. Aber das sollte Gruber nur recht sein. Sie gab ihm Unterkunft und war zugleich eine wertvolle Informantin. Onkel Freds Zimmer diente ihm für mehrere Monate als Basislager für seine Forschungen. Tante Anna schirmte ihn ab und versuchte, ihn soweit wie möglich gegen das Gerede im Dorf und anfängliche Feindseligkeiten der Bauern zu schützen. So lange, bis er in die dörfliche Gemeinschaft integriert war und sich nach einem weiteren Quartier umsah: im Zentrum seines Forschungsgebietes, im Schloss selbst! Doch dahin war noch ein weiter und mühsamer Weg.

Tante Anna schloss Gruber in ihr einsames, mütterliches Herz, und bald gehörte er wie ein Sohn zur Familie und ging in ihrem Haus vertraut ein und aus. Der Begriff „Familie“ ist vielleicht etwas zu weit gegriffen, denn Tante Anna lebte mit ihrer Katze „Munki“ bereits seit vielen Jahren allein.

Als für Gruber feststand, dass er in dieser Gegend länger bleiben wollte, fuhr er mit dem Zug nach Wien. Er hatte in seiner Wiener Dachwohnung außer einem Haufen Bücher kaum persönliche Sachen, so nahm er nur das Notwendigste mit nach Albrechtsberg: Wäsche, Vermessungsinstrumente, Feldstecher, Bücher, Lexika, schwere Arbeitsstiefel, seinen Geologen-Kompass. All das schleppte er in Koffer und Rucksack nach und nach zu Tante Anna. Von ihrem Haus aus konnte er den gesamten Schlossberg samt dem Meierhof davor überblicken. Ein exzellenter Standort für sein „Schlossprojekt“! Tante Anna war ein wahrer Fundus an Informationen und schien von Anekdoten nur so überzuquellen. Sie erinnerte sich schier unglaublicher Einzelheiten, die über ein halbes Jahrhundert zurücklagen. So zum Beispiel an die Maserung der Parkettböden im Schloss und deren eigenwillige Einfärbung. Besonders haftete in ihrer Erinnerung ein kleines rot gefärbtes Quadrat, das sie im Eichenparkett des „Wintersaals“ einmal pro Jahr mit Farbe hatte auffrischen müssen. Eine anstrengende und unbequeme Tätigkeit. Einen ganzen langen Tag war sie dabei auf den Knien mühselig über den ganzen Parkettboden gerutscht. Sie kannte die Menschen im Schloss und wusste von allen Personen, die dort ein und aus gegangen waren, die Charaktereigenschaften aufzusagen. Sie erwähnte, dass im Schloss zeitweise bei internationalen Kongressen, die von der Herrschaft veranstaltet wurden, eine geradezu babylonische Sprachverwirrung geherrscht hatte. Manche pikante Geschichte wusste sie zu erzählen, die sich an lauschigen Plätzen des weitläufigen Schlossparkes zugetragen hatten. Das war aber noch vor dem Krieg gewesen und bevor der General das Anwesen übernommen hatte.

Vor dem General, von dem Gruber auch die Bauern im Wirtshaus erzählen hörte, hatte ein richtiger Prinz im Schloss gelebt, berichtete sie. Prinz Rohan. Sie sprach den Namen so aus, wie er geschrieben wird. Er habe sogar Bücher geschrieben, sagte sie, und eine Zeitschrift herausgegeben, und viele Schriftsteller und andere gelehrte Herren hätten ihn besucht. Sie erzählte Gruber viele Details aus der Schlosszeit der alten Herrschaft. So von den rauschenden Festen, von lustigen Spielen im Schlosspark, als sie noch ein junges Mädchen gewesen war. Aber auch von der gefährlichen Zeit während des Zweiten Weltkrieges und von der Einquartierung der russischen Besatzungsmacht und von Vergewaltigungen und Erschießungen im Meierhof und von verschwundenen Häftlingen.

Der General hatte vom Prinzen Rohan das Anwesen im letzten Kriegsjahr übernommen und im Wesentlichen alles so belassen, wie es war; auch einen Teil der Dienerschaft hatte der Prinz beim General zurückgelassen. Sie aber war vom Prinzen sehr großzügig abgefertigt worden und hatte das Schloss seitdem nicht mehr betreten. Prinz Rohan war sonntags in Gummistiefeln in die Kirche gelaufen, sagte sie. Er war oft wie ein einfacher Bauer gekleidet gewesen. Meist war die Herrschaft nur im Winter im Schloss und verbrachte die übrige Zeit auf ihren Gütern in Böhmen. Das Weihnachtsfest wurde aber in Albrechtsberg gefeiert und es gab eine Bescherung für alle Dorfbewohner. Die Dörfler und Bauern mochten die Herrschaft. Der Prinz blieb bis zuletzt, und erst kurz bevor die Spitze der Roten Armee im Dorf auftauchte, brachte er seine Familie in Sicherheit. Tante Anna war ein wandelndes Geschichtslexikon!

In den ersten Wochen, in denen Gruber die Gegend zu erkunden begann und Kontakte mit den Menschen aufbaute, entstand allmählich sein Plan. Der vertrauten wissenschaftlichen Arbeitsweise entsprechend begann er mit einer möglichst großzügigen Gliederung der zu erwartenden Fragenkreise und Forschungsgebiete. Zuerst galt es, die Umgebung zu erforschen; diesen Themenkreis bezeichnete er als „Die Äußeren Kategorien". Das Schloss war das Zentrum, und alles, was damit zusammenhing, fasste er als „Die Inneren Kategorien" zusammen. Er stellte Zeitpläne auf und legte sich eine genaue Struktur zurecht. Bereits drei Monate nach seiner Ankunft im Dorf hatte Gruber ein ausgeklügeltes System entwickelt, das ihm eine systematische Forschungsarbeit erlauben sollte. Er umschrieb diesen Plan, den er anfangs als „Schlossprojekt" bezeichnete, mit dem neuen Arbeitstitel „Die Kategorien" und skizzierte zugleich die Gliederung der „Äußeren Kategorien".

Die gestellte Aufgabe war selbst für Gruber Neuland. Es galt, das verwirrende und völlig undurchsichtige Zusammenspiel der eigenartigen Beziehung zwischen Mensch und Schloss im Gesamtkontext zu beschreiben. Mit den „Kategorien" versuchte er, all das zu determinieren.

1.5. Der Mühlbach

Grünes Feldbuch Herbst/Winter 1955: 18. Oktober 1955: „Mühlbach, an der Südseite des Schlosses gelegen. Heute wurde das Wasser abgelassen und ich nutzte die Gelegenheit, mich im leeren Bachbett umzusehen. Eine Allee riesiger alter Kastanienbäume und Linden säumt das Ufer. Schwärme von Vögeln hockten auf ihnen herum. Die Bäume boten mir Schutz vor den Augen der neugierigen Schlossbewohner, die vom Meierhof sind besonders lästig. Sie werden immer zudringlicher und ich beginne, sie auch zu fürchten. Eine undefinierbare Aggression geht von ihnen aus. An einer uneinsehbaren Stelle glitt ich von der Straßenböschung in das trockengelegte Bachbett hinab. Das Ufer ist streckenweise mit breiten Holzplanken ausgeschalt. Sie waren bemoost und noch nass. Es herrschte Dämmerlicht. Die Äste der Bäume bildeten einen dichten Schirm. Der Grund des Bachbettes war unterschiedlich aufgebaut. Es gab schlammige Abschnitte, in denen ich bis zu den Knien watete, dann wieder sandige und kiesige Strecken. Ich fand zahlreiche Teichmuscheln. Meist nur leere Schalen. Die Wirbelbereiche waren unverletzt und zeigten nicht die Verätzungen, wie sie in den Wässern des nördlicheren Waldviertels typisch sind. Einige steckte ich ein. Immer wieder gab es kleinere Lacken und Tümpel, die von Fischen wimmelten. Einen jungen Spiegelkarpfen fand ich in einer kleinen Lacke. Er war dort vom fallenden Wasser gefangen worden. Unterwegs traf ich eine kleine

Schar Buben. Ich kannte sie, und sie kannten mich. Wir grüßten einander nicht. Sie stammten aus dem Nachbardorf und erschienen mir wie eine Gruppe Indianer auf Kriegspfad. Stumm zogen sie in einer Reihe daher und standen an einer Biegung plötzlich vor mir. Einer von ihnen schleppte einen verrosteten, hellblau emaillierten Eimer, in dem ein paar Fische schwammen. Das Wasser spritzte aus kleinen Löchern, die wie Einschüsse von Schrotkugeln aussahen. Immer wieder hielten sie an und schöpften Wasser nach.

Das erinnerte mich an meine eigene Kindheit. Da gab es auch einen Mühlbach. Bei einer kleinen Fabrik mündete er wieder in den Fluss, von dem er weiter flussaufwärts abgezweigt wurde. Im Frühling zog ich mit meinen Freunden in die Au auf Elsternfang. Sie nisteten in den Ästen uralter, dicker Korbweiden. Im Schutz der herabhängenden Äste fingen wir Fische und suchten nach brauchbaren Gegenständen. Der Bach floss auch durch mehrere Dörfer. Wir folgten dem Lauf. Dort hörten wir die Menschen und vorbeifahrende Autos auf der Dorfstraße. Wir selbst aber waren nicht zu sehen. Unerkannt folgten wir durch mehrere Ortschaften dem Bachlauf. In den kleinen Tümpeln, die beim Ablassen des Wassers zurückblieben, schwammen Spiegelkarpfen und Forellen. Es wimmelte von Wasserschlangen. Manchmal fanden wir im schlammigen Boden des Bachbettes auch abgebrochene silberne Messer, einmal gar ein ganzes Besteck; fein punziert und mit Adelswappen. Vielleicht ein verlorenes Raubgut aus den Kriegsjahren? Wer hatte es in den Händen gehabt? Wir hatten einen Schatz gefunden. Noch in meiner Jugendzeit wurde der Mühlbach jedoch aufgelassen. Man hat ihn zugeschüttet und danach noch den Auwald zerstört.

Konnte es für mich nachteilige Folgen haben, dass mich die Kinder im Mühlbach antrafen? Ich versuche mich auf meine Mission zu konzentrieren. Habe ich denn eine Mission? Warum ist mir das Schloss so wichtig geworden, dass ich meine ganze Freizeit seiner Erforschung widme? Ich kann diese Frage zurzeit noch nicht beantworten. Eine unwiderstehliche Kraft zieht mich an das Schloss und hält mich in seiner Umgebung fest. Es wird sich noch zeigen. Mit Sicherheit fühle ich aber, dass mein Aufenthalt im ausgetrockneten Bett des Mühlbaches, wenig unterhalb des Schlosses, ein ebenso wichtiges Teilchen für das gesamte Puzzle ist, wie die Registrierung der Insekten im Burggraben.

Etwa einen Kilometer unterhalb des Schlosses traf ich auf einer längeren Strecke Unmengen von Gerümpel an: ein Moped mit fehlendem Vorderrad und ohne Sitzbank, Autoreifen, eine Fuchsfalle mit intakter Sprungfeder. Es gelang mir, die Falle aufzuziehen. Ich warf einen Stein in das Tellereisen, und mit bösem Klang schlug sie die Zähne zusammen. Sie schleuderte Schlamm in die Luft und ich war von oben bis unten bespritzt. Ich fand ein ganzes Bündel kleiner, toter Katzen, die sich an einem Holzpflock der Wandverschalung verhängt hatten und offensichtlich ertränkt worden waren. Abgeschlagene Hühnerköpfe, Waffen aus dem Zweiten Weltkrieg, Patronen, aber auch Gewehrläufe ohne Kolben aber mit Verschluss, ein Mausergewehr, zwei Pistolen und einen Revolver, bei dem der Bügel einschließlich des Abzugs fehlte. Es war ein russisches Fabrikat. Ich bin den Buben zuvorgekommen und versteckte die Kriegsmaterialien, damit sie keinen Unfug damit anrichten konnten. Weiter bachabwärts noch einige völlig zerfressene Stahlhelme und mehrere Blecheimer. Alles in einer Biegung des Mühlbaches zusammen geschwemmt.“

Der materielle Inhalt des Mühlbaches stand in keiner Beziehung zu den weiteren Ereignissen, wohl aber die Begegnung mit den Dorfkindern. Gruber hatte sich in einer anschließenden Bearbeitung des Mühlbaches kurz noch ausführlich mit der Differenzierung der Sedimentfracht im Wasser beschäftigt. Besonders unterschied er zwischen dem schwebenden Transport von Ton und Siltpartikeln, dem hüpfenden und rollenden Transport von Sandkörnern sowie dem schiebenden Transport der Schotter- und Kieselsteine. Allesamt wurden sie durch das Mühlwasser verfrachtet. Unterschiedliche Strömungsgeschwindigkeiten waren für die Verteilung von Sand und Schlamm verantwortlich. Es lagen seitenlange detaillierte Berechnungen vor, die er über einen längeren Zeitraum hinweg angestellt hatte.

Der Mühlbach hatte viele Funktionen für das Schloss. Er war die Antriebskraft für die kleinen Kaplanturbinen, er fungierte als natürliche Abgrenzung zur Landstraße im Süden, und er schaffte ein Kleinklima mit spezieller Tier- und Pflanzenwelt entlang dem Ufer. Außerdem war er eine bequeme Müllabfuhr; sowohl für das Dorf als auch den Schlossbereich.

1.6. Erster Brief an die Schwester

„Liebe Schwester!

Meine Projekte um die Granitareale des Mühlviertels und die urgeschichtliche Grabung im Kamptal sind abgeschlossen. Am Rückweg, der mich durch den Gföhler Wald geführt hat, bin ich an einen abgelegenen Ort gelangt, der in einem Parallel-Universum zu liegen scheint. Stell dir bloß das Unglaubliche vor: Ich habe auf meiner Wanderung durch das Waldviertel einen Ort gefunden, der mein nächstes Forschungsprojekt geworden ist. Genau genommen befinde ich mich schon mitten in den Studien und bin mit meinem Fortschritt auch sehr zufrieden. Der Ort ist lieblich an einem Fluss gelegen, umgeben von Wäldern mit kleinen Rodungen dazwischen, wo die Bauern die Felder bestellen und im Frieden ihrer Arbeit nachgehen. Der Ort, in dem ich mich niedergelassen habe, heißt Albrechtsberg, ein kleines Bauerndörfchen mit Wirtshaus, Kirche und Schloss. Es mangelt mir an nichts und ich finde sogar nach und nach Anschluss bei diesen einfachen Menschen.

Vorerst habe ich Quartier bei einer netten älteren Dame bezogen, die mich sogleich als ihren Neffen „adoptiert“ hat und die ich demgemäß mit „Tante“ anspreche. Tante Anna gibt mir also ein sicheres Zuhause und sorgt auch für mein Wohl. Du weißt, welch empfindlichen Magen ich habe und vor allem, dass ich ohne die Aufmerksamkeit eines fürsorglichen Menschen um mich herum wohl verhungern würde; sie aber erinnert, ja ermahnt mich geradezu immer, meine Mahlzeiten nicht zu versäumen, und bekocht mich wie eine Mutter. Du siehst also, um mich brauchst du dir keine Sorgen zu machen. Ich werde mir einiges Material aus meiner Wiener Wohnung holen und brauche auch Unterlagen aus der Nationalbibliothek, sodass es sehr wahrscheinlich ist, dass ich dich in nächster Zeit in Wien einmal aufsuchen werde.

Bis dahin verbleibe ich Dein dich liebender Bruder Albert; Albrechtsberg, Sonntags, den 13. November im Jahre 1955".

2 DIE KATEGORIEN DES HERRN GRUBER

2.1. Die Äußeren & die Variablen Kategorien und ihre Gliederung

Die Anwendung von Kategorien war für Gruber ein Versuch, der Verirrung zu entgehen. So sehr er die streng methodische Vorgangsweise ablehnte, so sehr er daran litt, das Leben in seinen unendlichen Schattierungen nicht einfach unbekümmert auf sich wirken zu lassen, um es in gegebenem Augenblick in der gerade geeigneten Form zu reflektieren, so sicher wusste er auch, dass er ohne die Struktur von Kategorien nicht leben konnte.

Die ersten Wochen nach seinem Eintreffen in Albrechtsberg waren einer Überblick-Exkursion gewidmet, in der er sich mit den regionalen Gegebenheiten vertraut machte und ein Gefühl für die lokale Bevölkerung bekam. Die darauffolgenden Wochen waren mit ständigem Hin- und Herpendeln zwischen Albrechtsberg und Wien ausgefüllt. Es galt, umfangreiche Literatur zusammenzutragen und Genehmigungen zu erhalten. Er verbrachte viel Zeit in Archiven, Bibliotheken und Sammlungen, und besorgte sich Kartenwerke beim Eich- und Vermessungsamt in Wien. Für die erfolgreiche Ausführung seines Vorhabens gab es aber noch eine andere wesentliche Voraussetzung, und das war die vollständig freie und uneingeschränkte Verfügbarkeit von Zeit. Diese war bei ihm gegeben. Gruber war Privatgelehrter. Seine Eltern waren früh gestorben und hatten ihm ein kleines Vermögen hinterlassen. Er war ein unabhängiger Mann.

Weiter mögen wir ihm glauben, dass er über die für dieses Unterfangen nötige Konstitution verfügte. Er mochte sie wohl durch seine früheren Forschungen erworben haben. Was die Vorgangsweise selbst betrifft, kann einer persönlichen Eintragung vom Mittwoch, dem 16. November 1955, aus seinen hinterlassenen „Blauen Heften" entnommen werden: „… Wenn ich mit der Untersuchung eines unbekannten Gebietes beginne, so versuche ich zunächst, mich dem Neuen dadurch zu nähern, dass ich es aus allen möglichen Gesichtspunkten studiere, umkreise, es zu verschiedenen Tageszeiten beobachte …"

Seine Beobachtungen hat Gruber schriftlich und zeichnerisch dokumentiert. Eine der vielen Besonderheiten seiner „Methodik" bestand darin, zuweilen fremde, ihm vollständig unbekannte Personen mit seinen Ergebnissen zu konfrontieren und ihre Meinung anzuhören. Dabei beobachtete er mit lauernder Wissbegierde deren Reaktionen, die ihn in seiner Vorgangsweise bestätigen, oder auch zu gänzlich anderer Methodik führen konnten. Seine Vorgangsweise wurde mit der Zeit derart effizient und systematisiert, dass er sich im Durchschnitt kaum mehr als wenige Minuten an einem zu untersuchenden Ort aufhalten musste und in diesem Zeitraum eine umfassende Dokumentation erreichte. Unter dem Arbeitsbegriff der „Variablen Kategorien", fasste Gruber Experimente und Untersuchungen an Phänomenen zusammen, die mitunter keine reproduzierbaren Ergebnisse lieferten und dementsprechend auch schwierig zu dokumentieren waren. Um zwei Beispiele herauszugreifen, seien „Die Vermessung der Schatten" und „Lichtphänomene von Sonne und Mond" erwähnt.

2.2. Die Vermessung der Schatten

Entweder aus einer Marotte oder einer für seine damaligen Zwecke nützlichen, ja sogar notwendig erscheinenden Strategie heraus, begann Gruber im bereits fortgeschrittenen Herbst, die Länge der Schatten der Schlossmauer und der dahinter befindlichen Bäume zu vermessen. Eine Vorgehensweise, die von vielen seiner Kollegen vielleicht für dilettantisch und nicht weiter zielführend befunden worden wäre. Die Bauern und einige Dorfbewohner jedoch, für die er noch ein Fremder war, hielten ihn mit Sicherheit für einen Verrückten, als sie ihn bei seinem Treiben beobachteten. In grotesker Haltung kroch Gruber tagelang mit dem Zentimeterstab die Schlossmauer entlang. Die Messdaten notierte er in seinen Feldbüchern. Spezifische Kenntnis der Schattenverhältnisse und der Perspektive, auf den ersten Blick scheinbar unnötig, erwiesen sich später jedoch als bedeutungsvoll. Dann nämlich, als es darauf ankam, in kurzer Zeit unbemerkt von einem Ende des Schlosses zum anderen zu gelangen, ohne vom Verwalter oder den Meierhof-Bewohnern bemerkt zu werden. Das Schloss war der Knotenpunkt, an dem alle Fäden zusammenliefen. Hier begann er zu forschen und folgte den Fäden, die in die angrenzenden Wälder und Felder führten. Zentrifugal bewegte er sich weg davon, um später konzentriert und vorbereitet wieder ins Zentrum zurückzukehren. Ein Zentrum allerdings, dessen Gefahr er unterschätzte und von der er zu Beginn seiner Arbeiten nicht die geringste Ahnung hatte.

2.3. Das Befragen der Menschen

Eine weitere wichtige Methode der Feldforschung war der Kontakt zu den Menschen. Er versuchte, so viele Menschen wie möglich zu kontaktieren, und war bestrebt, mit allen ein Vertrauensverhältnis zu schaffen. Besonders am Herzen lagen ihm die Bauern, denn sie setzten sich tagtäglich mit der Natur auseinander und wussten auch am besten zu beobachten. Der einzige Nachteil war, dass sie zunächst sehr misstrauisch gegenüber Gruber waren, der für sie als „Zugereister“ galt und dessen Intentionen sie nicht verstanden. So befragte er die Handwerker in den Dörfern nach etwaigen Aufträgen, die sie für das Schloss entgegengenommen hätten. Er sprach mit Arbeitern der Straßenverwaltung und mit dem Besitzer der Hühnerfarm, die an das Schlossareal angrenzte. Jeder wusste ein wenig zu erzählen. Aber Gruber musste sich dabei hüten, den Anschein der Neugierde zu erwecken. Oder gar, dass er etwas über das Schloss erforschen wollte. Das musste geheim bleiben. Sie würden sogleich misstrauisch werden. Gruber sprach auch mit dem für das Schloss zuständigen Rauchfangkehrer. Ein überaus dicker Mann, der Gefahr lief, in den Kaminen stecken zu bleiben. Er befragte ihn nach besonderen Verhältnissen, die ihm etwa bei seiner Tätigkeit in den Dächern des Schlosses, oder beim Kehren der zahllosen Essen und Kamine und beim Erklettern derselben, aufgefallen sein mochten. Nach und nach füllten sich seine Feldbücher, und die Informationen, die ihm als Einstieg in sein Projekt dienten, verdichteten sich.

Ein weiterer wichtiger Informant war der Pfarrer. Der war nicht nur ein weitbekannter Weinkenner, sondern auch die soziale Drehscheibe im Dorf. Er wurde Grubers Lehrmeister in Sachen Wein. Gruber lernte ihn im Wirtshaus kennen, verbrachte so manchen Abend im interessanten Gespräch mit ihm, und allmählich entwickelte sich daraus eine Freundschaft. Als Gruber das erste Mal den Pfarrhof betrat, der übrigens nahe am Schloss lag, saß der Pfarrer gerade in der Sakristei am Schreibpult; an den Wänden im Hintergrund befanden sich große Heiligenbilder. Zu beiden Seiten des Pfarrers stapelten sich Dokumente und Schriften und rahmten ihn ein, wie Torpfosten einen Eingang. Die Kirchenzeitschriften lagen in Stößen auf dem Boden, daneben Kräuterbündel, die von Rosi, der Pfarrersköchin, gesammelt wurden. In der Ecke lehnte ein alter Nikolaus-Stab mit vergoldetem Griff und ein goldenverbrämter und reich bestickter, zeremonieller Überwurf, wie er ihn verwendete, wenn er im Haus die Messe zelebrierte. Doch das alles war bedeutungslos angesichts des wertvollsten Geschenkes, das Gott dem Menschen, gleich nach seiner unsterblichen Seele, vermacht hatte: dem Wein! Der Pfarrer hatte, wie der Mesner einmal sagte, „die erlesenste Nase vor dem Herrn“. Gruber war immer wieder fasziniert, wie zielsicher er in verdeckter Verkostung den Wein richtig erkannte. Im ersten Winter seines Aufenthaltes in Albrechtsberg wanderte der Inhalt unzähliger Flaschen ihre Kehlen hinunter. Der Pfarrhof war das kulturelle Zentrum im Ort. Alles, was Rang und Namen hatte und noch mehr, ging hier ein und aus. Nur der Schlossverwalter nicht. Den traf man dort nie. Doch davon später.

Der Pfarrer hatte die außergewöhnliche Begabung, die Entwicklung eines Weines vorherzusehen. Er selbst verglich das oft mit seiner Tätigkeit als Religionslehrer, wo er auch an den frühen Anlagen die Entwicklungsmöglichkeiten des jungen Menschen voraussagen konnte. Mit der Zeit gewann auch Gruber einige Erfahrung und in den Augen des Pfarrers damit an Achtung. Sie waren auf Weißweine spezialisiert und naturgemäß überwogen dabei die Wachauer Weine. Jamek, Zottel, Knoll, Pichler, Nigl, Hirtzberger, Salomon. Aus dem

Burgenland war wenig darunter und noch weniger aus dem Weinviertel. Einiges aus Fels am Wagram, wo die Bauern mitunter aus dem Gemisch von Urgestein und Löss auch einigermaßen guten Wein zogen. Aber es kam so sehr auf das saubere Arbeiten an, sagte der Pfarrer und nützte jede freie Minute, um bei den Winzern zu sein. Mit diesen ging er durch die Weingärten, begutachtete das Ausmaß des Zurückschneidens, riet ihnen zum Düngen mit Urgesteinsmehl oder zum vorsichtigen Umgang mit Schwefel; vor allem aber sprach er ihnen Mut zu, die nötige Geduld beim Pressen und Abfüllen der Ernte zu bewahren. Manchmal begleitete Gruber ihn bei diesen Besuchen, die dann stets in einem Weinkeller und nicht selten mit beachtlichen Räuschen endeten.

Das Imposanteste war eine Vertikalverkostung beim Weinhauer Emmerich Knoll in der Wachau, wo sie zehn Jahrgänge vom jüngeren zum älteren absteigend verkosteten. Stets nur Grüner Veltliner und jeweils von zwei verschiedenen Rieden, um die Unterschiede herauszuarbeiten, die von der Bodenbeschaffenheit, der Hanglage, der Einstrahlmenge der Sonne und vielem anderen mehr abhingen. Diese Erfahrungen erschlossen Gruber den Zugang zu der Abhängigkeit zwischen geologischem Untergrund, dem daraus resultierendem Boden und letztlich der Qualität dessen, was darauf wuchs. Diese Korrelation verfolgten sie dann weiter, bis hin zum Waldbau. Ein weites Feld gemeinsamer Interessen lag vor ihnen und gemeinsame Flurbegehungen folgten, die in die ausgedehnten Pfarrwälder und auch den anschließenden Schlosswald führten. Ihr spezifisches Wissen ergänzte sich auf sehr praktische Weise, und Vieles davon konnte Gruber direkt bei seiner Feldforschung verwenden. Der Pfarrer wiederum lernte bei der forstwirtschaftlichen Bearbeitung des Waldes, dem geologischen Untergrund mehr Bedeutung beizumessen und die Kulturen standortgerecht zu pflanzen. Dadurch erreichte er einen viel bewunderten Erfolg an Zuwachs und ausgewogener Besetzung.

Gemeinsame Begehungen fanden ihren Abschluss im Weinkeller des Pfarrhofes, des Schuldirektors Hofmeister oder des Bürgermeisters Huber. Beide nicht unbedingt die dicksten Freunde des Pfarrers, der ihnen allmählich zu mächtig und einflussreich geworden war. Aber man musste zusammenhalten in der kleinen Pfarrei, nach außen hin zumindest. Mitunter jedoch kamen die Konflikte, die alle, auch der Pfarrer, gerne vor Gruber verborgen gehalten hätten, an die Oberfläche und wurden sichtbar. Im Grunde genommen handelte es sich dabei aber stets um Lappalien, wie etwa der Streit um die großen Eschen, die der Pfarrer gerne behalten hätte, der Gemeinderat jedoch, der die Pflege über hatte, in einer Nacht- und Nebelaktion fällen ließ. Oder ein anderes Mal, als der Pfarrer zu einer Einsegnung nicht kommen wollte, und sich krankmeldete. Dabei lag er stockbetrunken im Bett. Die jungen Leute von der Freiwilligen Feuerwehr kannten jedoch kein Pardon und drangen durch den hinteren Eingang in den Pfarrhof ein. Sie stiegen die Treppe in den ersten Stock hinauf, wo der Pfarrer sein kleines Schlafzimmer hatte, und stellten ihn zur Rede. Rosi war gerade beim Greissler um die Ecke einkaufen und bemerkte nichts vom unangemeldeten Pfarrhofbesuch. Als sie eine Viertelstunde später heimkam, waren die Leute schon wieder weg und der Pfarrer regte sich fürchterlich auf, nicht einmal mehr im eigenen Haus sicher zu sein. Von da an sperrte Rosi sicherheitshalber auch am Tag immer die hintere Tür zu. Die Eingangstür war sowieso stets verschlossen, da immer wieder Besucher läuteten, die den Pfarrer in verschiedenen Angelegenheiten sprechen wollten, die sein Beruf mit sich brachte. Taufe, Firmung, Hochzeit, Beerdigung, aber auch wegen seiner Kenntnis des Weines.

Durch den Pfarrer lernte Gruber viele Leute kennen. Am

Sonntagnachmittag leistete er dem Bürgermeister im Wirtshaus bei einer Runde Bauernschnapsen Gesellschaft und hatte sich nach einigen Monaten im Ort gesellschaftlich etabliert. Seine Meinung in vielen Diskussionen wurde geschätzt, seine Autorität als Naturwissenschaftler anerkannt, das Misstrauen gegen ihn als Fremden allmählich beseitigt. Die Verbindungen zu den Dorfhonoratioren waren für ihn sehr hilfreich, besonders, wenn er sich aus Unachtsamkeit oder Nachlässigkeit bisweilen Schwierigkeiten mit der Obrigkeit zuzog. Neben den angesehenen Bürgern waren auch die Bauern sonntags hier anzutreffen. Sie kamen gleich nach dem Gottesdienst. Allerdings blieb kaum einer bis zum Einbruch der Dunkelheit. Meist gingen sie schon am Nachmittag wieder heim und widmeten den Abend der Familie. Das dörfliche Leben verlief ritualisiert und geordnet ab. Das gefiel Gruber, denn es passte zu seiner Arbeitsweise.

2.4. Der Pfarrer und die adelige Dame

Interessante und bisweilen sogar seltsame Damen gingen beim Pfarrer ein und aus. Manche blieben auch etwas länger. An einer schien der Pfarrer besonderen Gefallen zu finden; diese spezielle Dame liebte es, bei jeder passenden Gelegenheit auf ihr Blaues Blut hinzuweisen.

Beim Schweinsbraten kam der Pfarrer einmal über den „Wasserkopf Wien" in ehrfürchtige Rage: „Dieser aufgeblasene Wasserkopf", rief er genüsslich schmatzend, „da müsste man mit Feuer und Schwert dreinfahren." Ein ausgiebiger Rülpser entfuhr seiner weiten Brust und unterstrich eindrucksvoll seine wohlgesetzte Rede; Gruber kam dadurch sozusagen in „anrüchige" Nähe der revolutionären Gedanken des Kirchenmannes und war etwas irritiert, saß er Hochwürden doch direkt gegenüber. Da mischte sich dann auch die adelige

Dame ins Gespräch ein, die erst seit Kurzem im Pfarrhof verkehrte. Sie verlange von der Pfarrersköchin unbedingt das Rezept zu diesem herrlichen Schweinsbraten, sagte sie resolut, und Rosis Augen leuchteten ob dieser Wertschätzung. Zusätzlich war Rosi auch sehr angetan von der adeligen Herkunft der Dame. Als sie hörte, dass deren Stammbaum den vom Fürsten Schwarzenberg noch überträfe, legte sie ihr gleich noch ein Waldviertler Knödel zusätzlich auf den Teller. Die beiden waren bald ein Herz und eine Seele. Kurz und gut, Gruber fand es wunderbar, wie sehr die Liebe zu gutem Essen über die Kluft der unterschiedlichen Herkunft hinweghalf.

Die adelige Dame konnte sich in kürzester Zeit der größten Vertrautheit mit Rosi und dem Pfarrer erfreuen. Ihr war schier alles erlaubt, was vor Kurzem noch ein Sakrileg im Pfarrhof war: obszöne Reden, Witze und starkes Rauchen, das der geruchssensible Hochwürden ansonsten gar nicht schätzte. Die arme Pfarrersköchin lief ständig mit den vollen Aschenbechern herum. Alle waren beeindruckt, als die adelige Dame eine Probe ihrer aristokratischen Redekunst gab. Sie beherrschte perfekt den nasalen Ton, der nun mal in der guten Gesellschaft gesprochen wurde. Aber sie unterließ ihn meist, da sie fand, dass er im Pfarrhof nicht ganz passend sei. Gruber gefiel diese vornehme Haltung. Dennoch betrachtete er sie mit etwas skeptischem Blick. Dies ließ die Dame aber ungerührt, und im Übrigen wäre es auch gegen ihre gute Erziehung gewesen, sich davon auch nur das Geringste anmerken zu lassen. Besonders amüsant fand es daher Gruber später, als er herausfand, dass die gute Dame doch nicht so nobler Herkunft war, wie sie immer behauptet hatte, sondern im Gegenteil äußerst einfachen Verhältnissen entstammte. Aber im Grunde war dies unbedeutend. Wichtig waren die gute Unterhaltung, der vorzügliche Wein und die kolossale Hausmannskost. So vergingen die Aufenthalte im Pfarrhof. Stets gab es Amüsantes zu berichten oder etwas Gutes zu essen. Gruber war gerne unter diesen Menschen und ihnen für die erwiesenen Wohltaten zu außerordentlichem Dank verpflichtet.

2.5. Die Meierhof-Bewohner bereiten sich auf den Winter vor

An verschiedenen Aktivitäten erkannte Gruber seit einiger Zeit, dass die Meierhof-Bewohner Vorbereitungen für den nahen Winter trafen. Sie legten eine ganz außergewöhnliche Regsamkeit an den Tag, die ihn davon überzeugte, dass eine Jahreszeit im Kommen war, die sie gar nicht mochten, ja wahrscheinlich sogar fürchteten. Vielleicht hing das mit ihren beschränkten Mitteln zusammen, die sie für den Lebensunterhalt aufbringen konnten. Immerhin fielen selbst Gruber sofort einige Fälle von erfrorenen Pensionisten ein, die das Geld für den Brennstoff nicht aufbringen konnten, ganz zu schweigen von Betrunkenen, die auf dem Heimweg vom Wirtshaus in einer Schneewehe umkamen und erst Tage später gefunden wurden. Andererseits wusste er aus seiner Kindheit, dass der Winter auch viele Freuden brachte. Aber für diese Menschen vielleicht nicht. Die Art ihrer Tätigkeiten war sehr vielfältig. Sie schleppten Rüben und Karotten in ihre Keller, um für die Hasen vorzusorgen, die ihnen als Nahrung dienten und in den Kellern des Gutshofes untergebracht waren. Sie zogen kleine Handkarren voller Treibholz aus der Au und den umliegenden Wäldern und sägten und hackten tagelang im Hof. Gruber wunderte sich oft, dass der Verwalter das zuließ und sich nicht gestört fühlte, oder auch der General, denn die Sägegeräusche konnte man bis ins Schloss hören. Doch so, wie die Dinge standen, zog der Verwalter wahrscheinlich einen verborgenen Nutzen daraus.

Noch ehe die ersten Nachtfröste einsetzten, bemerkte Gruber auffallende Zunahme der Aktivitäten, die er zunächst nicht zu erklären wusste. Sie verließen in diesen klaren, morgens kühlen und tagsüber noch warmen Tagen schon früh ihre Wohnungen und zogen zu Fuß, per Fahrrad oder Moped aus. Kurz vor Sonnenuntergang kehrten sie dann mit schweren, vollen Säcken wieder ins Schloss zurück. Manche sah Gruber in diesen Tagen entlang der Dorfstraße und in verwilderten Obstgärten die abgefallenen Äpfel und Birnen aufsammeln. Andere wieder brachten sackweise Nüsse. Sie schlugen sie mit langen Stöcken von den Bäumen. Gleich hinter dem Meierhof stand ein riesiger uralter Nussbaum, der voller Nüsse war und von den Kindern häufig aufgesucht wurde. Das Obst wurde im Meierhof gepresst. Gruber vermutete dort große Kelleranlagen.

Zur architektonischen Orientierung verwendete Gruber die Baupläne von Oskar v. Kreutzbruck; sie stammten zwar schon aus den Jahren 1920 bis 1930, waren aber gut zu gebrauchen; Gruber hatte sie aus dem Burgenarchiv in der Teinfaltstraße 8 in Wien; sie betrafen nur das Schlossgebäude selbst und nicht die Nebengebäude. Keller gab es diesen Plänen nach nur im Untergeschoss des „Festen Hauses“. Der Geruch der Maische hing wochenlang in der Luft. Sie kippten sie gleich auf den Misthaufen hinter den Stallungen. Schwarze Wolken von Fruchtfliegen stiegen daraus auf. Wespen und Hornissen umsurrten Meierhof und Schloss. In einer Linde an der Ostseite im Park gelegen, hing ein Bienenschwarm schwer an einem der untersten Äste. Ein Imker aus dem Dorf kam, um sie wieder einzufangen. Er ließ Rauch auf die Bienen einwirken, worauf sie noch dichter zusammenrückten und schüttelte anschließend den Schwarm mit einem Ruck vom Ast in einen mitgebrachten Holzkasten. Das Gesicht hatte er mit einem Netz verhangen, seine Arme waren ungeschützt. Gruber saß am Schlossfelsen und sah ihm bei seiner Tätigkeit zu. Noch einmal schien der Sommer den Atem anzuhalten. Libellen flatterten grün und blau **schillernd** durch die Luft und saßen auf den rosafarbenen Blüten des hoch aufgeschossenen und süß duftenden Springkrauts. Große Fuhren Holz wurden in den Scheunen des Schlosses eingelagert. Für die Kachelöfen, mit denen das ganze Gebäude geheizt wurde, brauchte man viel Brennmaterial. Dafür kam gutes Eichenholz aus den Wäldern. Diese Tätigkeit wurde von den Forstadjunkten übernommen, die das Holz vor dem Tor schnitten und anschließend in Körben in die Speicher trugen. Es schien Gruber, als bereiteten sich sowohl die Schloss- als auch die Meierhof-Bewohner auf eine Belagerung vor. Für das Wohl im Schloss wurde aber durch Diener gesorgt. Außerdem ließ der General nur die Räume heizen, in denen er sich vornehmlich aufhielt. Für die Untermieter im Meierhof sah es aber anders aus. Sie mussten sich um alles selbst kümmern.

Der Winter war ihre am meisten gefürchtete Jahreszeit. Holz sicherte ihnen Wärme und damit das Überleben. Sie holten es von kleinen Haufen, die sie in der Au angelegt hatten, wo es über den Sommer austrocknen konnte. Es handelte sich vorwiegend um Treibholz. Während der Hochwässer standen sie am Fluss und spähten nach Beute. Mit langen Holzstangen, an deren Spitze eiserne Haken waren, fischten sie entwurzelte Bäume, Bretter und Pfosten heraus. Dieses Geschäft war nicht ungefährlich. Es konnte vorkommen, dass selbst einem kräftigen Mann ein vorbeitreibender Baum den Haken aus der Hand riss. Ließ er ihn aber nicht los, so konnte er selbst auch vom Hochwasser mitgerissen werden. Unter Zuhilfenahme seines Fernglases stellte Gruber außerdem fest, dass sie im Meierhof undichte Fenster mit Moos abdichteten, und einmal bemerkte er sogar ein paar Leute, die auf dem Dach umherturnten und sich an den Kaminen zu schaffen machten. Was genau, darauf konnte er sich keinen Reim machen. Eine Bewohnerin beugte sich weit aus dem Fenster, während die Männer auf dem Dach beim Rauchfang hockten, und rief ihnen etwas zu. Aber er war zu weit entfernt, um etwas zu verstehen. Außerdem wurden sackweise Krautköpfe in die Wohnungen im Meierhof geschleppt. Das geschah aber erst nach Einbruch der Dämmerung. In kleinen Gruppen schlichen die Bewohner in der Dämmerung zu den Feldern und kehrten in stockdunkler Nacht mit voll beladenen Säcken auf den gebeugten Rücken verstohlen zurück. Gruber entdeckte am Tage ihre Spuren und sah, dass sie aus den Krautäckern kamen. Sie mussten sehr arm sein, schloss er daraus – wenn sie den Bauern nicht einmal den geringen Preis für Krautköpfe zahlen konnten. Diese ständigen kleinen Diebstähle, betraf es nun das Kraut, oder die Kartoffeln, oder sonstige Feldfrüchte, mochten auch der Grund gewesen sein, dass eine ungeschriebene, aber jedem bekannte Feindschaft zwischen den Bauern und den Meierhof-Bewohnern bestand. Da der Meierhof aber zum Schloss gehörte, übertrug sich diese Feindschaft auch auf das Schloss und im Besonderen auf den Verwalter. Denn wäre der Verwalter nicht gewesen, hätte der General die Einquartierung dieses Gesindels sicherlich nicht zugelassen. Mit dem früheren Verwalter Gundacker wäre das auch nicht möglich gewesen. Die Bauern unterschieden nicht zwischen den Schlossbewohnern und den Meierhof-Bewohnern. Es gab eine Feindschaft zwischen ihnen und „denen“. Sie sagten: “Do hod schon wieda ana aus’m Schloss uns wos gstohlen!“ Bei den Kartoffeln waren die Bauern nicht so nachtragend, denn die hatten sie schon abgeerntet, und die Schlossbewohner holten sich nur das, was übrig geblieben und teilweise bereits verfault war. Das durften sie ruhig nehmen. Aber das Kraut! Das Kraut! Das ärgerte die Bauern sehr. Allerdings konnten durchaus noch andere Beweggründe hinter dieser Feindschaft liegen, von denen Gruber noch nichts wusste. Zur spätherbstlichen Tätigkeit kamen auch noch diverse natürliche und von den Bauern nicht angefeindete Sammeltätigkeiten, die sich auf Nüsse, Pilze und Beeren bezogen. Dies ließen sie zu. Pilze zu sammeln, stand jedem frei, das war ein altes, ungeschriebenes Recht. Übrigens gab es genügend verwilderte, frei stehende Nussbäume in der Gegend.

Eines Tages war dann plötzlich die ganze Landschaft in Reif getaucht und glitzerte in den Morgenstunden gegen den leuchtend blauen Himmel. Die Aktivität der Meierhof-Bewohner wurde nun auf ein Minimum begrenzt. Gruber sah sie kaum noch. Auch seine Arbeiten waren für dieses Jahr zum Großteil abgeschlossen. Er war zufrieden. Aber vom General hatte er noch nicht den leisesten Schatten gesehen.

Ein paar Tage nach Einbruch des ersten Frostes traf er ein altes Weib, das Strauchfrüchte am Waldrand oberhalb des Schlosses sammelte: Schlehdorn, Hagebutten und die kleinen, roten Zizibee-Beeren. Nicht alles erkannte Gruber, und nicht alle ihre Wege ergaben einen Sinn für ihn. Aber er sah ihre Spuren nun im Morgenreif. Sie gingen über die Felder, durch den Wald und durch die Wiesen. Er selbst hatte sehr genau beobachtende Augen und sah die Früchte heranreifen und bemerkte dann die abgeernteten Sträucher und zog so seine Schlüsse. Es war so in den ersten Dezembertagen, als Gruber einen gänzlichen Stillstand ihrer Arbeiten in seinem Feldbuch vermerkte. Auch diese letzte Zeit des Sammelns und Einlagerns war jetzt vorüber. Sie waren nun vorbereitet und hockten zufrieden in ihren Wohnungen hinter den dicken Mauern. Auch im Schloss selbst war es ruhiger geworden und der Verwalter hatte auch weniger zu tun. Über den Feldern lag ebenso der kalte Mantel, wie über den Wiesen und Wäldern. Gruber beobachtete die Bewohner des Meierhofes mit dem Fernglas. Sie wollten gelassen erscheinen, so als ginge sie der hereinbrechende Frost und die damit verbundene Kälte in ihren Wohnungen nichts an. Scheinbar unbeteiligt ließen sie den Winter kommen. Aber sie fürchteten ihn, das war spürbar.

Zudem stellte Gruber fest, dass sie nun wieder mehr Zeit hatten und vielleicht sogar Langeweile: Der Schnee kann warten dieses Jahr, wir auch, schienen sie zu denken. Doch dann zogen die ersten graublauen Schneewolken über die Wälder, Wiesen und Dächer und brachten Gruber erstmals ganz zufällig näher mit einem Bewohner des Meierhofes zusammen.

2.6. Die Syntax der Meierhof-Bewohner

Gruber begann zunächst, die Gesichter der Meierhof-Bewohner zu studieren. Sie hatten viele Facetten und erst allmählich vermochte er sie zu deuten. Er hütete sich vor allzu raschen Kontakten. Gespräche vermied er anfangs. Er berücksichtigte die Warnung des Verwalters und stellte bald fest, dass unter einem Gesicht noch ein zweites, oder gar ein drittes verborgen liegen konnte, ähnlich wie bei einer mehrmals übermalten griechischen Ikone. Er beobachtete Züge des gefährlichen Lauerns, die sich unter einem Kinderlächeln verbargen. Gruber gewann die Überzeugung, dass ein fehlerhaftes Verhalten zu schwerem Schaden, ja möglicherweise sogar zu seinem Tode führen konnte. Zu einem Tode, davon war er überzeugt, der von außen gesehen einen banalen alltäglichen Grund, aber auch unaufklärbare innere Ursachen haben konnte. Für Außenstehende jedenfalls nicht zu verstehen. Gänzlich unerwartet ergab sich dann eines Tages eine Begegnung. Aus der Perspektive des systemischen Forschungsablaufes war dieses Ereignis das Bindeglied zwischen den „inneren“ und den „äußeren“ Kategorien.

Gruber wusste schon lange, dass er beobachtet wurde. Jeder seiner Schritte wurde überwacht, davon war er überzeugt. Er sah und hörte zwar niemanden, aber er fühlte es; er spürte ihre Blicke, wusste, dass sie ihn sahen. Doch in der Nähe des

Schlosses, vor allem in den nahe gelegenen Äckern und umliegenden Wiesen und im Auwald, sah auch er sie öfter. Ging er dann auf sie zu, so wichen sie ihm aus und verschwanden wie Gespenster im Herbstnebel.

Erst als er schon ein gutes Vierteljahr in der Gegend war, gelang ihm der erste Kontakt. Doch dies war ein Zufall und blieb auf längere Zeit die einzige direkte Begegnung, die er mit ihnen hatte. Der Schnee fiel leise und behutsam in dichten Flocken den Großteil der Nacht hindurch. Es war, als wollte er die Menschen überraschen. Dennoch wurde sein Kommen erwartet. Am späten Nachmittag bereits bemerkte Gruber die veränderte Farbe der Wolken. Er hatte sein meteorologisches Buch bei sich. Dicke, graublaue Wolken in dieser Jahreszeit bedeuteten eindeutig Schnee. Als Gruber beim ersten Schnee des frühen Winters dieses Jahres zeitig am Morgen durch den hohen, verwachsenen Wald oberhalb des Schlosses stapfte und seine Vogelfallen kontrollierte, lief ihm der erste Meierhof-Bewohner ins Netz. Unerwartet kam ihm ein alter Mann, schwer beladen mit einem großen Reisigbündel, aus dem Wald entgegen. Der Mann war eindeutig aus dem Meierhof. Das wusste Gruber sofort. Nicht, dass er ihn dort bereits einmal persönlich gesehen hätte. Aber seine Kleidung, sein Auftreten, sein Aussehen, seine Haltung – alles deutete darauf hin. Der Mann war sichtlich erschrocken, Gruber so unvermittelt gegenüberzustehen. Auch Gruber war irritiert. Der Mann schien ihn außerdem zu kennen. Die beiden starrten sich eine Weile an, während sie sich gegenseitig grußlos musterten. Gruber bemerkte die schweren Tränensäcke, die violett tendierende Gesichtsfarbe des Mannes, die weißen Bartstoppeln, die alte speckige Kappe, die breite Nase, die schweren, bläulich gefrorenen Hände, die das Reisigbündel fest an einem Strick hielten, die groben Stallknechtsstiefel, die kleine, etwas gebückte, aber äußerst stämmige und kräftig wirkende Gestalt, die dicken Handgelenke, die auf urwüchsige Kraft schließen ließen, die graublauen, etwas gelblichen, von Alkohol und Rauch verdorbenen Augen.

Gruber sprach den Alten an und wurde augenblicklich daran erinnert, dass nichts so war, wie er es sich vorstellte. Der Mann antwortete in kaum verständlicher Sprache. Da erst erkannte Gruber dessen Fremdheit. Die ersten Gespräche mit diesem Menschen verwirrten Gruber, denn er verstand nicht mal die Hälfte dessen, was er sagte. Später traf er diesen Mann wieder im Schlossareal an und fand bestätigt, dass er im Meierhof wohnte. Er schien sowohl andere Worte, als auch eine andere Grammatik zu benützen. Gutturale Laute kamen bei primitiven Eingeborenen vor. Ethnologen berichteten davon bei Stämmen aus Afrika und auch bei südamerikanischen Indianern. Gruber waren jedoch selbst die verwendeten Idiome, soweit er sie zu verstehen glaubte, großenteils gänzlich unbekannt. Dann vermutete er aber wieder, dass es sich dabei auch um einen Sprachfehler handeln könnte, oder der Mann womöglich geistig beschränkt sei. Das würde auch seinen seltsamen Aufzug erklären, der wie ein Häftlingsgewand wirkte; er trug einen völlig verschlissenen gestreiften Leinen-Anzug, wobei sich die blauen Streifen in dem vielfach geflickten groben Leinengewebe kaum noch vom graubraunen Untergrund abhoben. Er bemerkte sogar eine Nummerierung, die mit waschfester Farbe in das Gewebe eingestempelt war. Konnte es sich dabei gar um ein Häftlingsgewand aus dem Zweiten Weltkrieg handeln? Gruber erinnerte sich, dass sich in der Nachbarschaft eine Bunkeranlage befand, wo 3.000 Häftlinge, meist Polen, auch deutsche Soldaten und Rumänen, in einer unterirdischen Fabrik gearbeitet hatten. War es denn möglich, dass die Kleidung aus diesem Konzentrationslager stammte? Wer weiß, vielleicht hatte gar dieser Mann selbst im Lager gearbeitet und war ein Überlebender? Aber das schien doch sehr fragwürdig und war auch eher auszuschließen, denn soviel Gruber von diesem Lager wusste, wurden alle Strafgefangenen noch gegen Ende des Krieges, wenige Tage, bevor die Russen dieses Gebiet erreichten und dann auch das Schloss in Besitz nahmen, erschossen, oder kamen durch Bombenangriffe der Amerikaner um. Der General gewährte damals Unterkunft; gegen den heftigen Protest des Verwalters allerdings. Aber nicht, ohne vorher selbst einen ziemlichen Wirbel zu machen. So sehr liebte er die Gesellschaft fremder Menschen auch wieder nicht.

Erst viel später sollte Gruber dann mehr über den Hintergrund der Häftlingskleidung und über das Konzentrationslager erfahren. Wie sich dann nämlich herausstellte, trug der Mann, der übrigens Binder hieß, tatsächlich Häftlingskleidung aus dieser Zeit. Anfang Februar 1945 war ein Häftlingstransport mit 250, teilweise politischen Gefangenen des Zuchthauses Leopoldov und des Kreisgerichtes Bratislava, auf der Landstraße unweit des Schlosses unterwegs. Die Häftlinge sollten in das KZ Mauthausen überstellt werden, um zu verhindern, dass politisch aktive Gegner des Nationalsozialismus durch die Rote Armee befreit werden konnten. Am 19. Februar 1945, gegen zehn Uhr, kam es zu einem Luftangriff der amerikanischen Tiefflieger, und da der Transport nicht anhielt, wurde die Wagenkolonne mit Bordwaffen niedergemacht, wobei die meisten Häftlinge umkamen. Die Überlebenden wurden danach weiter bis nach Mauthausen geschafft. Herr Binder war einer der wenigen, denen die Flucht gelang. Er schien dieses Gewand besonders gerne zu tragen, da es einen gänzlich abgenutzten Eindruck machte und gleichzeitig deutlich zeigte, dass es sorgfältig ausgebessert und geflickt war.

Was aber die Sprache anbelangte, so fand Gruber später doch einen Informanten im Schlossareal, der sowohl die vielfältigen Schattierungen der Sprache der Meierhof-Bewohner beherrschte, als auch zu einer korrekten und reproduzierbaren Wiedergabe in der vertrauten Schriftsprache fähig war. Dieser Interpret war kein anderer als der alte Frederik, der Kammerdiener des Generals. Und noch einen gab es; den Herrn Zauner. Dessen Bekanntschaft machte er jedoch erst später. Zauner war einer von ihnen, aber er sprach auch die Sprache derer von „draußen". Was Frederik betraf, so war dieser natürlich durch seine Bildung befähigt, besonderes Wissen zu liefern, was Zauner nicht vermocht hätte. So hatte Frederik sogar ein etymologisches Wörterbuch über das eigentümliche Vokabular angelegt.

Das war für Gruber natürlich eine Goldgrube. Allerdings trug ihm Frederik strikteste Geheimhaltung dieses Wissens auf. Weder der Verwalter noch der General durften auch nur irgendeinen Schimmer davon erfahren. Gruber versprach ihm, das so zu halten und hielt sich auch daran. Trotzdem konnte er sich mitunter nicht des Eindruckes verwehren, dass ihm Frederik auch manchen Unsinn lieferte und sich hinter seinem Rücken über ihn lustig machte. Doch ohne seine Hilfe hätte er überhaupt keine Möglichkeit gehabt, in die widerborstigen Gemüter der Dörfler und Meierhof-Bewohner einzudringen und etwas von ihrem privaten Leben in Erfahrung zu bringen. Denn auch für die Bauern und die Leute aus dem Dorf war dieses Wörterbuch von Frederik hilfreich. Auch diese hatten zum Teil ganz eigene Wörter mit ganz eigentümlichen Bedeutungen, die Gruber bisher noch nirgendwo sonst gehört hatte. Dadurch erkannte er auch, dass der metaphorische Reichtum der Bauern von ungeahnter Dimension war. Mit zunehmender Kenntnis ihrer Sprache erwarb er sich dann auch ihr Vertrauen, und das ursprüngliche Misstrauen begann, allmählich wegzuschmelzen.

Doch um nochmals auf die seltsame Sprache der Meierhof-

Bewohner im Allgemeinen und die des Herrn Zauner im Speziellen zurückzukommen … die Kompliziertheit und Neuartigkeit dieser Sprache beflügelte Gruber zu eingehenden etymologischen Studien. Dazu studierte er auch einschlägige Fachliteratur und fand einen ganz bemerkenswerten Hinweis bei einem Sprachforscher, der im Karakorum in Pakistan tätig war. Dieser hatte festgestellt, dass Flüsse die natürlichsten Sprachgrenzen darstellten; eher noch als Berge. Berge konnten leichter überwunden werden, als Flüsse. Über einen Berg marschiert man einfach. Aber einen Fluss zu überqueren, bedeutete eine ungleich größere Gefahr. Wer überquert schon einen reißenden, breiten Fluss. Ozeane und Flüsse sind Grenzen, Gebirge kaum.

2.7. Bilanz am Ende des Jahres

Viel hatte er zusammengetragen, dieser Doktor Gruber, in seinem ersten Forschungsjahr. Er sammelte Insekten von Blütenkelchen in den bunten Wiesen und Auen und Fasanenfedern in den dschungelartigen Wäldern. Er beobachtete die Vögel und vermerkte, welche Bäume und Sträucher sie besuchten und in welchen Zeitabständen sie dies taten. Er studierte den Gang der Menschen, die am Schloss vorbeikamen. Er machte dies verstohlen, aus sicherem Versteck heraus. Er lungerte scheinbar beschäftigungslos in der Gegend herum und befragte die Bauern auf dem Felde nach dem Wie und Wo und welche Frucht sie anbauten und was an Ernteertrag für sie übrig blieb.

Ihrer Natur nach waren diese Beobachtungen sehr unterschiedlich und ließen sich nur sehr schwer dem System der einzelnen Kategorien zuordnen. Grubers Aufzeichnungen zeugen von diesen außerordentlichen Bemühungen. Vielfältig sind die Wiederholungen, die in seinen Feldbüchern und in seinen Kategorie-Heften und Korrelations-Tabellen auftreten. Um zum Beispiel Käfer in der „Zoologischen Kategorie" taxonomisch korrekt zu dokumentieren, musste er sie von den Blüten entfernen. Er musste sie sozusagen von der „Botanischen Kategorie" loslösen. Damit ging aber wieder das Wissen um die gegenseitigen Neigungen oder auch Abhängigkeiten unter. Welche Blume lockte welche Insekten an und welche Insekten bevorzugten umgekehrt welche Blüten? Es war dies eine wissenschaftlich relevante Wechselwirkung. Ihre Missachtung verrückte die Perspektive und unterschlug den wichtigen Bereich der Interaktion. Der Wunsch, die Beobachtung methodisch der kategorischen Betrachtungsweise zu unterwerfen, war ein Versuch, die Vielheit zu erhalten und auf alle Erscheinungen zu achten, nichts zu vergessen, nichts unbeobachtet und unregistriert zu lassen. Die kompromisslose Anwendung dieses Konzeptes bedeutete allerdings das Risiko einer Vernachlässigung der Interaktion einzelner Parameter der Kategorie. Die Fokussierung auf ein Kriterium konnte den Kontext verwischen. Eine präzise Beschreibung der Saugrüsselaktivität des Tagpfauenauges konnte ihn um die Erfassung der Häufigkeit frequentierender Individuen bringen. Wusste er die genaue Anzahl der Schmetterlinge, so konnte er nicht mit Sicherheit sagen, was sie gerade taten. Umgekehrt ebenso. Erfasste er eine Kategorie mit Akribie, so musste er eine andere notgedrungen vernachlässigen. Dergleichen Beispiele gibt es ungezählte. Ein unlösbares Dilemma, das Gruber mit fortschreitender Datendichte immer mehr belastete. Schließlich brachte ihn dieses Problem dahin, dass er von einem Tage auf den anderen sämtliche Forschungstätigkeiten einstellte und sich gänzlich zurückzog. Für eine Weile schien er wie vom Erdboden verschluckt. Keiner wusste, wo er sich aufhielt. Aber ebenso unvermutet, wie er verschwunden war, tauchte er ein paar Tage vor Weihnachten wieder bei Tante Anna auf. Das war die einzige nachweisbare Unterbrechung seiner Arbeiten. Gruber hatte niemals einen krankheitsbedingten Arbeitsausfall.

Zurückgekehrt, begann er sein Interesse zunehmend auf das Schloss und seine Bewohner zu konzentrieren. In diesem Zusammenhang folgte er dem Konzept der „Anthropozentrischen Kategorie". Von der Feldforschung zog er sich mehr und mehr zurück. Die Vielfalt an Informationen, die Gruber während des ersten Jahres zusammentrug, gruppierte er entsprechend ihrer Natur und der Perspektive der Aufnahme in Unterkategorien. Er legte Verzeichnisse und Unterverzeichnisse an, um nach den verschiedensten Gesichtspunkten die dokumentierten Informationen wieder auffinden zu können; etwa nach den taxonomisch korrekten lateinischen Namen der Tiere und Pflanzen, die er in der Umgebung feststellte. Alle Beobachtungen wurden in Feldbüchern vermerkt. Alles stand in mannigfaltigster Weise miteinander in Beziehung. Gruber suchte nach Spuren, nach einem roten Faden, nach Analogien und Homologien. Er erfreute sich an Kongruenzen und Ergänzungen.

Aus dem „Blauen Feldbuch": „Die Pflanzen, die sich auf einem bestimmten Platz befinden, bilden stets die innere Zusammensetzung der Erde in Kombination mit äußeren Verhältnissen, wie verfügbare Regenmenge, Windeinwirkung, Sonneneinstrahlung udgl. ab."

Gruber entwickelte Routine bei dieser Arbeit. Mit der Zeit lernte er, schon aus einiger Entfernung mit beinahe unfehlbarer Sicherheit die Pflanzen vorauszusagen, die er an den zu besuchenden Orten antreffen würde. Gleiches galt für die Gesteine oder das vermutete Antreffen bestimmter Insekten. So fand er auch die enge Verknüpfung des Lebendigen mit dem scheinbar Toten heraus. Bei genauerer

Analyse kam Gruber zu der Überzeugung, dass es nicht gerechtfertigt sei, Gesteine der unbelebten Materie zuzuordnen. Zu eng war ihre Verknüpfung mit der durch Verwitterung entstandenen Erde und der darauf wachsenden Pflanzen, die ihre Wurzeln darin versenkten. Gleiches galt für Insekten oder Würmer, die in und auf der Erde herumkrabbelten und stets im Zusammenhang mit Letzterer gesehen werden mussten. Diese Forschungen lehrten ihn letzten Endes die Untrennbarkeit der Erscheinungen und Lebensformen. Gruber teilte sie zwar in einzelne Kategorien auf; um sie allerdings nach ihrem Kennenlernen und dem Verstehen ihrer Funktionen und Beziehungen zueinander wieder zu einem Ganzen zusammenzufügen und im Kontext zu betrachten. Mit der Zunahme an faktischem Wissen offenbarten sich zuvor unerkannte Aspekte. Gruber überschritt die unsichtbare Schwelle der Intimität, die von der bloßen Betrachtung eines Objektes zur Erkenntnis desselben führt.

Als er im darauffolgenden Jahr das Schloss kennenlernte, bemerkte er, dass es in ihm zu jeder Jahreszeit unterschiedliche Empfindungen hervorrief und in seiner Erscheinungsweise höchst vielfältig sein konnte. Zu Beginn des Sommers war es kokett, herausfordernd und versuchte ihn zu locken, so, als wüsste es, dass Gruber die nötige Geduld aufbringen könne, es von seinen Geheimnissen zu befreien. Im Spätsommer lag es dann träge in der heißen Sonne und blinzelte auf die schlummernden Smaragd-Eidechsen, die sich am Burgfelsen wärmten. Im Herbst hatte es eine ganz eigenartige, düstere Charakteristik.

Später dann, in den vor Kälte klirrenden Tagen und Wochen des Winters, zeigte es sich verletzlich, ruhig, in sich gekehrt und lag still unter weißem Schneedach in der öden Landschaft. Nur dünne Rauchsäulen stiegen dann aus den Kaminen des

Festen Hauses auf. Vom Schlossleben selbst aber war kaum etwas wahrzunehmen. Alles war dann auf Sparflamme sozusagen. Das Leben verlief unter einer trüben Oberfläche und glich dem der umgebenden Fischteiche, die eine dicke Eisschicht trugen, unter der die Fische still hin- und herzogen. Die Menschen bewegten sich nur auf der Oberfläche und schienen kein Interesse an dem zu haben, was darunter geschah. Sehr wohl achteten aber die Fische auf die darüber Hinwegschreitenden. Ebenso verhielt es sich mit den Bewohnern im Schloss und Meierhof. Sie verließen zwar kaum ihre Wohnungen und schon gar nicht das Schlossareal, aber sie beobachteten jede Bewegung und Veränderung, die außerhalb des Schlosses vor sich ging.

Den Vormittag verbrachte Gruber mit einem Resümee über seine Aktivitäten vom Sommer bis zum Winter des ersten Forschungsjahres. Es war der 31. Dezember 1955 und er war noch kein halbes Jahr mit diesen Forschungen beschäftigt. Er konnte mit seinen Ergebnissen zufrieden sein, aber er wusste auch, dass das Schwerste noch vor ihm lag: „Die Inneren Kategorien“, das Schloss und seine Bewohner! An jenem Samstag, dem 31. Dezember 1955, saß Gruber am Vormittag bei Tante Anna, nachdem er seine „Jahresbilanz“ fertiggestellt hatte; für den Abend war er in den Pfarrhof eingeladen. Der Pfarrer feierte Silvester stets in Gesellschaft. Gruber freute sich darauf, und da er mit einer langen Nacht rechnete, gönnte er sich am Nachmittag ein kleines Schläfchen. Draußen herrschte dichter, frostiger Nebel, der sich als Raureif auf die Bäume und Telegrafendrähte legte, und als es dämmerte, begann es in dichten Flocken zu schneien. Von Tante Annas Küchenfenster konnte man keine fünf Meter weit sehen. An einem normalen Tag hatte sie einen schönen Blick zum Schloss hinüber. Tante Anna holte die Katze in die Stube und bereitete Vogelfutter für den nächsten Tag vor. Sie wollte zu den Zöchbauern hinauf schauen. Der Hof lag gleich oberhalb ihres Hauses. Silvester verbrachte sie immer bei den Zöchbauern. Es war eine große Familie. Sie hatte die freie Mahd in Tante Annas Wiesen, die um das Haus lagen, und sie betreute ihren kleinen Wald, um den sie sich selbst nicht mehr kümmern konnte. Es waren gute Nachbarn.

Gegen sechs Uhr abends ging Gruber ins Wirtshaus, um sich mit den Lehrern und dem Pfarrer zu treffen. Sein erster Silvesterabend in Albrechtsberg.

2.8. Silvester im Weinkeller des Pfarrers

Gruber betrat das mit Heiterkeit und dichten Rauchschwaden gefüllte Wirtshaus. Die ganze männliche Dorfbevölkerung schien anwesend zu sein. Die Männer gingen ins Wirtshaus, während ihre Frauen das Heim schmückten und das Essen herrichteten. Die Kinder durften Freunde einladen. Häufig kamen auch Verwandte zu Besuch. Der Pfarrer war nicht anwesend, die Lehrer saßen bereits am Stammtisch. An diesem besonderen Tag vertrugen sich alle miteinander. Alle waren hier. Die Bauern, die Handwerker, die Lehrer, der Förster mit seinen Junkern und auch sonst eine Menge Personal aus dem Schloss. Es wurde aber nur getrunken. Das Essen wartete Zuhause bei den Familien. An diesem Abend durften auch die Kinder bis Mitternacht wach bleiben.
Gruber wurde vom Lehrer Goebel wie ein alter Freund begrüßt und auch Max, der Biologielehrer, lachte ihm fröhlich entgegen. Alle waren bester Stimmung und freuten sich auf den Abend im Pfarrhof und den anschließenden Besuch des Weinkellers. Nur Deutschlehrer Mistbacher blickte missmutig. Sie tranken Bier und Wein und bald hatten sie rote, leuchtende Gesichter. In der Stube war es heiß vom glühenden Koksofen, der mitten im Raum stand, und den vielen Menschen. Gegen

dreiviertel acht kam der Pfarrer. Seine riesige Gestalt zwängte sich zur Tür herein, Mantel und Kopf waren von Schneeflocken bedeckt. Gruber blickte durchs Fenster auf die Dorfstraße hinaus und bemerkte, dass es nur noch wenig schneite. Er konnte das gelbe Licht der Straßenlampe vor dem Wirtshaus sehen und auch Lichter im Schloss erkennen. Der Pfarrer musste also schon länger im Freien unterwegs gewesen sein.

Von den Tischen her streckten ihm die Bauern die Hand zum Gruß entgegen. Er ging lachend und selbstbewusst durch den Raum und steuerte auf den Lehrertisch zu, sein Gesicht war nass und gerötet. Auch hier reichte er den Leuten die Hand. Er behielt den Mantel an, auf dem der Schnee durch die Wärme des Raumes sofort zu schmelzen begann. Gruber empfand es stets als peinlich, wenn er bei der Begrüßung mit seiner kleinen Hand gerade ein paar Finger der riesigen Pranke des Pfarrers umfassen konnte.

Um acht Uhr verließen sie gemeinsam das Wirtshaus und gingen über den Dorfplatz hinüber zum Pfarrhof. Links auf dem Felsen lag das Schloss über dem Dorf, dunkel und schwer wie ein lauerndes Raubtier mit unzähligen schwarzen Augen; nur im Ostturm brannte noch Licht. Dort hatte der General seine Bibliothek. Er las oft bis spät nach Mitternacht. Der Pfarrer, der wie ein mächtiger Schneepflug der Gesellschaft vorausging, blickte kurz nach oben. Gruber hatte seinen Blick bemerkt.

Schuldirektor Hofmeister, ein kleines, witziges Männchen mit Spitzbubengesicht, war an Grubers Seite und redete in einem fort. Mistbacher schlich beflissen und aufdringlich um sie herum, um Gesprächsfetzen aufzufangen. Den Schluss bildeten Goebel und der junge Biologielehrer Max Fellner. Doch ehe man in den Keller ging, musste man sich im Pfarrhof noch unbedingt stärken. Rosi, die gute Seele des

Pfarrhofes und mütterliche Stütze des Pfarrers, die ihn seit über 20 Jahren als Köchin und Wirtschafterin in die verschiedenen Pfarreien begleitete, tischte Speck, geräucherte Zunge und selbst gebackenes Bauernbrot auf. Sie freute sich über die späten Gäste und war nicht alleine in der Stube. Beppo, der Pfarrhaus-Pudel, schlief unter dem Tisch, und zwei Forstwirtschafts-Studenten der Universität für Bodenkultur in Wien saßen bei ihr und wirkten schon etwas illuminiert. Sie schienen alte Bekannte zu sein, denn der Pfarrer begrüßte sie überschwänglich. Hochwürden hatte einen riesigen Freundeskreis, und die beiden gehörten ganz offensichtlich dazu. Gruber wurde ein Stuhl angeboten. Auf dem zweiten nahm der Pfarrer Platz, und die anderen setzten sich zu den Studenten an die Tischbank. Je mehr Gäste, desto wohler fühlte sich die Pfarrersköchin. Dort, wo Rosi die meiste Zeit des Tages verbrachte, beim Tisch und vor der Spüle, war der Linoleumboden durchgewetzt und zeigte die darunter befindlichen Terrazzo-Platten. Die Pfarrersköchin war, ebenso wie ihr Bruder, von gewaltigem Körperbau. Eine richtige Kriemhild, mit starkem Bartwuchs, dröhnendem Lachen und von unerschütterlicher Heiterkeit. Zum Essen kredenzte sie einen feinen Grünen Veltliner mit zartem Pfefferl und einem Hauch von schwarzen Ribiseln.

Als die muntere Gesellschaft in den Keller ging, war es kurz nach Mitternacht. Vorher hörte man noch gemeinsam den Donauwalzer und stieß mit Rosi zum Neuen Jahr an. Danach ging sie schlafen. Trockene Blätter trieben über den gefrorenen Schnee im Pfarrgarten. Man ging durch die hintere Treppe vom Pfarrhof hinaus. Dort lag der Garten in seiner zauberhaften Ursprünglichkeit, mit den alten, moosbewachsenen Obstbäumen. Neben dem Abgang zum Keller, der sich unterhalb des alten, halb verfallenen Pfarrhofes befand, befand sich ein prächtiger alter Nussbaum, der schon vieles gesehen haben musste. Mistbacher stand dort, in sich zusammengekauert, und stützte sich am Stamm ab. Er hatte den Wein zu rasch hinabgeleert und es schien ihm übel zu sein. Goebel bot an, ihn nach Hause zu begleiten, und entschuldigte sich für sein frühes Aufbrechen. Abgesehen von Max und dem Direktor, verschwand die gesamte Lehrerschaft. Neben der vorgerückten Stunde kam natürlich noch hinzu, dass es allen Anwesenden klar war, dass den Weinkeller keiner verlassen würde, ohne betrunken zu sein. Binnen weniger Augenblicke war die Gruppe auf einen kleinen, intimen Zirkel zusammengeschrumpft: die beiden Studenten, Direktor Hofmeister, der Pfarrer und Gruber. Die anderen verabschiedeten sich und stapften müde durch den gefrorenen Schnee ins Dunkel.

Der Pfarrer öffnete die erste der drei Türen, eine unscheinbare, verwitterte Brettertür, die sich nicht von einer gewöhnlichen Stalltür unterschied, und doch führte sie zu einem Weinkeller, der in seiner Reichhaltigkeit und in der Qualität der Zusammenstellung wohl im ganzen Land unübertroffen war. Die Tür war nach außen zu öffnen und unversperrt. Anstelle eines Schlosses steckte ein Holunder-Ästchen im Bügel. Im winzigen Vorraum standen Schachteln mit Korken und zerbrochenen Weingläsern. Die zweite Tür war ebenso unscheinbar. Mit einem zarten Riegel war sie am oberen Türrand befestigt und ging nach innen auf. Klare Luft trat ihnen entgegen. Es roch nach Äpfeln und Wein. An beiden Seiten der Wände standen Stapel ungeöffneter Weinkisten. Gruber bemerkte, dass sie bei seinem letzten Besuch noch nicht hier gewesen waren. Steile Stufen aus kristallinem Kalkstein führten in den Keller hinab. Der Pfarrer ließ beide Türen zur Lüftung offen und ging voran. Wegen seiner Größe und ungeheuren Leibesfülle schritt er rückwärts die Stiegen hinab. Unten auf der letzten Stufe angekommen, drehte er sich um und öffnete die letzte Schranke, die sich noch zwischen den andächtigen Besuchern und den möglicherweise erlesensten Weinen des Abendlandes befand.

Es war wieder eine einfache Brettertür mit einem Riegel, weiß gekalkt und entsprechend dem runden Tonnengewölbe oben bogenförmig zugeschnitten. Als der Pfarrer sie geöffnet hatte, empfand man die Luft hier als deutlich wärmer. Es roch erfrischend nach Wein, gemischt mit dem modrigen Geruch von schwarzem Schimmel. Noch lag der Raum im Dunkeln. Doch dann griff der Pfarrer um die Ecke und betätigte einen Drehschalter. Eine einfache Glühbirne erleuchtete in der Mitte der unverputzten Gewölbedecke den mit Sicherheit sakralsten Raum der ganzen Ortschaft. Hier befand sich das Zentrum des Weinkellers und des Universums zugleich. Nur in wirklich dringenden Fällen und wenn alle Argumente an der Demut und Hartnäckigkeit seiner aufopferungsvollen Schwester scheiterten, verließ der Pfarrer dieses Paradies und spendete Sakramente den Ehewilligen und Sterbenden, begleitete Tote auf den Friedhof und hob junge Erdenbürger aus der Taufe. Sonst aber war er hier an diesem Ort zu finden. Denn im Grunde genommen war der Weinkeller seine Kirche. Hier wirkte er mehr für die Unsterblichkeit der menschlichen Seele, als in der am Schlossberg thronenden Dorfkirche. Der Weinkeller war seine Sakristei. An diesem Ort zelebrierte der Pfarrer mehrmals täglich mit Andacht, Gottgefälligkeit und Ausdauer seine Messe.

Gruber folgte direkt dem Pfarrer und bemerkte zufrieden, dass der Keller immer noch so aussah, wie er ihn zuletzt vor etwa zwei Monaten verlassen hatte. Zu beiden Seiten befanden sich bis an das in Griffweite befindliche Tonnengewölbe, einfache Bretter-Stellagen, zum Bersten voll mit einer bunten Vielfalt ausgesuchter Weine. Gruber schätzte an die sechstausend Flaschen. In den unteren und mittleren Etagen lagen die Weißweine, im oberen Drittel die Rotweine. Der Pfarrer kannte die Position jeder einzelnen Flasche mit verbundenen Augen. Das war seine Bibliothek. Hier an diesem Ort gedachte er jeden Tag mehrere Stunden der Güte des Schöpfers, der diese herrlichen Weine entstehen ließ. Die meiste Zeit war er alleine im Keller, in stiller Zwiesprache mit Gott. Er hatte aber auch gerne Gäste. Das Erste, worauf er seine Besucher jedes Mal aufmerksam machte, war der schwarze Kellerschimmel. „Merkts Ihr des“, sagte er, „des is nämlich ein ganz spezieller Schimmel da. Kein gewöhnlicher!“ Ein helles Kinderlächeln glänzte über sein Gesicht. Behutsam glitt seine Hand bei dieser Erläuterung über die feuchte, Schimmel bedeckte Kellerwand. Triumphierend hielt er die schwarze Fingerspitze den Besuchern entgegen. Der Biologe Max schnüffelte fachmännisch daran und probierte selbst einen Abstrich. Doch der Pfarrer hatte bereits die Wissenschaft verlassen und betätigte sich praktisch mit der Entkorkung der ersten Flasche. Seine Kommentare während dieser viel geliebten Tätigkeit strotzten von vinologischem Fachjargon. Da dies jedoch für die meisten der Anwesenden nicht der erste Besuch im Weinkeller war, wurde dem nicht mehr allzu große Beachtung geschenkt. Während die Gäste dem Pfarrer ihre Gläser entgegen hielten und er einschenkte, studierte Gruber die Anordnung der Weinflaschen. Er überlegte, nach welchem System sie wohl verwahrt wurden.

Der Pfarrer machte den Anfang mit einem Rosé von Jamek. Der Korken roch vielversprechend, und so schwenkte Hochwürden mit verdrehten Augen und voller Andacht das Glas. Fellner Max kratzte kokett an seinem Anarchisten-Bart und inspizierte weiterhin den schwarzen Kellerschimmel. Hofmeister sah ihm dabei geringschätzig zu. Seiner Meinung nach machte sich Max zu wichtig. Der Pfarrer rief ihn auch tatsächlich zur Raison, denn wenn er schon Gäste in sein

Heiligtum führte, so erwartete er auch Interesse an seiner wohlgesetzten, fachkundigen Rede. So wichtig war der Kellerschimmel auch wieder nicht. Bei Hofmeister verursachte dieser autoritäre Einwurf spontan eine Gemütsaufhellung. Als die ungeteilte Aufmerksamkeit wieder dem Ritual des Weintrinkens entgegengebracht wurde, glitt der erste Schluck die erwartungsvollen Kehlen hinab. Der Wein fand beste Aufnahme. Besonders die näheren Angaben über die Lage der Riede und neuere Errungenschaften der Kellerei Jamek verstärkten den Eindruck privilegierter Weinverkostung. Hofmeister schnalzte sogar mit der Zunge. Es war jedoch allen klar, dass er sich mit diesem Verhalten nur anbiedern wollte. Ein Verhalten, das der Pfarrer allerdings ignorierte: „Ah, Herr Direktor", sagte er spöttisch, „haben's schon länger nix trinken dürfen. Die Frau Gemahlin hält ja angeblich ihren Haushalt alkoholfrei, was?" Das verleidete dem kleinen Mann den Genuss ein wenig, aber dank Grubers geistesgegenwärtigem Eingreifen, der noch immer über das System der Flaschenarchivierung sinnierte, gab er dem Gespräch eine andere Richtung. „Herr Pfarrer", sagte er, „nach welchen Gesichtspunkten ordnen Sie Ihre Flaschen? Ich habe bemerkt, dass die untersten Reihen nahe am Erdboden kaum mehr lesbare Etiketten aufweisen. Wie können Sie da nach einer Weile noch wissen, was dort liegt?" Der Pfarrer schmunzelte übers ganze Gesicht. Diese Frage war so richtig nach seinem Geschmack. „Nun, lieber Herr Doktor Gruber, Sie dürfen nicht vergessen, dass ich nicht nur täglich mehrmals hier im Keller bin und trainiere, sondern auch jede einzelne Flasche selbst hier herunter gebracht und verwahrt habe. So wie Sie von Ihren Steinen, die für mich, nur nebenbei gesagt, alle gleich aussehen, ganz genau wissen, woher sie stammen; so kenne ich halt auch meine Flaschen. Im Übrigen sollten Sie austrinken, denn ich habe nach dieser Einleitung mit dem vorzüglichen Jamek hier ein Tröpferl, das Sie hier bei mir mit Sicherheit noch nicht gekostet haben".

Aufgrund dieser Ankündigung rückten alle nahe an das große Weinfass heran, das mitten im Keller stand und als Tisch benützt wurde. Mit einem wohlklingenden Geräusch zog der Pfarrer den Korken aus einer völlig mit Schimmel bedeckten Flasche, deren Etikett bereits bis zur Unkenntlichkeit aufgelöst war, und schenkte ein. Mistbacher hielt als Erster das Glas hin. Gruber stand etwas weiter zurück, denn der Platz war sehr beschränkt. Die ungeschützte Glühbirne hing direkt über dem mächtigen Kopf des Pfarrers und verlieh ihm aus der Perspektive Grubers einen einigermaßen brauchbaren Heiligenschein. Max Fellner knabberte verstohlen an einem Stück Brot, das ihm Rosi in der Küche zugesteckt hatte. Sie wusste, dass Max leicht einen Rausch bekam. Die Zeit verstrich. Eine Flasche nach der anderen wurde geleert und ging der Menschheit damit auf immer verloren. Der Geist wurde immer reger, der Körper leichter; wohlige Wärme durchströmte die Anwesenden, und selbst der stille Max warf bisweilen ein bedeutendes Bonmot ein oder motivierte den Pfarrer zu manch experimenteller Flaschenöffnung von Kandidaten, die möglicherweise ansonsten noch unbehelligt Jahre in den Stellagen verbracht hätten. Nach einer längeren Pause, die jeder seiner Persönlichkeit entsprechend in stummer Andacht, nihilistischem Rückblick oder mutiger Vorausschau beging, fand es der Pfarrer passend, eine Geschichte zu erzählen. Es war schon weit nach zwei Uhr morgens. Die Erzählung hatte er vom Mesner und bezog sich auf einen lange vor ihm in dieser Pfarre tätigen Pfarrer.

„Dieser Pfarrer, so erzählte er, „hieß Eichmeier und war ein leidenschaftlicher Speläologe. Er untersuchte alle Höhlen der Umgebung und erkannte unter anderem auch die urgeschichtliche Bedeutung der Gudenushöhle. Die Eichmeierhöhle im Kremstal war nach ihm benannt worden. Als Eichmeier einmal durch einen Weinhändler von einer seltsamen Höhle in einem Weinkeller in der Nähe des Manhartsberges hörte, machte er sich umgehend auf, sie zu untersuchen. Von dieser Forschungsreise in den weitverzweigten Weinkeller kehrte er jedoch nicht mehr zurück und gilt seitdem als verschollen."

Diese Geschichte, die der Pfarrer an diesem späten Abend in seinem Weinkeller zum Besten gab, klang allerdings nicht sehr glaubwürdig. Aber er trug sie mit ernsthafter Mine vor, nur unterbrochen vom zeitweisen genussvollen Nippen an seinem Weinglas und dem Nachschenken in die Gläser seiner bereits weitgehend illuminierten Gäste.

Immer, wenn der Pfarrer eine neue Flasche öffnete und nach gebräuchlichem Ritual den ersten Schluck verkostete, herrschte Stille im Keller. Zu später Stunde, es mochte gegen drei Uhr gewesen sein, schwiegen zu gleicher Zeit der Pfarrer im Keller und die Winternacht im Schlossgarten. Genau in diesem Moment hörte Gruber ein Geräusch. Es war ein kratzender Laut, der sofort wieder verstummte. Am hinteren Ende des kurzen, tonnenförmigen Weinkellers war ein kleiner Entlüftungsschacht, und wenn man sich direkt darunter stellte, sah man etwas oberhalb eine kleine, vergitterte Öffnung, die in den Schlossgarten hinaus führte. Dahinter lag der mit mächtigen Tannen und Fichten bewachsene Teil des Parks. Er befand sich unterhalb des Schlosses, von hohen Mauern umgeben. Verdeckt durch den großen Speicherkasten war er zudem von außen völlig uneinsehbar.

Die Erzählung des Pfarrers fesselte alle so sehr, dass niemand außer Gruber dieses Geräusch bemerkt zu haben schien. Es war Gruber, als ob ein Mensch an dieser Öffnung gelegen hätte und beim Zurückweichen mit der Kleidung an der Mauer des Entlüftungsschachtes entlang streifte. Er blickte genauer auf die Stelle und sah, wie ein einzelnes dürres Blatt langsam den schräg verlaufenden Schacht in den Keller herabgesegelt kam und unten auf den mit Weinflaschen bestandenen Holzstellagen, inmitten einem kleinen Häufchen dürrer Blätter, zum Liegen kam. Er überlegte kurz, ob er der Sache nachgehen sollte. Aber es hätte keinen Sinn gemacht. Selbst wenn er sich beeilt hätte, so wäre doch genug Zeit verstrichen, um einem etwaigen Lauscher Gelegenheit zu geben, sich zu entfernen. Das Pfarrhaus war vom Schlosspark zudem durch die hohe Parkmauer und teilweise durch einen hohen Wildzaun getrennt. Er hätte einen weiten Umweg machen müssen. Über den kleinen Dorfplatz, dann durch das Eingangstor zum Schloss, ein Stück den Weg zur Kirche und dann hinter dem Speicher in den Park hinab. Wer mochte da gewesen sein, überlegte Gruber. Ein Mensch oder doch nur ein Marder oder eine Katze? Er würde am nächsten Tag in den hinteren Park gehen und nachsehen. Es mussten Spuren im gefrorenen Schnee sichtbar sein. Er lauschte jedoch lieber den Geschichten des Pfarrers. Er spürte bereits die Wirkung des Weines, fühlte sich dennoch hellwach und klar im Kopf und hatte warme Hände und Füße. Dabei hatte es im Keller sicher nicht mehr als neun oder zehn Grad, und draußen herrschten Minusgrade.

Es war beinahe Vollmond, und als er kurz raus ging, um dem Nussbaum einen Besuch abzustatten, sah er, dass sich der Nebel verzogen hatte. Es war völlig windstill geworden, die Sterne blinkten und die gefrorene Schneedecke des Gartens glich einem Teppich, bestreut mit Millionen glänzender Diamanten. Er beeilte sich, um nichts von der Geschichte zu versäumen. Doch als er nach unten kam, beruhigte der Pfarrer ihn und teilte mit, dass er die Erzählung unterbrochen und in der Zwischenzeit einen Riesling von Zottel aufgemacht habe.

Er schwenkte ihn genüsslich unter der Nase, starrte andächtig ins Glas und verkündete nach einem kleinen Schluck mit nach hinten gedrehten Augäpfeln: „Ein paradiesischer Pfirsichton – leider sehr gut.“

Danach tranken die anderen ebenfalls, und er fuhr in der Erzählung fort. Max hatte sich in Ermangelung jedweder Sitzgelegenheit auf die kalte Marmor-Kellertreppe gesetzt und schien zu schlafen. Sein Kopf hing nach vorn und war tief im aufgestellten Kragen seines Mantels versunken. So gegen vier Uhr morgens löste sich die Gesellschaft auf, und der Pfarrer feierte alleine im Keller weiter. Die Gäste bedankten sich. Gruber ging mit Goebel eine Strecke gemeinsamen Weges und danach zu Tante Annas Haus und machte noch kurz ein paar Notizen in das „Rote Feldbuch“, um ein Gespräch mit dem Pfarrer festzuhalten. Danach fiel er müde ins Bett. Es mochte gegen fünf Uhr früh sein.

Aus dem „Roten Feldbuch“: Albrechtsberg, d. 1. Januar 1956, frühmorgens: „Nachtrag aus dem Silvestergespräch mit Pfarrer W. in Albrechtsberg: Hochwürden vertraute mir, illuminiert durch den vorzüglichen Genuss ganzer Bataillone edler Wachauer Weine, das pikante Beichtgeheimnis eines Priesters an, der in Hollabrunn im Weinviertel an einer Knabenschule als Religionslehrer tätig ist; es handelt sich, sagte er, um einen durchaus hoch angesehenen Manne, der sich auch sehr verdienstvoll um die Gründung von Pfadfindergruppen gemacht hat. Dieser Priester war natürlich aufgrund seiner Würde auch in der Öffentlichkeit präsent; er war dem Volke unter anderem nicht nur durch sein ehrenhaftes Eintreten für keusche Lebensführung bekannt, sondern auch durch seine besonders fromm wirkende, keck zugespitzte Unterlippe; jedenfalls, so erzählte mir Hochwürden, habe er ihm, allerdings unter dem Beichtgeheimnis, die ungeheure Sünde gebeichtet, sich an Kindern seiner Gemeinde auf abscheuliche Weise vergangen zu haben; gewissermaßen hätte er die christliche „Nächstenliebe“ zu weit getrieben; diese

Handlungen hätte ihm allerdings zeitweise derartige seelische Pein bereitet, dass er sogar mit dem Gedanken spielte, sich durch einen Pistolenschuss von dieser Qual zu befreien; der Priester habe aber auch wieder abmildernd (zu seinen eigenen Gunsten natürlich), hinzugefügt, dass dies nur durch die Beihilfe des Satans geschehen konnte; denn zu solchen Handlungen, so erzählte er dem Pfarrer, gehörten doch wohl immer noch zwei Parteien. Natürlich erhoffte sich der Priester aus Hollabrunn durch diese Beichte dem Pfarrer gegenüber, so wie ich die Sache beurteile, das wirksame und nachhaltige Ölen der himmlischen Türangeln, sodass durch dieses edelmütige Bekennen der verabscheuungswürdigen Taten dem zukünftigen Eintreten ins Paradiese kein Hindernis entgegenstünde!

Mich hat an der Erzählung dieses delikaten Beichtgeheimnisses (die ich nur dem allzu heftigen Alkoholgenuss dieses Silvesterabends zuschreiben möchte) viel weniger die Tatsache der Verwerflichkeit des Priesters erschüttert, als vielmehr die ungeheure Inkonsequenz, zu glauben, sich durch eine Kugel in einem katholischen Lande vor der Hölle retten zu können.“

Die Reflexion dieser Indiskretion des Pfarrers erinnerte Gruber an seine eigenen Erfahrungen in der Schulzeit. Er hatte seinerzeit in der Hauptschule einen Religionslehrer, an den er sich nun wieder genau erinnern konnte. Pater Gottlieb. Dieser fromme Mann fand besonderen Gefallen an Ohrfeigen, die er großzügig unter seinen minderjährigen Schäflein verteilte; dazu befleißigte er sich einer raffinierten Methode, das musste man ihm lassen: Er zog mit der linken Hand den auserkorenen Schüler so lange am Ohr, bis dieser bereits auf den Zehenspitzen trippelte; ließ sich der delinquente Bursche nicht mehr weiter in die Länge ziehen, erteilte er eine gezielte Breitseite mit der Rechten und ließ gleichzeitig das Ohr los, sodass der dermaßen betreute Junge nicht selten das Gleichgewicht verlor und rücklings zu Boden stürzte; nicht ohne vom fröhlichen Gelächter des Paters Gottlieb begleitet zu werden. Doch der liebe Gott, der oberste Chef des Paters sozusagen, erwies sich als Spielverderber und setzte diesem Treiben an der Schule von M. bereits nach einem Jahr ein jähes Ende. Der fromme Mann wurde dummerweise dabei ertappt, kirchliche Devotionalien einer allzu weltlichen Widmung zukommen zu lassen, indem er Letztere, privatim sozusagen, unter der Hand an Antiquitätenhändler verkaufte. Dieses Nebengeschäft, im Grunde natürlich eine Lappalie, fand nicht das Wohlwollen der Diözese, die den Pater zur religiösen und moralischen Ertüchtigung der jungen, orientierungslosen Schäfchen entsendet hatte; man versetzte den Pater daher kurzerhand in die kleine Gemeinde Hadres an der tschechischen Grenze im nördlichsten Niederösterreich. Dort galt Pater Gottlieb wieder als unbeschriebenes Blatt und musste sich seinen Ruf als misshandelnder Priester und nebenberuflicher Langfinger mühsam wieder von Neuem verdienen.

3 IM SCHLOSS

3.1. Der Beginn eines neuen Jahres

Am ersten Tag des neuen Jahres ging Gruber in der Früh zum Schloss hinüber, um im Park nach Spuren hinter dem Weinkeller zu suchen. Es war ein Sonntag. Gruber hatte keine drei Stunden geschlafen. Alle Geschäfte hatten geschlossen, die Tankstelle und das Wirtshaus ebenso. Beim Pfarrhof waren die Jalousien herabgelassen, Raureif bedeckte die Zäune. Es herrschte klirrender Frost. Gleich beim Pfarrhof um die Ecke war der Aufgang zum Schloss. Das Tor stand weit offen. Dahinter lag der lang gestreckte mittelalterliche Speicherkasten und an ihn anschließend ein unscheinbares kleines Holzgatter zum Park hinab. Gruber musste gar nicht weitergehen. Als er über den Zaun blickte, sah er es schon: Wie ein Strich zog sich deutlich eine Fußspur im gefrorenen, knietiefen Schnee hinab an die Rückseite des Weinkellers. Er hatte sich doch nicht getäuscht. Doch diesen Tag wollte er für etwas Nützlicheres verwenden als den Spuren eines nächtlichen Lauschers nachzugehen. Es galt, Pläne der baulichen Anlagen im Schlossbereich zusammenzutragen. Zum Teil bezog er diese Pläne aus dem österreichischen Burgen- und Schlösser-Archiv der Österreichischen Nationalbibliothek, manche aus diversen Publikationen. Wo das nicht möglich war, fertigte er selbst Zeichnungen und Pläne an, studierte alte Fotografien oder fotografierte selbst fleißig. Er benutzte diese Pläne sowie eigene Vermessungen, um sich ein einigermaßen zufriedenstellendes Bild über die räumlichen Ausdehnungen des Schlosses sowie der angrenzenden Wälder und Felder, Wiesen, Teiche, Bäche und der Aulandschaft zu verschaffen.

Sehr nützlich waren Baupläne und Literatur zur Schlossgeschichte, die ihm unverhofft sein alter Professor Kober zuschickte. Dieser hatte sich in seiner Jugend ebenfalls mit Burgenvermessung herumgeschlagen und erste Schritte in Richtung Erforschung der kausalen Zusammenhänge zwischen Architektur und Gesinnung der in diesen Gebäuden lebenden Menschen getan. Seine Ergebnisse waren allerdings sehr bescheiden, und er stellte seine Untersuchungen bald wieder ein. Vom heutigen Forschungsstand aus betrachtet ging er diese Materie, in Unkenntnis der differenzierten Problematik, geradezu dilettantisch an. Für Grubers Fragestellung waren die Pläne jedoch ausreichend. Außerdem war er sich bewusst, dass von einer exakten räumlichen Fixierung der vermessenen Bauobjekte sowieso keine Rede sein konnte. Denn geringe, wenn auch nur im Millimeterbereich vor sich gehende Bewegungen, veränderten jeden Plan. Dauerhafte Dokumentationen konnte es folglich auch nicht geben. Selbst lunare Einflüsse konnten eine Rolle spielen. Minimale räumliche Migrationen von Gebäudeteilen, die dem lunaren

Einfluss unterlagen, reagierten annähernd in gleicher Weise wie Flüssigkeiten, nur waren sie erheblich schwerfälliger. Es war somit eine Illusion, einen dauerhaft gültigen Plan zu erstellen und demgemäß begnügte sich Gruber mit einer einfachen und raschen Aufnahme der Gebäude. Die Arbeit war in wenigen Tagen abgeschlossen. Außerdem hatte er noch keinen Zutritt zum Schloss, und es ging bloß um die Außenmauern. Selbst die sorgfältigste bautechnische Aufnahme einer derart komplexen Struktur, wie sie das Schloss mitsamt der Fülle seiner Nebengebäude, Stallungen, dem Meierhof, dem Gartenpavillon, den Parkmauern, dem Keller und Torwächter-Häuschen und so weiter, bildete, vermochte nicht das Wirken der Zeit auszuschalten. Gruber verwendete in seinen Arbeiten deshalb auch sehr gerne den Begriff „Ensemble".

3.2. Die Frühjahrsplanung

In diesem Frühjahr fertigte Gruber, wie erwähnt, die ersten detaillierten Baupläne an und führte vom nahen Berg hinter dem Schloss Messungen mittels eines Kompasses durch. Erst später verwendete er hierzu auch einen Theodolit. Ein Grund für diese Vorgangsweise mag auch darin gelegen haben, dass er es vermeiden wollte, frühzeitig das Interesse der Meierhof-Bewohner zu wecken und noch mehr, als dies ohnehin bereits der Fall war, auf sich zu lenken. Sie blickten ohnehin während des Tages immer wieder aus ihren Fenstern, oder schienen hinter den Fensterscheiben zu wachen. Mittels eines kleinen, gut zusammenlegbaren Feldstechers konnte Gruber beobachten, dass auch manche Schlossbewohner hinter den Gardinen standen und dort stundenlang bewegungslos verharrten. Einmal sah er sich fast bei seinen Untersuchungen ertappt, als eine alte, zahnlose und äußerst heruntergekommene Frau wie aus dem Boden gewachsen vor ihm stand und ihn misstrauisch und hasserfüllt anblickte. Es war Ende März und die Landschaft ertrank im Morast. Gruber schwenkte sogleich den Feldstecher gegen den Himmel und tat so, als beobachte er Vögel. Als die Frau ihn fragte, was er da mache, gab er sich als Ornithologe aus. Dieser Begriff schien für sie aber von keinerlei Bedeutung zu sein. Sie schüttelte ungläubig und verständnislos den Kopf. Warum aber der gehässige Blick? Er konnte sich das nicht erklären. War er dieser Person, die mit Sicherheit aus dem Schloss stammte, vielleicht bereits einmal begegnet? Kannte sie ihn etwa? Er betrachtete sie aus den Augenwinkeln und gab sich scheinbar weiter seiner Vogelbeobachtung hin. Die Frau sammelte Löwenzahn und Bärlauch in einem vielfach gestopften alten Strohsack und schien Gruber nicht weiter zu beachten. Sie lief wenig später in einem seltsam watschelnden Gang über die Wiesen und verschwand hinter einer kleinen Unebenheit in der Landschaft. Später lernte Gruber diese Frau noch näher kennen. Sie nahm eine zentrale Stelle unter den Meierhof-Bewohnern ein.

Die folgenden Tage waren von heftigen Regenfällen beherrscht und erschwerten die Feldarbeit. Gruber saß stundenlang unter der Zugbrücke und lauschte dem gleichmäßigen Rauschen des Regens. Er teilte diesen Unterschlupf mit Spinnen und Insekten, die ihm allerdings bereits alle vertraut waren und somit keine Erweiterung der „Äußeren Kategorien“ boten. Um keine Zeit zu vergeuden, nutzte er das für Außenaufnahmen nur bedingt geeignete Wetter, um sich der Geschichte des „Messermordes“ anzunehmen. Es handelte sich hierbei um eine Mordtat, die bereits mehrere Jahre zurücklag, aber den Menschen der Umgebung noch deutlich in Erinnerung war. Ein Mann, der mit seiner Familie im Meierhof gewohnt hatte, war damals infolge von 17 Messerstichen vom Leben zum Tode befördert worden. Die tödliche Attacke hatte seine Ehefrau geführt und sich auf den Bauch und Unterleib ihres Gatten konzentriert. Der Fall war klar gewesen, und die Frau nach der Verurteilung für zwölf Jahre in das berühmte und landschaftlich reizvoll gelegene Gefängnis von Stein an der Donau gewandert. Nach ihrer Entlassung war sie aus der Gegend fort gezogen. Niemand wusste mehr wohin. Wahrscheinlich war sie schon tot. Gruber verschaffte sich mit Hilfe seines Freundes Dr. Willibald Edlhofer Zugang zu den Gerichtsakten, die in den Archiven des Bezirksgerichtes von M. aufbewahrt wurden. Willi war in M. als Gerichtskonzipient während seiner Juristenausbildung tätig gewesen, ehe er in die Rechtsabteilung der NÖ Landesregierung in die Herrengasse wechselte.

Die Unterlagen befanden sich in einer auffallend dünnen braunen Mappe und waren mit einer Papierschnur zusammengebunden. Beim Öffnen der geschlossenen Akte löste sich der Kartoneinband. Gruber studierte die zwölf vergilbten Blätter und machte Notizen in seinem Grünen Feldbuch. Darauf befragte er noch einige ältere Leute aus den Nachbardörfern, die sich des Falles noch zu erinnern vermochten, und notierte sich ihre Meinungen dazu. Er besuchte sogar den damals zuständigen Richter, der hochbetagt war und sich bereits seit langer Zeit in Pension befand. Er litt jedoch an der Alzheimerschen Krankheit und konnte sich des Falles nicht mehr erinnern. Seine Frau aber, die noch einen äußerst gesunden und fidelen Eindruck machte, erzählte, dass dieser „Messermord" einer der Lieblingsfälle ihres Mannes gewesen sei. Denn die Lösung dieses Falles war ihm damals leicht von der Hand gegangen. Sie berichtete, dass die Mörderin bei ihrer Verhaftung ein vollständiges Geständnis abgelegt hatte, und da Zeugen, Motiv (ihr Mann hatte sie angeblich seit Jahren misshandelt, namentlich im alkoholisierten Zustand, wie dies auch zum Zeitpunkt der Tat der Fall gewesen sei), Tatwaffe und Leiche vorhanden gewesen waren, sei dieser Fall sozusagen eine Routineangelegenheit gewesen. Nach diesem Intermezzo in Sachen Justitia, für das er ein paar Tage verreiste, kehrte Gruber wieder zurück und setzte seine Arbeiten mit Eifer fort.

In den „Äußeren Kategorien" hatte er sich ausführlich mit Naturwissenschaften, den Forstverhältnissen, dem Schlosspark und auch mit dem Mühlbach beschäftigt. Dabei kam immerhin mancherlei Bemerkenswertes zutage. Nun aber wandte er sich wieder dem Menschen zu. Er begann mit dem Aufzeichnen von Gesprächen, die er mit ehemaligen Schlossangestellten führte. Sei es, dass sie etwa als Elektriker, Maurer, Tischler oder Zimmermann im Schloss selbst beschäftigt waren, oder aber in der Meierei in den Stallungen arbeiteten. Manche von ihnen hatten bereits unter dem Prinzen auf dem Gut gearbeitet, und waren als Wissensträger ersten Ranges besonders wichtig für ihn. Er beobachtete außerdem das Gebaren von Leuten, die mit dem Schloss nicht in direkter Beziehung standen, und verglich ihr Verhalten in speziellen Situationen mit dem der Schlossbewohner unter vergleichbaren Bedingungen. Er wusste oft nicht genau, wozu das gut sein konnte. Vieles entsprang seiner Intuition. Bisweilen kamen brauchbare Ergebnisse zusammen. Anderes wieder landete einfach in der Schublade und war zu nichts zu gebrauchen. So beobachtete er zum Beispiel die Körperhaltung. Welche Leute hoben zum Beispiel den Kopf, wenn sie mit dem Rad am Schloss vorbeifuhren. Blickten sie hinauf, und wenn ja, mit welcher Haltung des Kopfes und wie war ihr Gesichtsausdruck? Alles war wichtig und wert, festgehalten zu werden. Nichts durfte außer Acht gelassen werden. Welche Leute waren das, die sonntags gemütlich vor dem Schloss flanierten? Wie waren sie gekleidet? Sprachen sie miteinander? Wie verhielten sie sich, wenn sie scheinbar unbeobachtet waren? Lag auf ihren Gesichtern Neugier, oder Abscheu, oder gar Furcht? War ihnen anzusehen, ob sie sich mit dem Schicksal des Schlosses beschäftigten, oder mit den Marotten des Generals, oder mit den Betrügereien des Verwalters? Hingen sie der Vergangenheit des Schlosses nach oder wussten sie gar etwas über die Zukunft desselben? Oder schwiegen sie bloß hartnäckig, wenn ihnen Gruber mit dem Feldbuch in der Hand begegnete? All das waren Fragen, die selbst nach dem mühsamen Zusammentragen zahlloser Informationen noch offen und ungelöst waren. Er hätte in der bewährten Weise wohl noch Jahre fortfahren können, ohne einer Lösung derselben maßgeblich näherzukommen. Es war ihm jedoch bald klar geworden: Wollte er wissen, was im Schloss vor sich ging, so musste er hinein!

Aus dem „Blauen Tagebuch"/14a, 16. Februar im Jahre 1956: „Seit Tagen regnet es, und ich beschränke meine Feldforschungen auf kurze morgendliche Rekognoszierung des Wasserstandes und einigen üblichen meteorologischen Notizen. Niederschlagsmenge und Dauer des Regens wurden in die entsprechenden Tabellen eingetragen. Der Fluss könnte bald über das Ufer treten, wenn der Regen in dieser Intensität noch einige Tage anhält. Nach dem hundertjährigen Kalender ist dies jedoch nicht wahrscheinlich, da die bedeutenderen Frühjahrs-Hochwasser gegen Ende April oder überhaupt erst im Mai auftreten. Von der geologischen Kartierung ist nichts Neues zu vermerken. Die Arbeit ist im Wesentlichen abgeschlossen. Die auffallenden Amphibolitzüge sowie die geringmächtigen Marmorbänder sind sehr sauber herausgearbeitet worden. Dennoch bin ich mit dem Werk nicht besonders zufrieden, und es scheint sich eine allgemeine Unzufriedenheit auf mein Gemüt zu senken, die jedoch objektiv mit der geleisteten Arbeit im Widerspruch steht.

Vor ein paar Jahren noch wäre ich mit dem Vollbrachten mehr als zufrieden gewesen, doch jetzt scheint mir das alles keine rechte Freude mehr zu machen. Kann es sein, dass dies ein Zeichen des Alters ist, oder sehe ich in der Niedergeschlagenheit, die sich in meine Seele seit ein paar Wochen eingeschlichen hat, bloß die Wirkung des fehlenden Sonnenlichtes, der anhaltenden Feuchte und Kühle? Nach dem Kalender ist bald Frühling, dennoch ist es kalt und ungemütlich wie im Winter. Ich vermag es nicht mit Bestimmtheit zu sagen. Jedenfalls werde ich meine Arbeiten vorerst nicht weiterführen, sondern die Zeit bis zu den ersten warmen Frühlingstagen mit dem Studium der Literatur verbringen und mich ein wenig mit den Töchtern des Gastwirts unterhalten. Sie scheinen an mir Gefallen gefunden zu haben, und wenn ich mir auch nicht schmeicheln mag, von meiner äußeren Erscheinung her ein besonders anziehender Mann zu sein, so weiß ich doch, dass ich aufgrund meiner vielschichtigen Betätigungen und meines weiten Umherwanderns eine gewisse Eignung zum Erzählen erworben habe, und dies bei den Frauen stets gut ankommt.

So vertraue ich nun meinem Tagebuch auch erstmals an, dass sich mein Herz für die jüngere der beiden Wirtstöchter zu regen begonnen hat. Aber da ich in den Dingen der Liebe noch keinerlei Erfahrungen gemacht habe, ja, bisher stets nur mit Befremden und Kopfschütteln die seltsamen Gebarungen verliebter Leute wahrgenommen habe, so weiß ich den

Zustand bei mir auch noch nicht richtig zu beurteilen. Julie, so lautet der Name des hübschen Kindes, ahnt wohl etwas von meinem wachsenden Interesse an ihr, denn sie blickte mich heute Abend, als ich mit der Familie in der Gaststube das Abendbrot gemeinsam einnahm, ein paar Mal keck und schelmisch, auch ein wenig fragend von der Seite her an. Sie war dabei aber stets bemüht, sich nichts anmerken zu lassen. Vor allem gegenüber ihrer älteren Freundin Martha, die schon 20 oder 22 Jahre alt sein mag. Sie muss sich immer ganz sicher sein, ihre Blicke nicht an sie zu verraten. Die Freundin starrte mich übrigens unentwegt an. Über ihre Neigungen mir gegenüber bin ich mir ebenfalls noch gänzlich im Unklaren. Auch sie ist ein hübsches Kind, doch hat sie nicht die Anziehung, die Julie auf mich ausübt …“

3.3. Die „Inneren Kategorien“

In den Notizbüchern, die häufig in Kurrent abgefasst waren, schrieb Gruber: „Geschichte – narrative Methode; Informanten aus dem Umfeld des Schlosses, sowie Außenstehende befragen; scriptive Methode; Verarbeitung vorhandener Literatur über das Schloss, seine Bewohner und seine Geschichte. Studium amtlicher und privater Dokumente, die geeignet sind, Aufschlüsse über das Schloss zu erlangen. Soziologie – der Meierhof-Bewohner sowie der Dorfbewohner und der Bauern. Architektur – des Schlosses und der Nebengebäude. Genealogie – der Schlossbewohner sowie der letzten Besitzer, soweit von Relevanz …“

Zu Beginn der Osterfeiertage wurde mit der Umsetzung der „Inneren Kategorien“ begonnen. Gruber war nun davon überzeugt, dass er nur vom Schloss aus seine Untersuchungen weiter betreiben konnte. Es war jedoch nicht so einfach dorthin zu gelangen. Der General war unnahbar, und zum Verwalter hatte er kein Vertrauen. Und doch musste er sich an ihn wenden. Gruber hatte Bedenken und zögerte mit der Umsetzung des Planes. Es bestanden natürlich auch gewisse Gefahren bei diesem Vorhaben, die nicht von der Hand zu weisen waren. Die Aufnahme der „Äußeren Kategorien“ war im Vergleich hierzu höchstens eine mühselige und zeitaufwändige Beschäftigung gewesen. Die „Inneren Kategorien“ jedoch erforderten viel mehr: Planung, größeren Zeitaufwand und die vorausschauende Akzeptanz empfindlicher Rückschläge. Das alles war ihm bewusst und wurde in Kauf genommen. Schon das Vordringen in das Schloss selbst war mit allerlei Risiken verbunden, die sich von außen her zunächst gar nicht abschätzen ließen.

Es handelte sich um ein äußerst sensibles und taktisches Agieren. Die Raffinesse, die für diese heikle diplomatische Mission verlangt wurde, musste mit der Unschuld eines im Sandkasten spielenden Kindes bewältigt werden. Gruber war ein akribischer Beobachter und ein nüchterner Analytiker. Doch er war mit keinen besonderen Fähigkeiten ausgestattet. Er wusste nur, dass er ein unerhörtes Geschick im Aufspüren verwehter Spuren, im Entdecken unauffälliger Indizien, im Zusammenfügen scheinbar zusammenhangloser Puzzlestücke und zudem eine ausgesprochene Hartnäckigkeit im Verfolgen seiner Ziele hatte. Und er nahm das Risiko dieser Herausforderung an. Die größte Gefahr bestand für Gruber darin, dass er durch das Leben im Schloss seine Distanz zu den im Inneren vorgehenden Geschehnissen verlieren konnte. Für Außenstehende hätten dann seine Aufzeichnungen keinen Wert mehr gehabt. Seine Beobachtungen wären belanglos, unbrauchbar und unbedeutend geworden. Mit Sicherheit wäre auch diese Geschichte nicht geschrieben worden. Gruber hätte nicht mehr als Chronist eines unbekannten und geheimnisvollen Geschehens auftreten können. Als Mitwirkender hätte er nicht mehr Glaubwürdigkeit besessen, als etwa der Gärtner Bachmeier, der wegen seiner überwiegend im Freien stattfindenden Tätigkeit nichts Wahres mehr zu den Geschehnissen im Innern des Schlosses zu sagen vermochte. Diese Distanz musste Gruber sich um jeden Preis erhalten. Er spürte instinktiv diese Problematik und stellte sich darauf ein. Und er war erfolgreich. Es gelang ihm, vom Schloss und seinen Menschen und Geschehnissen nicht absorbiert zu werden. Und es gelang ihm, seine Erfahrungen auch zu dokumentieren.

Es war Karfreitag und Gruber ging in den Ort hinein. Er

sehnte sich nach Menschen und Gesellschaft. Vielleicht ergab sich etwas. Er verließ sich gerne auf den Zufall. Er war zuerst in der Kirche, anschließend saß er beim Wirt. Am Abend stand er am Fuß des Schlossfelsens. Er blickte hinauf zu dieser riesigen Anlage und überlegte seine weitere Vorgehensweise. Er glitt in die stille und warme Erinnerung seiner ersten Untersuchungen im Sommer des Vorjahres zurück. Die „Äußeren Kategorien, die erfüllte Zeit des Forschens!“ Er dachte an das Schicksal der kleinen Käfer und Ameisen, die in die Trichter des Ameisenlöwen fielen. Es fröstelte ihn plötzlich. Ein kalter Lufthauch wehte von der Festungsmauer herab. Bei genauerer Betrachtung entdeckte Gruber zwei kleine vergitterte Öffnungen, die er für Entlüftungsschächte der Gruftgewölbe hielt. Sie waren ihm noch nie zuvor aufgefallen. Ein dichter immergrüner Vorhang aus Efeu wucherte von den Ringmauern der schmalen Schlossgärten herab und überzog den Großteil der unteren Mauern. Einige Pappeln reichten bis über die ersten Wohngeschosse hinauf. Sie trugen schon glänzende Blätterfülle. Der Wind rauschte laut in den Ästen der Fichten und klapperte mit den dürren Schoten der Robinien. Sie trugen noch keine Blätter. Unbeachtet verblasste die Sonne, versank ohne Farbenspiel und ließ eine graue, neblige Nacht ins Land. Das Schloss senkte sich als grauer Monolith in das Schwarz der Nacht hinein.

Gruber fühlte sich alleine. Er saß unter der großen Fichte und dachte nach. Bewahrte ihn nicht die Sorgfalt, die er den „Äußeren Kategorien“ gewidmet hatte, vor der Langweile? Waren ihr Umfang und die akribische Beschreibung aller erdenklichen Zusammenhänge nicht ein Gegengewicht zur Oberflächlichkeit des sonstigen Lebens? War die Genauigkeit der Beobachtungen und Berechnungen, die er in den „Äußeren Kategorien“ mühsam erarbeitet hatte, ein Schutzschild vor dem Überhandnehmen des Unberechenbaren? War dies nun der richtige Zeitpunkt für die „Inneren Kategorien“? Warum zögerte er noch? War dazu überhaupt genug Zeit vorhanden? War die Aufgabe, die er sich gestellt hatte, überhaupt in einem Menschenleben zu erfüllen? Gruber verdrängte diese schweren

Gedanken, die ihn niederdrückten und zu lähmen schienen. Was hatte ihn nur bewogen, in diesem Dorf zu bleiben? Vor kaum einem Jahr war er hierher gekommen und hatte nur kurze Rast im Wirtshaus machen wollen, und was war daraus geworden? Er mochte nicht daran denken. War das Schicksal des Menschen überhaupt zu beeinflussen?

Er vermochte sich kaum aus dem Gras zu erheben, das durch den einfallenden Tau bereits nass geworden war. Er fühlte deutlich die Kälte, die aus dem Boden aufstieg, der noch kurz zuvor von der Sonne gewärmt worden war. Er stand auf und hatte seinen Entschluss gefasst. Morgen würde er zum Verwalter gehen! Gruber sagte sich, dass die Gefahr einer Verflechtung mit den inneren Angelegenheiten des Schlosses zwar gegeben war, das detaillierte und fundierte Wissen der „Äußeren Kategorien“ ihn aber vor dem Gefährlichsten bewahren würde. In der Folge zeigte sich allerdings, das diese Annahme naiv und falsch war, da durch den Aufenthalt innerhalb des Schlosses noch eine Flut von Informationen gefunden wurde, welche die „Äußeren Kategorien“ wesentlich erweitern und ergänzen halfen. Aber das Grundgerüst blieb und damit eine Sicherheit, die es nicht mehr als allzu halsbrecherisches Wagnis erscheinen ließ, ins Innere des Schlosses vorzudringen. In der Folge wurde Gruber in zahllose Ereignisse verstrickt, die mit Sicherheit ein sofortiges Scheitern seiner Unternehmung gebracht hätten, wären nicht diese gründlichen Vorarbeiten vorhanden gewesen.

3.4. Der Verwalter

Gruber war mit dem bisherigen Fortschritt an den „Äußeren Kategorien“ einigermaßen zufrieden. Nach deren Vorbild wurde auch die Struktur für die „Inneren Kategorien“ entworfen, wenn auch in diesem Falle zum Teil gänzlich unterschiedliche Themenbereiche beachtet werden mussten. Unter anderem gehörten dazu die detaillierte Kenntnis der inneren Schlossarchitektur und vor allem die Person des Generals selbst. Gruber wusste noch nicht einmal seinen wahren Namen, da ihn alle nur mit seinem Dienstgrad ansprachen. Um an den General heranzukommen, konnte vorerst nur der Verwalter weiterhelfen. Er galt gleichsam als der weltliche Vollstrecker des Generals und nahm die personellen und geschäftlichen Angelegenheiten des Gutsbetriebes wahr. Allerdings nicht gerade in selbstloser Art und Weise, wie Gruber von den Bauern der umlegenden Dörfer mehrfach zu hören bekam. Aber das kümmerte Gruber zunächst nicht. Er musste seine Bekanntschaft suchen, und nichts schien ihm dazu passender als eine Wohnung im Schloss zu mieten.

Vom Verwalter hatte Gruber schon viel vernommen, und insbesondere bei den Pächtern herrschte die einhellige Meinung, dass er nicht gerade ein Menschenfreund sei, und die ihm vom General verliehene Macht missbrauchte. Er war im Schlossbetrieb für die wirtschaftlichen Belange verantwortlich. Alles, was mit der Verwaltung und Organisation der großen landwirtschaftlichen Güter und sonstigen Liegenschaften des Schlosses zusammenhing, war seine Sache. Die Verwaltung der weitläufigen Schlossgüter an sich wäre eine vollständig ausfüllende Tätigkeit gewesen. Nicht so für den Verwalter! Der führte nebenbei verschiedenste Geschäfte und bezog vielerlei Einkünfte aus Pfründen, die teils direkt, teils indirekt dem Schloss angehörten. Er führte auch ein kleines Geschäft mit Waschmaschinen und Kühltruhen in der Nachbarortschaft und betrieb nebenbei die Verpachtung der zum Schloss gehörenden Felder und Wiesen, die Bewirtschaftung des Waldes sowie die Vermietung von Räumen im Meierhof. Er hatte auch sonst noch mehrere Nebengeschäfte und war als Geschäftsmann, wie auch privat, nicht sehr durchsichtig, pflegte dubiose Kontakte zu einem weitläufig verwandten Gastwirt, mit dem er des Öfteren nach Deutschland fuhr – angeblich zum Zwecke des Besuches anrüchiger Etablissements – und betrieb noch eine Eigenjagd sowie die Verpachtung der Fischereirechte, an dem seit Urzeiten zum Schloss gehörigen Fischrecht. Kurzum, ein viel beschäftigter Mann.

Er verstand es, nach und nach aus dem Schlossbesitz

kleinere Liegenschaften und Grundstücke herauszulösen, und so allmählich, anscheinend ohne Kenntnis des Generals, das Schlossensemble zu zersplittern und zu verkleinern. Dennoch schien ihn der General gewähren zu lassen, so als bemerke er diese Machenschaften nicht, die doch schließlich nur zu einem Verlust seines Besitzes und der Zerstörung seiner eigenen Lebensgrundlage führen konnten. Ungeachtet, ja geradezu im Kontrast zu dieser scheinbar arglosen Vorgangsweise, mit der er den Verwalter öffentlich agieren ließ, führte der General im Schloss ein eisernes Regiment. Der Verwalter zeigte im direkten Umgang mit dem General alle Anzeichen von tiefer Unterwürfigkeit und Angst, außerhalb des Schlosses trat er jedoch als selbstbewusster Machtmensch auf, dem es eine regelrechte Freude zu machen schien, die kleineren Handwerker und Bauern auszunützen und zu übervorteilen.

Gruber wählte eine möglichst unauffällige Annäherung. Er suchte den Verwalter mit dem Fahrrad auf und fuhr dazu von Tante Annas Haus zunächst einen großen Umweg durch die Au den Fluss entlang, benützte vertraute Feldwege, radelte an blühenden Wiesen und Ackerrainen entlang. Jeder Stein auf diesen Wegen war ihm durch die monatelangen Untersuchungen bestens vertraut. Dann kam er in einem großen Bogen von der Westseite aus zum Verwalterhaus. Das Schloss ragte mit seinem mächtigen Walmdach weithin sichtbar über die höchsten Pappeln der Au hinaus. Das Verwalterhaus jedoch sah man erst, wenn man von der Landstraße in die Zufahrt zum Meierhof abbog. Es lag geschützt hinter dem Wirtschaftsgebäude und war vollständig vom Betrieb der Landstraße abgeschirmt und von außen nicht einzusehen.

Der Verwalter bewohnte ein altes Gebäude neben der Meierei. Es leuchtete ebenso wie die Wirtschaftsgebäude in sonnigem Schönbrunnergelb und stammte wie diese aus dem 17. Jahrhundert. Gruber fand die Lage des Verwalterhauses reizvoll. Die Fenster waren nach den Pferdestallungen gerichtet. Die Rückseite des Hauses war in den Hang hineingebaut, der auf die Felder und in den Wald hinaufführte. Das Gebäude war ein rechteckiger Bau mit einem Stockwerk und zwei kleinen Türmchen. Es befand sich in einem kleineren, etwas abgelegenen Teil des prachtvollen Schlossparkes. Einige mächtige Platanen, uralte Akazien und Eichen, die ihre schweren Äste auf der Erde abstützten, gaben diesem Teil des Schlossparkes ein grandioses Flair. Seitlich vor dem Verwalterhaus befand sich die Gärtnerei. Glashäuser und große, gut gepflegte Gemüse- und Blumenbeete. Der General liebte frisches Gemüse und Blumen! Jeden Morgen stand ein frischer Strauß Blumen auf seinem Frühstückstisch. Hortensien, Rosen, Chrysanthemen, vor allem aber Rosen. Frau Wilfonseder, die Haushälterin des Generals, kümmerte sich darum. Gruber sah sich ein wenig um und versuchte sich möglichst viel einzuprägen. Die Lage des Gebäudes, Einzelheiten der Architektur, den Zustand der Glashäuser, die Schwere der Eichenäste, den Geruch der Stallungen, das Gelb der Strohballen vor der Futterkammer. Danach suchte er den Verwalter im Verwalterhaus auf. Kaum hatte Gruber an die Türe des Verwalterhauses geklopft, erschien in einem Fenster des ersten Stockes auch schon ein Kopf.

„Was suchen Sie denn?“

„Ich möchte den Verwalter sprechen.“

Gruber fühlte sich unwohl. Sollte er wieder gehen? Die Frage der Frau war in unfreundlichem Ton geäußert worden. Es war die Gattin des Verwalters. Wegen eines Beinleidens hatte sie das Haus seit Jahren praktisch nicht mehr verlassen und verbrachte die meiste Zeit auf einem Stuhl hinter dem Fenster. Sie hatte Grubers Kommen sofort bemerkt. Ihr Kopf verschwand ohne ein weiteres Wort aus dem Fensterrahmen und eine geschlagene halbe Stunde später, während der Gruber sich nicht von der Stelle zu rühren wagte, kam der Verwalter vergnügt und mit rotem, freundlichem Gesicht aus dem Haus. Der Mann schien Gruber eine honorige Persönlichkeit zu sein und trat ihm im grünen Jagdgewand weltmännisch entgegen. Wie so viele Menschen hatte aber auch er viele Gesichter und war gespalten und zerrissen. Das zeigte sich allerdings erst später, und im Zuge der Erhebung der „Inneren Kategorien“ war die Persönlichkeit des Verwalters durchaus von Bedeutung.

Die Nase lag in gerader Verlängerung der steilen Stirn und bot somit ein typisch griechisches Profil. Ohne auf die Physiognomielehre Lavatters zurückzugreifen, sah Gruber einen entschlossenen und durchsetzungsfähigen Mann vor sich. Sein blondes Haar war schon etwas schütter, wies weite Geheimratsecken auf, war glatt nach rückwärts frisiert und hinten kurz geschnitten. Der Nacken hob sich rotbraun gebrannt vom weißen, kurzärmeligen Hemd ab. Die Brust schien haarlos zu sein, die Unterarme muskulös. Der Mann war groß und schlank, seine Haltung stramm, fast militärisch und insgesamt eine angenehme Erscheinung. Seine Sprache wies durch den Umgang mit vielen Menschen einen raschen und umgänglichen Ton auf, allerdings mit einem Unterton, der zum Befehlen neigte. Die blaue Augenfarbe, die Haarfarbe und der Wuchs gaben ihm einen typisch germanischen Habitus, wie er in der bäuerlichen Umgebung nicht häufig anzutreffen war. Er hatte eine reine gesunde Gesichtsfärbung, ein schmales Gesicht und ebensolche Lippen und sprach rasch und bestimmt. Gruber war überrascht. Nach allem, was er über den Verwalter gehört hatte, hätte er das nicht erwartet. Der Verwalter war ein tatkräftig und jovial wirkender Mann, vielleicht so um die 55 Jahre. Wenn er lachte, machte er einen geradezu liebenswürdigen Eindruck auf Gruber. Konnte das alles gespielt sein? Es war gespielt! Auf seinem Gesicht zeichnete sich Gesundheit ab, seine Seele aber war nicht gesund. Doch das stellte sich erst sehr viel später heraus.

Noch im Stehen, vor der Eingangstüre zum Verwalterhaus, trug Gruber sein Anliegen vor, im Schloss eine Wohnung mieten zu wollen. Der Verwalter war offensichtlich gerade in guter Laune angetroffen worden. Er war liebenswürdig und zeigte Geduld, unterbrach Gruber selten, stellte hier und da ein paar Fragen und betrug sich geradezu väterlich. Vor allem schien ihn zu interessieren, woher Gruber stammte und wozu er eine Wohnung im Schloss benötigte. Er ließ aber mit keiner

Miene Neugierde oder gar Misstrauen erkennen. Dennoch spürte Gruber, dass die freundliche Miene des Verwalters ihn nur in Sicherheit wiegen sollte. Diese Prüfung musste er bestehen. Nach wenigen Minuten kam der Verwalter mit seinen Fragen zum Ende und wollte noch wissen, wie lange Gruber die Wohnung zu mieten beabsichtigte, und welchen Beruf sein Vater ausübte. Dann versprach er, das Ansuchen zu prüfen, und falls sich eine Möglichkeit der Vermietung ergäbe, würde er ihn davon in Kenntnis setzten. Schließlich meinte er doch, dass Gruber jedenfalls am nächsten Freitagnachmittag bei ihm vorbeikommen solle. Zu diesem Zeitpunkt hätte er auch schon mit seiner Exzellenz, so nannte er den General, gesprochen. Mit diesem habe er kommenden Freitagmorgen ein Gespräch betreffend der Nutzung der diversen Liegenschaften im Allgemeinen und bezüglich der Vermietung frei stehender Wohnungen im Schlossareal im Besonderen. Die Wohnräume des Generals lägen im Ost- und Nordtrakt des Schlosses, sagte er noch, und dieser dürfe in keinem Falle in seiner Lebensführung gestört werden. Außerdem seien selbstverständlich nur Räumlichkeiten in den Seitentrakten und den Nebengebäuden zu vermieten, das Schloss selbst sei der Herrschaft und den Bediensteten vorbehalten. Das Gespräch mit dem Verwalter war zufriedenstellend verlaufen. Gruber bedankte sich und fuhr mit seinem Rad los und suchte den Weg durch die Au. Er musste sich zurückziehen, um die weitere Vorgangsweise zu überlegen. Es durften keine Fehler passieren. Am Freitag sollte er also das erste Mal das Schloss aus der Nähe zu sehen bekommen. Möglicherweise würde es auch zu einem Kontakt mit dem General kommen. Wer wusste es? Zumindest bestand nun die Möglichkeit, das Schloss und die Räumlichkeiten von Innen zu betrachten. Er war einen wichtigen Schritt weiter gekommen. Was den General selbst anbelangte, so war dieser schon lange zu einer Legende geworden. Kaum einer kannte ihn wirklich. Bei der Weitläufigkeit des Schlosses wurde er selbst von Mitbewohnern, die nicht an den regulären Besprechungen, vor allem dem Zeremoniell des Morgenappells, teilnehmen durften, kaum öfter als ein paar Mal im Jahre gesehen und das meist auch nur flüchtig. Mit den Jahren hatte er sich zunehmend von den Menschen zurückgezogen. Seine Gattin, eine geborene Rohan, war vor vielen Jahren gestorben. Gruber suchte sich eine abgelegene vertraute Stelle am Fluss und ging in Gedanken seinen Plan und die Kategorien durch und machte sich dazu Notizen. Den Rest des sonnigen Tages verschlief er auf einer Schotterbank am Fluss, im Schatten silbrig schimmernder Weidenzweige, umgeben vom sanften Murmeln des Wassers.

Zum verabredeten Termin am Freitag kam er wieder zum Verwalterhaus. Erneut ließ der Verwalter ihn eine geraume Zeit warten, aber nicht mehr so lange wie beim ersten Mal. Gruber erfuhr von einem Stallarbeiter, der gerade vom Gutshof herüber kam, dass der Verwalter noch mit Holzvermessungen beschäftigt sei, aber jeden Augenblick aus dem Wald zurückkommen würde. Gruber solle deshalb gleich zum Schloss hinüberfahren und dort vor dem Eingang auf ihn warten.

3.5. Das Schloss

Es war gegen sieben Uhr abends an einem beinahe tropisch schwülen Maitag, als Gruber sein Rad den steilen Schlossweg hinauf schob. Er war nervös, sein Herz schlug laut, und er fürchtete, es könnte von den Meierhof-Bewohnern gehört werden. Er durfte sich die Unruhe aber nicht anmerken lassen. Aus dem Augenwinkel beobachtete er seine Umgebung. Der gewaltige Bau des Schlosses machte zunächst einen trostlosen Eindruck. Das erste Gefühl, das er beim Anblick des mächtigen Gebäudes empfand, war Traurigkeit und Mitleid. Erst bei längerer Betrachtung stellte sich dann das Gefühl der Ehrfurcht und des Respektes ein. Trotz manch noch nicht ausgebesserter Schäden durch die blinde Zerstörungswut der Besatzungsmacht, der Raffgier der Plünderer, der Unwissenheit der Mieter, oder der Dummheit des Verwalters, strahlte das Gebäude noch den Willen zum Überdauern aus, die entschlossene Kraft, als Festung weiter existieren zu wollen. Es war eine riesige Anlage, die sich über vier Stockwerke erstreckte und deren unterirdische Verliese angeblich noch ebenso tief in den felsigen Untergrund hinabreichten. Der zentrale Teil und auch die übrige Dächerlandschaft weithin überragend, war das sogenannte „Feste Haus" der Kern der Anlage, die auf das 10. Jahrhundert zurückging und deren Mauern an die zwei Meter dick waren. Es gab Anbauten aus der Gotik, der Renaissance und dem Barock. Es gab eine Kapelle, mehrere Innenhöfe, Wendeltreppen, die aus den Höfen in den Renaissance Arkadengang führten und granitene Treppen, die das ganze Feste Haus hinauf, bis in den Dachboden führten, der verschlossen war und eine Welt für sich bildete, in die nur selten Licht eindrang. In einer Laube, halb verdeckt vom herabhängenden Wilden Wein und eingefasst von mächtigen alten Fliederbüschen, saßen Männer und tranken Wein aus grünen Zweiliterflaschen. Gruber dachte zunächst, es seien Arbeiter, die den Beginn des Wochenendes feierten und womöglich an diesem Freitag schon früher Schluss gemacht hätten, sie wirkten nämlich schon beträchtlich angetrunken. Sie machten einen verwahrlosten Eindruck und unterhielten sich laut. Als sie ihn sahen, verstummten sie augenblicklich und starrten ihn feindselig an. Doch das kümmerte ihn nicht, seine Aufmerksamkeit galt dem Schloss, das er zuvor noch nie aus so einer Nähe betrachten konnte. Er sah es als seine Aufgabe, die kurze Zeit bis zum Eintreffen des Verwalters zu benutzen, um möglichst viel wahrzunehmen und zu entdecken.

Die erhabene Lage auf diesem Hügel, der herrliche Ausblick auf den dichten, grünen Wald im Norden, die leere Mauernische über dem schweren eisenbeschlagenen Eingangstor, in der einmal eine Heiligenfigur gestanden haben mochte. Teilweise war auch der Verputz schon schadhaft. Das Gebäude war bereits im Verfall begriffen, vermochte aber Achtung zu gebieten. Es lag noch etwas vom alten Stolz in diesem Gemäuer. Aus der finsteren, tunnelartigen Toreinfahrt stieg modriger Geruch. Haushoch war die Einfahrt und getragen von einem schwarzen Tonnengewölbe. Duftende Fliederbüsche reihten sich entlang der alten Schlossmauer und bildeten einen blühenden Bühnenvorhang für die Gelage der Säufer. Die gewölbte Steinbrücke über den Halsgraben führte geradewegs auf den massiven Torbau zu. Zu dessen linker Seite befand sich der runde Eckturm, der jüngeren Datums sein mochte, und Schlüssellochscharten sowie ein Kegeldach aufwies. Die Brücke war durch riesige Hahnenkämme aus Granit begrenzt. Der Burggraben war tief und zeigte einen gepflegten Rasen und blühende Hollerstauden. Ein unangenehmer Fäulnisgeruch drang herauf. Gruber lehnte sich über die Mauer und bemerkte einen Katzenkadaver, der halb im Dickicht der Sträucher verborgen lag. Gleich dahinter bemerkte er, halb verdeckt durch den dichten Strauchbewuchs, ein Stück des großen Meierhofes. Eine alte Frau starrte neugierig und mit spöttischem Blick aus einem Fenster zu ihm herauf. Zerbrochene und verdreckte Fensterscheiben zeigten, dass größere Teile des Meierhofes unbewohnt sein mussten. Die Farbschattierung der bemoosten Dachziegel des Gebäudes spiegelte Äonen von Flickarbeiten. Ein buntes Muster, wie die Dächer auf Schieles Gemälde von Tschechisch Krumlov. Hühnergeschrei drang aus dem Meierhof.

Zum Schloss bestand eine bequeme Verbindung über eine abgewinkelte granitene Treppe. Gruber war unschlüssig, ob er an den Männern vorübergehen sollte. Konnte er sie über das Schloss und den General befragen? Durfte er einfach so in das Innere vordringen? Gruber wischte sich mit dem Unterarm die Haare aus der nassen Stirn. Der ältere der drei Männer in der Laube durchbrach das Schweigen und rief: „He, was suchst du da, das hier ist Privatbesitz!" Gruber erwiderte, dass er mit dem Verwalter eine Verabredung habe, lehnte das Rad an die Brüstungsmauer der Brücke und schritt auf das Tor zu. Das Schlosstor bestand aus massiven Eichenbohlen, war teilweise mit Eisenblech beschlagen, zeigte wenig Verzierungen und war etwa vier Meter hoch. Die Oberfläche trug Reste eines grauen Anstrichs und war mit Nägeln und Eisenklammern übersät, die wohl vom Anschlagen diverser Plakate stammten. Das

Sandsteinportal zeigte schöne Steinmetzarbeit und durfte nach den starken Verwitterungserscheinungen bereits ein sehr hohes Alter haben. Über dem Torbogen war die Jahreszahl 1581 eingemeißelt. Darüber befand sich die erwähnte leere Mauernische. Die linke Torhälfte war geschlossen, der rechte Teil stand halb geöffnet. Gruber schlüpfte hinein. Die Luft war schwer vom erdigen, dumpfen Geruch der Auffahrt in den Innenhof. Im finsteren hohen Tonnengewölbe der Torhalle sah er eiserne Mauerhaken und Eisenringe. Ihre Bedeutung war ihm nicht verständlich. Möglicherweise waren früher Beleuchtungen daran befestigt. An andere Erklärungsmöglichkeiten mochte er nicht denken. Der Weg führte leicht bergan, der Innenhof lag bereits im Dämmerlicht, denn mittlerweile war die Sonne untergegangen. Rechts befand sich das Feste Haus mit seiner breiten Wendeltreppe, die ins erste Stockwerk führte. Schwere Stufen aus kunstvoll gemeißeltem Weinsberger Granit führten in den ersten Stock hinauf. Er hatte aber keine Zeit hinaufzugehen, jeden Augenblick konnte der Verwalter kommen. Das „Feste Haus“, ein viergeschossiger mächtiger Kastenbau, musste einst ein prachtvolles Gebäude gewesen sein, wirkte jetzt aber schon etwas heruntergekommen. Es war nicht klar, welcher Funktion es diente. Die ersten Fenster waren erst im oberen Stockwerk, darunter gab es bloß Schießscharten. Möglicherweise hatte der General in den oberen Geschossen Arbeitsräume oder bewahrte dort Sammlungen auf.

Gruber hatte kaum Zeit, sich diese Beobachtungen genügend einzuprägen, als er einen Wagen den Schlossberg herauffahren hörte. Der Verwalter kam in einem grünen Steyrer Geländewagen an, ein Fahrzeug, das üblicherweise der Militärstreife vorbehalten war. Auch hierin schienen sich die vielfältigen Beziehungen des Schlossverwalters zu spiegeln. Gruber war plötzlich davon überzeugt, dem Verwalter früher schon einmal begegnet zu sein. Bei seinem ersten Treffen war ihm das noch gar nicht aufgefallen – an nähere Umstände vermochte er sich allerdings nicht zu erinnern.

„Waren Sie schon einmal bei uns heroben?“, fragte der

Verwalter und streckte Gruber die Hand zum Gruß entgegen. Gruber verneinte und stellte jetzt eine gewisse Ähnlichkeit mit einem ihm gut bekannten Geologie-Professor fest; einem faustisch schaffenden Wissenschaftler, der durch seine unglaubliche Zähigkeit und Begeisterung an der Forschung Grubers Leben einen entscheidenden Impuls zu seiner systematischen Arbeitsweise mit auf den Weg gegeben hatte. Das mochte mit ein Grund sein, dass er zu diesem Mann, obgleich er viel Widersprüchliches über ihn gehört hatte, ein gewisses Vertrauen fasste. Der Verwalter forderte ihn auf, ihm zu folgen, warf einen finsteren Blick zu den trinkenden Gesellen in der Laube und verschwand durch den dunklen Toreingang im Inneren der Festung. Dabei begann er, mit großem Selbstbewusstsein von seinen vielfältigen Aufgaben und weitläufigen Plänen zu erzählen.

Der Mann weiß, wovon er spricht, dachte Gruber. Er hatte den Eindruck, es mit einem erfahrenen Schlossverwalter zu tun zu haben. Die vielen Details seiner Erklärungen allerdings beschäftigten ihn weniger als der Bau selbst, den er nun zum ersten Male von innen zu Gesicht bekam; folglich hörte er nur mehr mit halbem Ohr hin. Als sie durch die leicht ansteigende, finstere Toreinfahrt zum ersten Hof hinaufgingen, machte der Verwalter plötzlich eine Bemerkung, die ihn aufhorchen ließ: „Es ist zwar gänzlich gegen die Gewohnheit seiner Exzellenz“, er sprach offenbar vom General, „aber in Ihrem Falle wünscht er, Sie persönlich zu sehen, bevor er einem Mietverhältnis zustimmt. Kommen Sie also mit. Es wird nur wenige Minuten dauern. Außerdem ersuche ich Sie, sich höflich zu benehmen und keine Fragen an seine Exzellenz zu richten. Fragen stellt er. Sie haben zu antworten, und zwar möglichst kurz und bündig; kommen Sie gleich zum Punkt, schweifen Sie nicht ab, so was kann er nicht ausstehen. Ich habe bereits bemerkt, Herr Doktor, dass Sie in Gesprächen dazu neigen, langatmig zu werden. Das sind Sie wahrscheinlich von der Universität her so gewohnt. Aber seine Exzellenz schätzt die Knappheit im Gespräch, das kann ich Ihnen versichern. Das ist auch keine Unhöflichkeit von ihm. Sie dürfen nicht vergessen, es hier mit einem ehemaligen hohen k. u. k. Offizier zu tun zu haben, der als Generalstabschef in der 7. Armee gedient hat. Das war im Sechzehner Jahr, und zwar unter keinem Geringeren als dem Thronfolger Erzherzog Karl. Na ja, wenn er Sie mag, wird er Ihnen vielleicht selbst einmal davon erzählen. Was ich damit sagen möchte, ist, dass seine Exzellenz Soldaten befehligte. Wenn Sie jetzt zu ihm rein kommen, kann es auch sein, dass er Sie kein einziges Wort fragt. Auch das ist schon vorgekommen. Er ist kein gewöhnlicher Mann. Aber ich habe bereits genug gesagt und denke, das genügt zur Vorbereitung. Nach der Audienz werden Sie entlassen. Ich sag Ihnen schon, wenn es so weit ist. Aus der Art und Weise der Aufnahme, die Sie bei ihm finden, wird zu entnehmen sein, wie er zu einem Mietverhältnis Ihnen gegenübersteht. Es ist nicht nötig, dass Sie ihn diesbezüglich direkt befragen, ich werde es Ihnen danach erklären. Im Übrigen muss ich Sie auffordern, jedwedes Gespräch über den Inhalt dieser Audienz mit anderen Mitbewohnern des Schlosses, und dazu zähle ich auch den Meierhof, absolut zu vermeiden."

Gruber fand diese umständliche Einleitung und die Hinweise etwas befremdlich. Doch verblasste das alles angesichts der Neugierde, nun den General persönlich zu sehen. Selbst viele alte Leute aus dem Dorf hatten ihn noch nicht zu Gesicht bekommen, geschweige denn persönlich gesprochen. Der Verwalter geleitete ihn nun mit größter Eile durch die Innenhöfe und über eine massive Granittreppe. Der Weg führte in den Nordost-Trakt, wo der General residierte. Die Böden dieses Abschnittes waren mit rotem Adneter Marmor ausgelegt, die Fenster mit schweren dunklen Brokatvorhängen abgedeckt. In den Gängen herrschten vollständige Stille und rötliches Dämmerlicht.

Der Verwalter klopfte an eine unscheinbare Tür und im selben Augenblick wurde sie von einer Frau fortgeschrittenen Alters geöffnet. Sie trug eine blau gemusterte Arbeitsschürze und ein Kopftuch in der Tracht der Weinbäuerinnen, wie sie Gruber oft in der Umgebung bemerkt hatte. Der Verwalter wechselte mit der Frau ein paar Worte, daraufhin drehte sich diese um und führte sie durch weitere Räume, bis sie vor einer angelehnten Tür zu stehen kamen. Aus dem Raum waren Stimmen zu hören. Die Haushälterin huschte ohne anzuklopfen hinein und schloss die Tür hinter sich. Gruber stand in spürbarer Aufregung davor, der Verwalter in einer dunklen Ecke daneben, wo er kaum zu erkennen war. Die Vorhänge dunkelten den Raum fast völlig ab. Nur aus dem Flur, durch den sie gekommen waren, war ein Lichteinfall zu erkennen. Gleich würde er den General sehen. Es war seine erste Audienz!

3.6. Der General

Die Haushälterin öffnete die Tür, begrüßte Verwalter und Gast, und ließ sie eintreten. Ihr Verhalten war ganz so, als hätte sie dieselben niemals zuvor gesehen. Sie ging ohne weiteres Ritual auf einen sitzenden Mann zu, der offensichtlich der General war, trat neben ihn hin, machte einen Knicks und verließ den Raum, ohne ein Wort zu verlieren. „Das ist Frau Wilfonseder", flüsterte der Verwalter, so, als befänden sie sich in einer Kirche. Sie befanden sich im Ostturm. Trotz der verwinkelten Flure und Höfe, durch die sie gegangen waren, erkannte Gruber das am Ausblick durch die hohen Fenster, die in den Wald nach Norden hinauf gingen. Im Raum nahm er zwei alte Männer wahr, beide mit weißem Haar, die bei offenem Fenster Schach spielten. Später erzählte ihm der Verwalter, dass das bereits den ganzen Nachmittag der Fall gewesen war und seine Exzellenz ein leidenschaftlicher Schachspieler sei. Der eine Mann, dessen Gesicht zu erkennen war, schien ein einfacher Bauer zu sein, der im Sonntagsanzug hier zu Gast war. Er war untersetzt und kräftig gebaut, hatte ein wettergegerbtes Gesicht, das von der Feldarbeit im Freien zeugte. Sein Haar war, ebenso wie sein altertümlich anmutender Schnauzbart, gelblich-weiß, seine Äuglein funkelten vor Vergnügen und Spiellust. Er blickte nur kurz auf, als die beiden eintraten, und senkte seinen Blick sofort wieder über das Schachbrett. Der andere, der mit dem Rücken zu ihnen saß, musste der General sein. Der Verwalter schritt auf ihn zu und salutierte militärisch, indem er seine Stiefel zusammenschlug und in strammer Haltung stehen blieb. Gruber, der näher getreten war, betrachtete die seltsam anmutende Szene und besah sich die Gestalt des Generals genau. Ein Mann mit auffallend aufrechter Körperhaltung, groß gewachsen und mit kräftiger, durchtrainierter Soldatenfigur. Geradezu steif saß er im hohen Lederstuhl. Er befand sich im vierundachtzigsten Lebensjahr, wirkte aber bedeutend jünger. Sein weißes Haar war streng nach hinten gekämmt und sehr dicht, und er trug einen imposanten, aufgezwirbelten Oberlippenbart. Das Äußere passt treffend zu einem altgedienten k. u. k. General, dachte Gruber.

So mochten sie wohl fünf Minuten lang gestanden haben, als etwas sehr Seltsames passierte, das ein besonderes Licht auf den General zu werfen imstande war, den Gruber ja noch nicht kannte, und gleichzeitig ein Beispiel für den außergewöhnlichen und seltsamen Charakter war: Die Pendeluhr mit dem goldenen Ziffernblatt, die neben dem Fenster stand, zeigte gerade sieben Uhr an, als der Leibdiener des Generals, der auf den Namen Frederik hörte, und wie er später erfuhr, der einzige Hausdiener neben Frau Wilfonseder war, mit Tee und Zwieback durch eine kleine Nebentüre den Raum betrat. Um das Folgende zu verstehen, muss man noch wissen, dass der General wegen latenter Magenprobleme schon seit Jahren keine Kekse und Süßspeisen mehr zu sich nahm.

Frederik setzte das Tablett am Tisch ab und bediente zunächst den Mitspieler seines Herrn und darauf die Gäste. Der Verwalter und Gruber standen mit Teetassen in der Hand und wussten nicht, wie sie nun weiter verfahren sollten. Da sie vom Hausherrn nicht aufgefordert wurden Platz zu nehmen, konnten sie den Tee nur im Stehen einnehmen. Das war natürlich etwas seltsam, besonders für den Verwalter, der noch immer mit der rechten Hand im Salut verharrte und die Tasse in der linken hielt. Zugegeben eine skurrile Situation. Offensichtlich erforderte das unsichtbare Zeremoniell irgendein Zeichen des Generals, das es dem Verwalter erlaubt hätte, eine entspannte Haltung einzunehmen. Das war aber nicht der Fall. Für Gruber war das alles äußerst interessant, doch in Anbetracht der Legenden, die sich um den General rankten, durchaus nichts Außergewöhnliches.

Mit eigentümlichem Schmunzeln goss nun der Diener Frederik als Letztem dem General Tee in die Tasse, legte den Zwieback zurecht und wollte sich bereits wieder entfernen, als ihn der General mit einem scharfen Ton zurückhielt. Der schelmenhafte Gesichtsausdruck verschwand augenblicklich und wich einem aufmerksamen, starren Verhalten. Der Mann, dessen Alter sicherlich auch schon weit über siebzig Jahre zählen mochte, schien den Atem anzuhalten und bewegte sich keinen Millimeter. Er war in seiner Bewegung geradezu eingefroren. Trotz seines fortgeschrittenen Alters war der Diener in seinem langjährigen Dienst beim General kaum gealtert und sah noch immer irgendwie jugendlich aus. Man konnte die beiden aufgrund ihrer ähnlichen Statur durchaus auch verwechseln. Frederik stand steif wie ein Besen. Was war der Grund für das scharfe Wort? Der General konnte unmöglich dessen Minenspiel beim Servieren des Tees gesehen haben. Er drehte ihm ja den Rücken zu. Frederik servierte von rechts hinten.

„Sie!“, sagte der General scharf. Er saß vornübergebeugt und starrte schon seit längerer Zeit unverwandt auf das vor ihm am Tisch befindliche Spiel. Seine Bauern waren alle ausmarschiert und einen Springer hatte er bereits eingebüßt. Sein Gast hatte ihn angeblich im Laufe des Nachmittags bereits zum dritten Male geschlagen, wie Frau Wilfonseder später Herrn Gruber erzählte. Möglicherweise hatte der alte Mann wieder einen seiner Gichtanfälle und war wegen des Spielverlaufes zusätzlich mürrisch. Er schien sich jedenfalls über etwas zu ärgern. Frederik verharrte nach wie vor in der Bewegung, mit der er sich gerade vom Tisch weggedreht hatte. Er schien auf etwas zu warten, von dem Gruber nicht wusste, was es sein konnte. Aber es schien keineswegs etwas Erfreuliches zu sein, wie er an der anhaltenden Stille im Raum vermutete. Es war eine peinliche Situation. Der Verwalter stand steif wie eine Ritterrüstung seitlich neben dem General in seiner Habachtstellung, die Fingerspitzen am Kappenrand, die Tasse in der anderen Hand und Gruber daneben.

Der scharfe Ton, mit dem der General das Wort „Sie!“ ausgesprochen hatte, führte zu einer spürbar knisternden Spannung. Er war im Allgemeinen ein überaus höflicher Mann mit ausgesucht guten Manieren, obgleich er bisweilen einen befehlsmäßigen Ton im Umgang mit seinem Personal anschlug. In dieser Situation kamen Gruber Erzählungen über den General in den Sinn, die er gehört hatte, ohne sie ernst zu nehmen. Möglicherweise würde er Zeuge einer jener legendären Zornesausbrüche werden, die ein flüchtiger Besucher des Schlosses beim besten Willen nicht von einem derartig gebildeten Menschen erwarten würde. Es war allgemein kein Geheimnis mehr. Die Zornesausbrüche des Generals waren im ganzen Schloss gefürchtet und in der Ortschaft wurden darüber Witze gerissen. Sein Brüllen und Fluchen, ja die derbsten Ausdrücke blieben in solchen Situationen nicht innerhalb der Schlossmauern zurück, sondern drangen ungehindert bis ins Nachbardorf. Dort verteilten sich die Äußerungen des Generals in den Gassen und zwischen den Häusern und Bauernhöfen, gelangten zur Kirche, in den Pfarrhof, vor das Dorfwirtshaus und liefen die Hausmauern entlang hinaus in die Felder und Wälder.

Der General streckte sich ruckartig in seinem Lehnstuhl und hob langsam den Kopf, während er Frederik mit eisiger Stimme ansprach: „Frederik, ich danke ihm für den Tee. Er ist in seiner Tätigkeit zuverlässig und pünktlich wie am ersten Tag seines Dienstes – ich hätte ihn sonst umgehend entlassen. Aber ich muss ihm dieses spöttische Lachen hinter meinem Rücken verbieten!“

Nun war es heraus! In diesem Augenblick tat sich die Erde auf und eine ungeheure Gewalt ergoss sich aus den weiten Gängen und Hallen des Schlosses. Es kam wie aus tausend Kehlen der unzähligen Ahnen. Gruber hatte vor sich die lange Ahnengalerie gesehen, als er mit dem Verwalter die Granittreppe heraufgekommen und durch die Säle bis zum

Audienzzimmer des Generals gegangen war. Darunter die Ölgemälde seines Vaters und Großvaters, die ebenfalls Berufsoffiziere gewesen waren. Der General brüllte los. Es war wie die unerwartete Entfesselung einer Naturgewalt. Gruber hatte so etwas noch nie erlebt. Er hatte es bloß aus Erzählungen, die er für Übertreibungen hielt, gehört. Außerdem stammte das alles aus zweiter oder dritter Hand. Niemand hatte es ihm direkt erzählt, obwohl es eine Menge direkter Zeitzeugen geben musste. Er war wohl deshalb umso mehr betroffen. Mit einer unglaublichen Schnelligkeit, die man dem alten Herrn nicht mehr zugetraut hätte, war er von seinem Stuhl aufgesprungen, das Gesicht dunkelrot vor Zorn, die Adern am Halse hervorgetreten, die Augen quollen aus ihren Höhlen mit einem fürchterlichen Glanz, das weiße Haar stand ihm zu Berge. Das ganze Gebrüll, die unerhörten seltsamen Laute, das alles dauerte jedoch bloß einen Augenblick. Ebenso schnell, wie sich dieses Unwetter erhoben hatte, war es wieder verraucht. Wie ein Blitz, der hernieder saust und mit Donner begleitet in die Erde verschwindet, setzte sich der General wieder ruhig nieder.

Gruber hatte während dieses Vorganges keine Bewegung gemacht. Er hielt die Teetasse noch in der gleichen Haltung, wie er sie eben aufgenommen hatte und führte sie nun möglichst, ohne zu zittern zum Mund, trank einen Schluck, stellte sie auf das kleine Tischchen, das ihm Frederik zuvor zurechtgestellt hatte, griff nach einem Zwieback und verhielt sich ruhig. Der Verwalter stand noch immer wie eine Salzsäule in seiner grotesken Haltung, die zudem äußerst unbequem sein musste. Frederik jedoch, dem das alles galt, blieb völlig unberührt. Er wunderte sich nicht, zeigte keinerlei Veränderung in seinem Benehmen und sagte auch nichts, das auf die eben geäußerte heftige Rüge hinweisen hätte können. Offensichtlich hatte er Ähnliches schon öfter erfahren und über sich hinweggehen lassen. Das Schachspiel wurde fortgesetzt, so, als sei nichts Besonderes vorgefallen. Der General saß ruhig und entspannt wie zuvor. Auch sein Mitspieler blieb während des Vorganges unbeeindruckt. Der

General tat ein paar Züge und setzte den anderen Spieler matt. Daraufhin strich er seinen Gewinn genussvoll in die Hosentasche, stand auf und entschuldigte sich damit, nun ruhen zu müssen. Er verließ den Raum, ohne auch nur die geringste Notiz von den Anwesenden zu machen und ging in die angrenzende Stube.

Durch das Fenster betrachtete Gruber im Park die seltsamen fremdländischen Sträucher und Blumen. Nicht einmal im botanischen Garten der Hauptstadt fand sich eine derartige Fülle und Mannigfaltigkeit. Einige der seltenen Tulpen waren dem General angeblich als persönliches Geschenk vom Pascha von Istanbul überreicht worden. Kostbare Züchtungen, die außer in den Gärten des Monarchen, nur noch die englische Königin in ihren Glashäusern in Highgroove hütete. Eine überaus ehrenvolle Auszeichnung des osmanischen Oberbefehlshabers.

Es mochte wohl eine halbe Stunde vergangen sein, als der General frisch und munter wieder zurückkam. Sein Mitspieler saß noch immer gemütlich an seinem Platz und hatte sich in die Lektüre eines Buches vertieft, das er sich aus der nebenliegenden Bibliothek geholt hatte. „Ruht!“, sagte der General, und bediente sich, wie üblich bei solchen Situationen, seines alten Befehltons, so, als sei er in einer Kaserne und würde mit seinen Soldaten exerzieren. Der Verwalter nahm daraufhin mit einem leisen Seufzer eine bequemere Haltung an und stellte die Teetasse auf das von Frederik dargereichte Tablett. Darauf entließ der General seine Gäste mit einem angedeuteten Wink.

Der Verwalter führte Gruber nun rasch aus den Gemächern hinaus. Natürlich war das Ganze schon eine höchst eigenartige Sache gewesen, da Gruber zumindest auf ein kurzes Gespräch mit dem General gehofft hatte. Während des Besuches hatte er keine einzige Frage an ihn gerichtet und ihn nicht im Geringsten beachtet. Sobald sie sich draußen vor dem Schloss befanden, erklärte der Verwalter, dass der General mit der Vermietung einverstanden sei, ja, es käme sogar eine Wohnung innerhalb des Schlosses in Betracht. Woraus er dies alles geschlossen hatte, war Gruber ein Rätsel. Es war während der gesamten Audienz kein einziges Wort über die Vermietung gesprochen worden. Möglicherweise gab es eine Symbolik der Verständigung, die Gruber noch fremd war. Der Verwalter seinerseits entließ nun Gruber und vereinbarte mit ihm einen weiteren Termin für die Besichtigung der Wohnung und die weiteren Details des Mietvertrages. Er sollte am nächsten Sonntagnachmittag zum Schloss kommen. Gruber war zufrieden.

3.7. Der Verwalter führt Gruber durch das Schloss

Wie vereinbart, kam Gruber eine Woche später zum verabredeten Termin. Der Verwalter musste bereits da sein, denn sein Wagen stand auf der Brücke. Als Gruber durch das Schlosstor in die Auffahrt blickte, sah er ihn im Hof, wo er mit einer Frau sprach. Mehr konnte er nicht erkennen. Möglich, dass es Frau Wilfonseder war, die er bei der letzten Audienz beim General getroffen hatte. Als er durch den langen Einfahrtskorridor hinaufkam, war sie bereits verschwunden. Der Verwalter machte sich an einem Stapel Bretter zu schaffen, die er einzeln in die Hand nahm und genau betrachtete. „Für einen Hochsitz“, sagte er, „nur gerade Bretter darf man dazu verwenden; auf das Einstellen der Hobelmaschine kommt es an. Sie sind pünktlich, Herr Doktor Gruber. Es freut mich, dass Sie ein Mann mit guter Erziehung und Bildung sind. Ich dachte anfangs, Sie seien so ein Verrückter, der das Studium frühzeitig abgebrochen hat und dann aus Ermangelung einer vernünftigen Beschäftigung in der Gegend herumschnüffelt. Wie Sie sehen, habe ich mich über Sie informiert. Verzeihen Sie mir, dass ich so gerade heraus bin. Aber bisher hatten wir hier noch keinen Akademiker als Mieter. Das ehrt uns natürlich! Ich habe eben mit Frau Wilfonseder gesprochen, sie ging gerade weg, als Sie hereinkamen. Sie sagte mir, seine Exzellenz hat für uns nur wenig Zeit. Wir sollen pünktlich zum Nachmittagstee erscheinen; das heißt um vier Uhr präzise! Wollen hoffen, dass damit alle Formalitäten erfüllt sind und Sie bald in Ihr neues Zuhause übersiedeln können. Das heißt, so schnell wird es möglicherweise aber doch nicht gehen, denn ein paar Reparaturen in den Räumen sind schon notwendig. Aber Sie werden ja selbst sehen. Sie können sich ruhig privilegiert fühlen, denn seine Exzellenz gestattet Ihnen die zwei großen Eckräume mit dem Erker. Die Räume waren noch nie vermietet und früher nur für die Hochwohlgeborenen verfügbar. Im Schloss wohnen außer seiner Exzellenz sonst nur die Bedienten. Sie müssen das letzte Mal einen guten Eindruck auf ihn gemacht haben. Vorerst möchte ich Ihnen aber noch etwas anderes zeigen. Sie werden staunen, kommen Sie mit“.

Der Verwalter war, wie auch sonst, im grünen Jagdanzug und schien gerade aus dem Forst zu kommen. Jedenfalls bemerkte Gruber, dass seine Stiefel erdig waren, und am Rock hingen ein paar kleine dürre Zweige, so, als sei er durch das Unterholz gekrochen. Er war heute bester Laune und sehr gesprächig. Ganz anders, als bei der letzten Visite im Schloss. Sie gingen durch die düstere Toreinfahrt hinaus, die mit dicken, wohl mehrere Zentner schweren Granulitplatten ausgelegt war. Sie wiesen tiefe Rillen auf, die von den eisenbeschlagenen Fuhrwerken stammen mussten, die hier jahrhundertelang ein- und ausgefahren waren. Sie waren ihm bisher noch nicht aufgefallen. Rechts vor dem Nordostturm führte die granitene Treppe zur Meierei hinab, die Gruber bereits beim ersten Besuch gesehen hatte. Ein Ensemble mehrerer einstöckiger und ebenerdiger Gebäude und die Stallungen lagen vor ihm. All das war wegen des vorgelagerten Parks von der Dorfstraße aus nicht einsehbar. Die hohen Parkbäume im Hintergrund, Hühner auf dem Hofplatz, Pferde in der Koppel. Dahinter Glashäuser und Gemüsegärten, die wohl für die Versorgung der Schlossküche, als auch für das Personal und die hier wohnhaften Untermieter dienten. Gruber staunte über diese abgeschlossene, eigene Welt. Ein paar Kinder liefen gerade im Hof umher, doch als sie den Verwalter sahen, verdrückten sie sich sofort und verschwanden um eine

Ecke. Ein Stallknecht, an dem sie vorbeikamen, grüßte den Verwalter militärisch. Gruber musste sofort an das eigenartige Zeremoniell bei der ersten Audienz zurückdenken und war neugierig darauf, was ihm der Verwalter hier unten im Meierhof wohl zeigen wollte. Am Fuß des Nordostturmes, vom Schlossgebäude nur durch einen schmalen mit Sträuchern bewachsenen Streifen getrennt, am Ende der Treppe, lag ein einstöckiges Gebäude, das an der Südseite mit den Pferdestallungen verbunden war. Hier blieb der Verwalter stehen und drehte sich zu Gruber um: „Machen Sie sich jetzt auf etwas gefasst, Herr Doktor, so etwas sieht man nicht alle Tage, Sie werden staunen!"

Der Verwalter zog einen großen Schlüsselbund heraus und sperrte die Eingangstüre auf. Gruber hielt das Gebäude für unbewohnt. Ein dumpfer muffiger Geruch schlug ihm entgegen. An den Wänden fiel der Verputz ab. Das Gebäude war ziemlich verfallen und das Mauerwerk ganz offensichtlich feucht. Der Verwalter stieg ins erste Stockwerk hinauf über eine steile, ziemlich morsche Holztreppe, die in einen engen Korridor mündete, der von Gerümpel verstellt und schwer passierbar war. Zudem lag er in beinahe vollständiger Dunkelheit. Was konnte es hier wohl Interessantes geben, fragte sich Gruber. Wie er später rekonstruierte, befanden sie sich an einer Zwischenmauer, die nachträglich, aus nicht nachvollziehbaren Gründen, eingezogen worden war und so das natürliche Tageslicht abschirmte. Der vordere Bereich des Korridors erhielt vom Treppenaufgang her etwas Tageslicht, hinten herrschte Dunkelheit. Gruber konnte gerade noch erkennen, dass der Gang nach einigen Metern eine Biegung nach links machte. Es wurde ihm regelrecht unheimlich, als er aus dem dunklen Korridor vor sich laute Stimmen hörte. Der Verwalter war ihm ein paar Schritte voraus, als es plötzlich totenstill wurde. Er blieb stehen, lauschte und tastete sich ein paar Schritte weiter. Als Gruber an die Ecke kam, rempelte er den Verwalter an, der dort bewegungslos verharrte. Allmählich gewöhnten sich die Augen an das Dämmerlicht. Er glaubte seinen Augen nicht zu trauen. Vor sich im Halbschatten erkannte er eine Gruppe von Männern, die auf alten, ausrangierten Autositzen saßen. Bei näherer Betrachtung kamen ihm zwei davon bekannt vor. Er glaubte sich erinnern zu können, sie bei seinem ersten Besuch bereits gesehen zu haben. Es waren die Männer, die in der Laube gezecht hatten. Sie tranken wieder und Gruber sah, dass der ganze Flur mit leeren Flaschen übersät war. Offensichtlich war das hier ein Ort, wo sie gerne soffen. Der Verwalter schien ihnen nicht gerade willkommen zu sein. Die Stille erzeugte ein spürbares, gefährlich scheinendes Vakuum. Als nun Gruber um die Ecke bog und sie ihn nun auch sehen konnten, huschte ein eigentümlicher Zug um ihre Gesichter, den er sich nicht erklären konnte, der ihm jedoch Angst bereitete. Es fiel ihm nun die Frau ein, die er letzte Woche durch eine zerbrochene Fensterscheibe herausgaffen sah. Einer der Männer hatte eine Weinflasche gerade zum Schluck erhoben, trank aber nicht. Diese Menschen wohnen hier, dachte Gruber, warum aber ist die Eingangstüre abgeschlossen? Die Männer waren wie gelähmt und schienen auf etwas zu warten. Ihre Augen weiteten sich und ihre Kehlköpfe schlüpften wie Äpfel, die in einen Damenstrumpf gefüllt wurden, in die faltigen Hälse hinunter. Das Gesicht des Verwalters hatte aber einen gleichgültigen Ausdruck. „Pfui Teufel“, rief er, „so ein Gesindel! Sehen Sie sich diese Säufer an, sehen Sie sich diese Ratten an. Haben Sie so etwas schon jemals gesehen? Die trauen sich nicht einmal mehr, in der Öffentlichkeit zu saufen, soweit ist es mit ihnen gekommen. Ich würde sie alle rausschmeißen, aber ich kann sie als Hilfsarbeiter brauchen, verstehen Sie. Ein paar von ihnen sind gelernte Maurer. So das war’s. Das wollte ich Ihnen zeigen, Herr Doktor. Dieses Gesindel!“ Der Verwalter drehte sich um und ging. Gruber folgte ihm. Sie verließen das Haus und der Verwalter sperrte die Tür wieder zu.

„Hüten Sie sich vor ihnen, hüten Sie sich, hören Sie“, sagte der Verwalter. „Besonders vor diesem ‘Binder‘! Glauben Sie nicht, dass dies sein richtiger Name ist; ich weiß dass er polnischer Abstammung ist. Wo gibt’s denn sowas, dass ein

Pole ‚Binder' heißt, oder? Ich sage nur, gehen Sie ihnen aus dem Weg und meiden Sie dieses Haus. Sie sollten mit ihnen nichts zu tun haben. Das Schloss dürfen diese Leute sowieso nicht betreten. Dafür habe ich gesorgt und dem General darf dieses Gesindel sowieso nicht unter die Augen kommen. Der weiß ja gar nicht, dass sie hier hausen. Er denkt, das Haus sei unbewohnt. Sie verstehen?" Der Verwalter rieb dabei die Finger der rechten Hand und machte das Zeichen des Zahlens. Dabei hatte er einen wahrhaft diabolischen Gesichtsausdruck, der so gar nicht zu dem passte, wie er Gruber bisher erschienen war. Doch einen Augenblick später hatte er schon wieder den weltmännischen Blick aufgesetzt, wie er sich für einen Schlossverwalter besser eignete. „Behalten Sie das, was ich Ihnen heute gezeigt habe, für sich. Das ist am Besten für alle Beteiligten. So, und nun zeige ich Ihnen Ihre zukünftige Wohnung, kommen Sie. Ich habe danach noch weitere Termine."

3.8. Grubers Wohnung

Sie gingen über die Treppe wieder hinauf zum Schloss und durch die Toreinfahrt in den Innenhof. Gruber warf wieder einen Blick auf die leere Nische oberhalb des Tores. Der Verwalter ging sehr rasch und er lief hinterher. Sie betraten wieder das Feste Haus und gingen die breite, massive Granittreppe hinauf. Danach befanden sie sich im ersten Stockwerk. Oben teilte sich der Flur. An der Wand hing eine kunstvoll geschnitzte Ahnentafel, die er bisher noch nicht beachtet hatte. Gruber blieb kurz stehen. An der Spitze der Tafel fand sich der Name: Johann Siegfried Hayek von Waldstätten; in der letzten Reihe las er den Namen des Generals, Alfred Freiherr von Waldstätten und den seiner verstorbenen Gattin Melanie, geb. Comtesse de Rohan.

Der Verwalter drängte zum Weitergehen. „Dafür werden Sie noch genug Zeit haben, das alles durchzulesen", sagte er und ging voran. Bis hierher kannte Gruber bereits den Weg. Jetzt aber bogen sie nach links ab und nicht in die Richtung der

Gemächer des Generals. Die inneren Korridore waren mit Holzböden und teilweise auch mit roten Marmorplatten ausgelegt. Die Holzböden bestanden aus baumbreiten Brettern, die durch langjähriges Begehen abgescheuert und wellig waren. Sie schritten durch lange Flure, die durch die hohen, schön geschwungenen Fenster mit reichlich Licht aus den Innenhöfen durchflutet wurden. Die Atmosphäre war reinlich und karg und hatte den Geruch eines Klosters. An den Wänden hingen alte, gefirnisste Ölgemälde, die Schlachten und flandrische Landschaften darstellten. Der lange Flur entlang der Galerie war mit kostbaren orientalischen Teppichen belegt.

Der Verwalter blieb vor einer prachtvoll verzierten Renaissance-Tür stehen, zog seinen Schlüsselbund hervor, nahm einen altertümlich geformten Schlüssel herab und gab ihn Gruber: „Schließen Sie selbst auf, Herr Doktor, das ist Ihr neues Zuhause!“ Gruber schloss auf und trat ein. Ein heller gotischer Saal mit hohem Gewölbe empfing ihn. Es gab ein großes Fenster, das in den südlichen Innenhof führte. Einfacher Schiffboden, die Wände weiß getüncht, keinerlei Einrichtung. Das wird mein Sammlungsraum, dachte Gruber. Der Verwalter ging voran und öffnete das Fenster. Gruber blickte auf den nur wenige Meter gegenüberliegenden abgeschlossenen Arkadengang. Im Glas der geschwungenen Flügelfenster spiegelten sich die Wolken eines Himmels, den Gruber nur sehen konnte, wenn er sich weit aus dem Fenster lehnte. Der südliche Hof war klein und wirkte zwischen den hohen Mauern des Festen Hauses wie eine Schlucht. Dem Eingang gegenüber, rechts neben dem Fenster, ein Durchbruch in der ehemaligen Außenmauer des Festen Hauses, der in barocke und neuzeitliche Anbauten führte. Die rot gestrichene einfache Holztür war unverschlossen. Der Mauerdurchbruch zeigte, dass im Obergeschoss die Mauerstärke immerhin noch einen Meter sechzig betrug. Es war sicher keine Kleinigkeit, diese Steinmauer zu durchbrechen, dachte Gruber. Sie gingen durch zwei hohe, mit eichenem Parkett und hohen, wunderschön verzierten barocken Kachelöfen ausgestattete Räume, in beiden ebenfalls je ein hohes doppelflügeliges Fenster. Schöner, weiter Blick in die Auwälder. Der Verwalter öffnete eine hohe, zweiflügelige, schön verzierte dunkelbraune Kassettentür. „Na, was sagen Sie dazu, Herr Doktor?“ Gruber stand in einem großen hellen Saal, der einen niedlichen Erker und drei Fensterachsen aufwies. Ein heller, südseitig gelegener Raum, ebenfalls mit einem barocken Kachelofen ausgestattet. Der Boden aus Sternparkett von vorzüglicher Machart, im Erker zwei schmale Fenster zum Hochschieben. Der Blick weit hinein in die Voralpen, über Wälder und Hügelketten, weite Felder und Fluren. So weit man sehen konnte, gehörte alles zum Schloss. Auch die Felder, die von den Bauern bewirtschaftet wurden, waren zum überwiegenden Teil vom Schloss gepachtet. Nach Osten zu sah Gruber das Dorf vor sich liegen, und steil unterhalb des Schlossfelsens zog die schmale Landstraße am dicht verwachsenen Mühlbach vorbei.

Gleich beim Eintreten fiel Gruber neben dem überwältigenden Charme dieses schönen Saales ein seltsames Phänomen auf, das er noch nie zuvor und auch späterhin niemals wieder an irgendeinem anderen Orte zu sehen bekam: Am Plafond des etwa vier Meter hohen Saales wimmelte es von Myriaden winziger Fliegen, deren Existenz er in den „Äußeren Kategorien“ nicht erfasst hatte, weil sie ihm schlichtweg als irrelevant erschienen waren und er auch die Spezies nicht sicher bestimmen konnte. Da er sie nun in so großer Anzahl und zudem unmittelbar vor Augen hatte, erkannte er, dass es sich um die Spezies der gemeinen Fruchtfliege handelte (Drosophila melanogaster). Mit einem Lächeln bemerkte der Verwalter die wissenschaftliche Zerstreutheit Grubers. Nachdem er seine Frage wiederholt hatte, auf die Gruber auch diesmal nicht antwortete, sagte er, dass er den Raum mit Gift ausspritzen würde, um damit die Fliegen abzutöten. Er schritt sogleich weiter in den nächsten Raum, der im rechten Winkel dazu lag und dem wieder ein Raum folgte. Alle diese Räume waren durch Türen in der Mitte miteinander verbunden. „Diese hier anschließenden Räume sind allerdings nicht zu vermieten“, sagte der Verwalter. „Es sind Gästezimmer, für alle Fälle. Man weiß ja nie, Sie verstehen. Bisweilen erhält seine Exzellenz Besuch", fügte er bedeutungsvoll hinzu. Über einen Renaissance-Arkadengang, der mit Sollnhofer Platten belegt war, gelangten sie durch eine schmucke, mit wunderbaren Deckenfresken von Johann Bergl ausgestattete Hauskapelle in die ehemaligen Wohntrakte der Fürstin Auersperg. Seit ihrem Tod waren diese Räume unbewohnt. In einer Ecke lag unbeachtet ein in Leder gebundenes Fotoalbum, das sich Gruber später holte, und in dem die fürstliche Familie mit allen Verwandten abgebildet war.

Einige spätere Umbauten waren Gruber aufgefallen, durch die dunkle Korridore geschaffen wurden und das ansonsten vorherrschende harmonische Raumgefüge massiv beeinträchtigten. Wesentliche Proportionen, wie die Verteilung des Lichts, waren dadurch aus dem Gleichgewicht. Das meiste jedoch war noch intakt und machte auf Gruber einen guten Eindruck. Am Durchmesser der Mauer bemerkte Gruber, dass sie sich nun wieder im ehemaligen Festen Haus befanden und damit den Rundgang beendet hatten. Ein massiver romanischer Bau, gut zu verteidigen, dachte Gruber. Die Räume waren wohlproportioniert.

„Außerordentlich hoch", bemerkte er zum Verwalter.

„Ja, an die fünf Meter."

„Kalt, diese Mauern", sagte Gruber.

„Ja, und wenn Sie sie berühren, werden Sie feststellen, dass sie schwitzen. Es ist wie mit den Händen von Menschen", lächelte der Verwalter. „Manche sind trocken und warm, andere wieder nass und kalt."

„Wie recht Sie haben, Herr Verwalter, Sie sind ein guter Beobachter!"

Durch die Räume blies ein warmer Wind, der sie wohl über den Sommer trocknen konnte. Ein merkbarer Kontrast zur Kühle der Wände. In diesem Raum würde er mit Sicherheit nicht logieren. Aber als Sammlungsraum mag er geeignet sein, stellte er zum wiederholten Male fest. Aber die anderen

Räume, mit dem schönen Ausblick nach Süden und Osten zu, gefielen im außerordentlich gut. Es fehlte bloß ein wenig Farbe.

Gruber machte sich die ganze Zeit über Notizen in einem braunen Büchlein, das er speziell für architektonische Eintragungen benützte. Der Verwalter schien dadurch etwas verwirrt. „Was schreiben Sie denn da so fleißig in Ihr Büchlein, Herr Doktor?"

„Ach, nichts Besonderes, ich liste gerade ein paar Sachen auf, die ich für die Adaption der Räume benötigen werde. Sie werden verstehen, dass die Wände etwas Farbe vertragen könnten …"

„Darin gebe ich Ihnen vollständig recht, Sie haben auch eine gute Beobachtungsgabe, wenn ich mir diese Bemerkung erlauben darf, Herr Doktor."

Nach diesen Freundlichkeiten brachte der Verwalter Gruber wieder zum Haupttor. „Nun, Herr Doktor, dann viel Freude mit ihrer Wohnung. Und, ach ja, etwas, das ich vergessen habe zu erwähnen, die monatliche Miete wird Frau Wilfonseder bei Ihnen einkassieren. Jeweils am Monatsersten. Ja, und fast hätte ich es auch vergessen, hier ist Ihr Mietvertrag. Seine Exzellenz hat ihn gestern Abend unterzeichnet. Ihre Unterschrift ist nicht notwendig. Ja, wie gesagt, viel Freude an der Wohnung, und ich ersuche Sie nochmals … beachten Sie die Hausordnung, und es wird keinerlei Probleme geben. Und wenn ich mir nochmals die Freiheit nehmen darf, Ihnen einen Rat zu geben, Sie sind ja ein studierter Mann und wissen das selbst: Meiden Sie den Umgang mit den Bewohnern des Meierhofes, Sie wissen schon, die Leute, die ich ihnen heute gezeigt habe. Gehen Sie ihnen aus dem Weg, wo immer Sie können! Das ist ein Rat von mir. Und damit entschuldigen Sie mich. Ich habe im Forst zu tun. Sollte es etwas geben, das ich für Sie tun kann, Sie wissen ja, wo Sie mich finden."

Damit war der Verwalter weg. Nachdem er gegangen war, stand Gruber eine geraume Weile im Erker, lauschte in die Stille hinein und betrachtete die fabelhafte Aussicht in die blühende Landschaft. Er freute sich schon auf das Ausmalen und Einrichten. Was für eine schöne Wohnung. Er konnte es noch gar nicht fassen, dass es so leicht gegangen war. Niemals hätte er das geahnt. Das Wichtigste war damit erreicht: Er war im Schloss!

3.9. Gruber und Martha

Hinter dem Schloss lagen die weiten Felder so friedfertig wie die Lämmer im Stall des Zöchbauern. Gruber lag verborgen im hohen Gras und beobachtete die Wolkenformen, als eine Bauernmagd mit der Sense schon bedenklich nahe an ihn herankam. Als sie ihn erblickte, erschraken beide gleichzeitig. Gruber stand auf und ging zu Tante Anna, wo er derzeit noch wohnte. Am Abend war im Dorfwirtshaus eine Versammlung der Bezirksjägermeister angekündigt. Diese fand jeden ersten Samstag im Monat statt. Gruber ging hin und traf natürlich auch den Verwalter und andere Leute aus dem Schloss. Auch der Förster war mit seinen Gehilfen da. Die Überraschung des Abends aber war die Anwesenheit der Magd, die ihn am Vormittag im hohen Gras erschreckt hatte. Sie gefiel ihm. Ein hübsches, lustiges Mädel. Und natürlich konnte er sich jetzt auch an sie erinnern. Er hatte sie beim Wirt früher gesehen. Es musste schon einige Monate zurückliegen. Damals war er von ihrer Freundin Julie so angetan gewesen. Danach waren beide aus dem Dorf verschwunden gewesen und er hatte sie vergessen. Jetzt war sie zurück. Sie erzählte ihm, dass sie eine Gastronomieschule in der Bezirkshauptstadt besuchen, sonst aber in der Freizeit bei ihrem Onkel, dem Dichlberger, als Magd aushelfen würde. Im Laufe des Abends tanzte er sogar mit ihr und sie lachte ihn aus, weil er sie nicht gleich wiedererkannt hatte. Jeden Samstagabend gab es Tanz. Obwohl er sonst eigentlich nie tanzte – mit dieser jungen Frau tanzte er. Die einzige gesellschaftliche Belustigung, die er sich normalerweise gönnte, war das Trinken in Gemeinschaft. Dieses Mädel hatte es dem nüchternen Doktor Gruber ziemlich angetan …

Er war beinahe seit einem Jahr in Albrechtsberg. Was hatte er in dieser Zeit nicht schon alles erlebt! Die erste Woche im Juni war vorüber, und der Maibaum stand immer noch. Der Tannenkranz, der weit oben im blauen Himmel schwebte, hatte seine grüne Farbe allerdings schon verloren und die Wurstkränze waren längst von den Burschen des Dorfes herabgeholt worden. Gruber trank sich einen Rausch an, und die Gesellschaft der Bauern, in der er sich befand, ermunterte ihn dazu. „Gruber“, sagten die Männer zu ihm, „du bist eigentlich doch a ganz passabler Leut. Wannst was trinkst, dann bist auch a Mensch!” Dies steckte sich Gruber als ganz großes Lob an seinen Hut. Der Gstettner starrte ihn mit glasigen Augen an. Auch der Dichlberger Bauer war mit seiner Frau und den Dienstleuten da. Samstagabends durfte auch das Gesinde zur Belustigung mitkommen, und so hatten sie Martha mitgebracht, die sie wie eine eigene Tochter aufzogen. Die Versammlung selbst, die der Tanzveranstaltung voranging, war weniger lustig und erbaulich. Es kam zu einer heftigen Auseinandersetzung. Man konnte sich nicht über den Abschussplan einigen und von einem "Schwarzen Schaf" wollte man auch wissen: Im Schlosswald wurde gewildert! Nach einigen Krügen Bier, und erst recht nach Beginn der lustigen Blasmusik, beruhigten sich die Gemüter aber wieder.

Diese Nacht hatte ihn verändert. Das spürte er, als er nach einem langen Tag und einer ebenso langen darauffolgenden Nacht, hinter dicken, brokatenen Vorhängen schlafend, nachdenkend und wieder schlafend, frühmorgens wieder mit seinem Feldbuch im Ranzen in die Wälder zog. Es war etwas in Gruber aufgebrochen. Wie nach langer Bewusstlosigkeit atmete er wieder tief ein, wurde sich der Länge des Tages, der Helligkeit der Sonne, der Temperaturunterschiede, der Strömungsgeschwindigkeiten des Flusses, des Blätterraschelns der Bäume, des Hungers und Durstes, der Begrenztheit der persönlichen Zeit, der Einsamkeit und der Geselligkeit wieder bewusst.

Gruber war ins Leben zurückgekehrt.

3.10. Skurrile Begegnungen

Im Zuge seines Herumstreifens lernte Gruber mit der Zeit zahlreiche Menschen kennen und erhielt Einblick in ihre sozialen Verflechtungen. Mitunter waren dies sogar sehr skurrile Begegnungen. Einmal wurde er von einem Gendarmen auf ein Wachzimmer geführt, weil man ihn für einen Landstreicher hielt, ein anderes Mal sogar des Mordes verdächtigt. Der Geologenhammer, den er stets an seinem Gürtel trug und dem er es verdankte, dass er von vielen für einen sich auf Arbeitsuche befindlichen Hufschmied gehalten wurde, war Grund für diese Verdächtigung. Ähnliches dürfte, nach der spärlichen geognostischen Literatur des 19. Jahrhunderts Philipp Ritter von Holger, ebenfalls im Waldviertel zugestoßen sein. Aber Gruber hatte das Pech, einem Förster über den Weg zu laufen, der ihn für einen flüchtigen Hammermörder hielt. Tatsächlich war gerade zu dieser Zeit ein Mörder flüchtig, der seine Frau im Blutrausch mit einem großen Vorschlaghammer erschlagen hatte. Dem mutmaßlichen Mörder war bereits die halbe Landesgendarmerie von Niederösterreich auf den Fersen. Und gerade zu dieser aufregenden Zeit traf der Förster den Geologen in einer eindeutig zweideutigen Situation an.

Müde, ahnungslos und unschuldig saß Gruber nach seiner Feldarbeit am Lagerfeuer. Es gab nicht gebratene Ente oder in Schlingen gefangenen Fasan am Spieß, sondern Löwenzahnsalat und Fladenbrot nach nepalesischem Rezept. Er hatte es vor Jahren von einem alten Feldgeologen gelernt, mit dem er im Himalaja auf Forschungsreisen gewesen war. Es war im letzten Dämmerlicht, das den Tag von der Nacht auf unbestechliche Weise trennt. Die Gummistiefel waren zum Schutze gegen den fein herabfallenden Regen unter eine Zeltplane geschoben, unter der sich sein Rucksack und übrige Ausrüstung befand, nur die Sohlen ragten hervor. Für den fantasiebegabten Förster, wohl durch die Radioberichte angeregt, sah das ganz so aus, als läge unter der Plane ein weiteres Opfer; er jedenfalls war überzeugt, den

Hammermörder vor sich zu haben. Zudem sah Gruber in dieser Situation ja alles andere als vertrauenswürdig aus: ein unbekannter Mann mit wettergegerbtem Gesicht und windzerzaustem Haar, alleine im Wald beim flackernden Licht eines Lagerfeuers, einen Hammer in der Hand ... der Förster reagierte rasch! Das Jagdgewehr richtete sich drohend auf Gruber, den diese martialische, unvorhergesehene und gänzlich unverständliche Bedrohung aus den Funkenträumen riss. Der Griff nach dem Dienstausweis in der inneren Brusttasche – Gruber arbeitete damals nebenbei noch im Auftrag der Geologischen Bundesanstalt als auswärtiger Mitarbeiter – wurde vom einfallsreichen Genius und kriminalistisch geschulten Auge des Försters natürlich als Griff nach der mutmaßlich versteckten Handfeuerwaffe gedeutet. Gruber wurde, ohne Widerrede geben zu dürfen, vom wackeren Waidmann abgeführt. Die Arme erhoben, jede Argumentation zwecklos, jeder Erklärungsversuch bloß als niederträchtige Lüge interpretiert, ging es ab zum nächsten Postenkommando. Es war eine lange Nacht, ein langer Fußweg, die Hände stets unbequem in die Höhe gehalten. Ermüdend die fruchtlosen Bemühungen, dem Förster den wahren Sachverhalt zu erklären. Langweilig die endlosen Entschuldigungen des Kommandanten, nachdem er Grubers Erklärungen gehört hatte und dieser sich mit einer amtlichen Bestätigung vom Ministerium für Wissenschaft und Forschung ausgewiesen hatte. Beschämend die Zurechtweisung, die der vermeintliche Mörderfänger über sich ergehen lassen musste. Peinlich und schmerzlich die Schamröte im Gesicht der Gendarmen. Peinlich, alles sehr peinlich!

Gruber füllte Bände mit seinen Erlebnissen bei der Feldarbeit, der Teil der Forschung, der ihm stets die größte Freude bereitet hatte. Er begegnete vielen Menschen auf seinen Wegen durch die Wälder, Wiesen, Felder und Auen. Er führte mit ihnen ausführliche Gespräche, saß mit alten Männern in den Wirtshäusern, diskutierte über die Politik oder ließ sich von ihren Erfahrungen aus den Kriegen erzählen. Manche luden ihn in ihr Haus ein, und bisweilen ging die Bekanntschaft mit den zuvor fremden Menschen so weit, dass sie ihn als Teil ihrer Familie betrachteten und zu Feierlichkeiten wie Taufen, Firmungen, Hochzeiten und Begräbnissen einluden. Gruber nahm mit diesen Menschen an Fronleichnamsprozessionen und Umzügen der FF teil, trank mit den Bauern Sturm und Schnaps bei der Herbstjagd, Wein zu Allerheiligen, Bier an den Sonntagen im Wirtshaus und Most an heißen Sommertagen, wenn er bei der Mahd oder Ernte half. Er fand seine zweite Heimat und wurde vertraut mit den Menschen. Gerne lauschten sie seinen Geschichten. Denn er war weit gereist und wusste viel. Sie nannten ihn schüchtern „den Wanderer". Den Kindern brachte er manchmal Federn oder seltene Mineralien als Geschenke mit, die er auf seinen Wanderungen fand. An heißen Julitagen stand Gruber mit den Bauern bei der Heuernte auf den Wiesen, oder lief berauscht vom Most, der nach dem Einbringen jeder Fuhre Stroh getrunken wurde, barfuß über die goldglänzenden Stoppelfelder und half, mit einer Heugabel die schweren Strohballen auf den Anhänger zu werfen. Oben saßen die Kinder des Bauern und schichteten die Ballen lachend zu einem schön geordneten Stapel.

Soweit wir aus den Aufzeichnungen und auch aus den Erzählungen der Bauern wissen, fand Gruber Gefallen an diesen Arbeiten. Das tat auch seiner vom Stadtleben angegriffenen Gesundheit gut. Er bekam die gesunde Gesichtsfarbe der Bauern und lief bei jedem Wetter bloß noch mit einem grob gewebten, kratzigen Leinenhemd herum. Abends nach der Arbeit lag er dann oft an einer einsamen Stelle am Fluss, badete nackt und träumte unter herabhängenden Zweigen vor sich hin. Das helle Leuchten des Sommers lag über der Landschaft und er hatte den Eindruck, noch niemals zuvor so eine friedvolle und arbeitsreiche Zeit kennengelernt zu haben. Gruber war glücklich! Mit der Zeit wurde er mit den sozialen Verflechtungen der Dorfbewohner und ihren Eigenheiten so vertraut, als lebte er schon seit seiner Kindheit mit ihnen zusammen. Aber es geschah eines Tages ganz zufällig, dass ihm ein alter Studienfreund über den Weg lief. Gruber war gerade mit dem Fahrrad zu einer Sandgrube unterwegs, als er unvermutet Franz traf. Sie hatten sich seit der Studienzeit nicht mehr gesehen. Es war natürlich ein ungeheurer Zufall. Franz hatte eine Stelle als Chefgeologe bei einer Graphitmine gefunden und befand sich gerade auf einem Radausflug durch die umliegenden Dörfer. Franz war an einem persönlichen Tiefpunkt angekommen. Sein Leben erschien ihm langweilig, der Beruf eine Mühsal. Bei Gruber war es gerade umgekehrt. Er war gerade am Beginn seiner endlosen Reise in die Geschichte des Schlosses. In dieser Lage war er für den Freund ein Geschenk des Himmels. Jeder empfand die gleiche Freude, den anderen zu treffen. Die Besichtigung der Sandgrube war nun unwichtig geworden. Sie umarmten sich und Franz lud ihn gleich ins Wirtshaus ein. Die Gespräche drehten sich um Kommilitonen, geologische Entdeckungen und neue Thesen ihres alten Professors Kober. Alles wurde in gebührlichem Umfang besprochen, die Zeiten der Trennung durch Anekdoten überbrückt. Franz stellte viele Fragen bezüglich des neuen Projektes. Gruber freute diese Anteilnahme, wollte aber nicht zu viel davon berichten. Viel war zu erzählen und viele Wanderungen wurden gemeinsam gemacht. Tante Anna war sehr erfreut über die Abwechslung und quartierte Franz im Wohnzimmer ein. Gruber begleitete ihn durch das Dorf, zeigte ihm die Kirche und stellte ihn dem Pfarrer vor, sie durchstreiften gemeinsam die Wälder, badeten im Rosstümpel und wanderten über ausgetrocknete Wiesen zur Heide hinauf. Eine Woche blieben die beiden Freunde zusammen. Eines Nachmittags trennten sich ihre Wege dann wieder.

3.11. Studien im gräflichen Wald

Die folgenden Wochen verwendete Gruber viel Zeit auf das genaue Studium der forstwirtschaftlichen Verhältnisse. Er durchstreifte wochenlang den hinter dem Schlossareal liegenden Wald, durchkämmte ihn in alle Richtungen, entdeckte erfrischende Quellen, verfallene Jagdhütten und Fuchsbauten, schlich an uralten Wildwechseln entlang, sammelte Gesteine und zeichnete Bodenprofile auf. Bisweilen überraschte ihn die Dunkelheit, und dann verbrachte er so manche Nacht alleine im Wald. Er hatte großes Geschick, sich mit einfachsten Hilfsmitteln ein gemütliches Lager zu bereiten.

Gruber stellte etwas sehr Beunruhigendes fest. Die gesamten zum Schloss gehörigen Waldungen waren durch einen bereits im Zerfall befindlichen Wildzaun eingehegt. Der Zustand des Waldes war bemitleidenswert, weitestgehend ausgeschlägert, und der Restbestand vom Käfer befallen. Die verödeten Flächen waren nicht aufgeforstet worden und deshalb von einem Staudendickicht überzogen. In den Regenlacken lebten Eisenbakterien und bildeten dünne, bunt schillernde Beläge, die wie Öl an der Wasseroberfläche schwammen. Angeflogener Holler und Birkenbestände sowie ein undurchdringliches Brombeergestrüpp waren die Anzeiger für den ausgebeuteten, übersäuerten Waldboden. Stöße von geschnittenem und sorgfältig aufgestapeltem Holz vermoderten entlang verwachsener, ungepflegter Forstwege, die ziellos im Wald verliefen.

Es war bedrückend durch diesen Wald zu streifen. Ein Gefühl der Freude kam bei diesen Wanderungen nicht auf. Inmitten eines fast undurchdringlichen Jungwaldes, der aus fünf- bis sechsjährigen Fichten bestand, fand er eine Schneckenschmiede, die auf Aktivitäten von Singdrosseln hinwies. Den Gesang dieser Vögel, der sehr laut, abwechslungsreich und weithin klingend war, hatte Gruber in diesen Wäldern jedoch noch nicht vernommen. Die Singdrossel hatte sich, ähnlich der Amsel, zunehmend an die menschliche Nähe gewohnt, war aber nicht nur in Parks, sondern auch in stillen Wäldern zu finden. Gruber notierte Anzahl und Art der Schneckengehäuse, die von diesen Vögeln hier zusammengetragen und aufgeknackt worden waren, in sein Feldbuch. Die Gehäuse waren zum Teil schon mit Moos überzogen und zeigten aufgrund der Witterungseinflüsse verschiedene Stadien des Zerfalles. Kein einziges frisches Gehäuse fand sich in der Schneckenschmiede. Aber das Auffinden dieser Spuren brachte Gruber wieder seinen Plan ins Gedächtnis, von den zahlreichen Vögeln, die er bei seiner Feldforschung beobachten konnte, ein Sonogramm anzulegen. Eine Erklärung für die Abwesenheit der Singdrossel in diesen verlassenen Wäldern hatte Gruber nicht. Ganz im Gegenteil. Es war sogar verwunderlich, dass er sie nicht antraf. Es gab ein reichliches Nahrungsangebot an Beeren und Früchten. Dicht wucherten die Sträucher in den Kahlschlagflächen. Es war auch später Sommer und die Singdrossel zog erst im Herbst in ihr Winterquartier in das südliche Europa oder nach Nordafrika. So wie die Vögel war auch das Wild aus diesen Wäldern verschwunden. Kein Laut regte sich. Gruber führte eifrig seine Aufzeichnungen, wenn auch in diesen Tagen mit spürbarer Lustlosigkeit. Die drückende Stimmung des ausgebeuteten Waldes übertrug sich auf ihn. Als seine Untersuchungen abgeschlossen waren, besuchte er wieder Tante Anna und berichtete ihr, was er erlebt und gesehen hatte. Was er erzählte, überraschte sie nicht. Sie hatte Derartiges erwartet. Gruber sperrte sich in diesen Tagen häufig in seine Kammer ein, um seine Aufzeichnungen nachzutragen, Pläne und Profile zu zeichnen, in Fachbüchern nachzulesen. Gewöhnlich ruhte er sich danach ein wenig aus und setzte häufig am späten Nachmittag seine Streifzüge in der Umgebung des Schlosses wieder fort. Oder er unterbrach seine Forschungen und saß im Wirtshaus, um Menschen kennenzulernen.

3.12. Der Mensch in der Kategorie

Diese Aufgabe stellte an Umfang und Komplexität alle anderen Kategorien in den Schatten. Gruber legte umfassende Personalkarteien an. Alle Menschen wurden beschrieben, die in irgendeiner Beziehung zum Schloss standen. Dazu war es notwendig, für jeden Einzelnen eine allgemeine

Lebensbeschreibung zu verfassen. Darin wurden die besonderen charakterlichen Eigenheiten, Vorlieben, Schwächen, die schulische Ausbildung, der Beruf, der private Umgang mit anderen und auch die verwandtschaftlichen Beziehungen festgehalten.

Von vordergründiger Bedeutung war jedoch die Art und Weise der Beziehung zum Schloss. Streng unterschied er zwischen solchen Menschen, die im Schloss wohnhaft oder dort beschäftigt waren, und solchen, die das Schloss und seine Verhältnisse nur von außen kannten. Erstere wurden ausschließlich in den „Inneren Kategorien" behandelt. Die Kartei umfasste Menschen, die ihm selbst begegneten, als auch solche, von denen er nur durch Erzählungen anderer erfuhr. Es beinhaltete auch die Biografien solcher, die in veröffentlichten oder privaten schriftlichen Dokumenten erschienen und deren Lebensführung einen Teil der Schlossgeschichte zu beleuchten imstande sein konnte. Es galt außerdem der Grundsatz, dass die unmittelbare Anschauung der einer bloß durch Erzählung bekannt gewordenen vorzuziehen sei. Aber auch Letztere wurden als hilfreiche Ergänzungen gerne aufgenommen. Es galt in solchen Fällen lediglich, die exakte Chronologie der zurückliegenden Beobachtungen möglichst genau zu ergründen.

3.13. Die Aufzeichnungen

Durch das stetige Anwachsen von Informationen gelang es Gruber, ein vollständiges Abbild der Wechselwirkung zwischen Schloss, Landschaft und Menschen zu rekonstruieren, zu fühlen und zu begreifen. Gruber behielt dieses Wissen für sich, hütete es als den größten Schatz und erzählte seinen besten Freunden nicht eine Silbe davon. Die Wissenslücken, die er noch vorfand und die sich vor allem auf den Einfluss und die Eigenheiten des Generals bezogen, sollten durch die „Inneren Kategorien" in der Folge geschlossen werden. Doch bereits mit diesem Forschungsstand galt die weitreichende Vernetzung des wechselseitigen Einflusses zwischen Menschen und

Schloss als dargelegt, das a priori formulierte Theorem als gesichert.

Die Tage und Wochen verstrichen, während Gruber dieses Sammeln weiter vorantrieb. Natürlich musste alles in klarer, verständlicher Ordnung schriftlich niedergelegt werden, denn die unter großen Mühen zusammengetragenen Aufzeichnungen durften nicht verloren gehen. Er traf auch Anstalten, die ein Weiterführen seiner Untersuchungen durch eine andere Person ermöglicht hätten, falls ihm etwas zugestoßen wäre oder durch Krankheit die Arbeit nicht mehr beendigen hätte können. Er versperrte die Schriften, die er selbst als „Geheimdokumente" bezeichnete, mit entsprechenden Vermerken in seiner Schreibkammer. In alten Reisekoffern, Regalen, Schränken und Schreibtischen stapelten sich die Feldbücher, Hefte und Pläne sowie die Korrespondenzen mit den zahlreichen Informanten. Vertrauliche Informationen vertraute Gruber dem Papier nur in Geheimschrift an und erfand sogar einen Schreibcode, der es ihm ermöglichte, rasch und fließend die graphologisch kaum zu entziffernden Texte zu lesen, nur um sie vor unerlaubtem Zugriff zu schützen.

Dazu kam noch, dass er sich im Laufe der Jahre eine derart eigenwillige Handschrift zulegte, die kein Fremder entziffern konnte und selbst er später nicht ohne Weiteres zu lesen vermochte. Es waren dazu entsprechende Tabellen und Scriptogramme notwendig, in denen Gruber für die jeweiligen Perioden Schriftproben und die dazugehörigen Entschlüsselungscodes ablegte. Die Sammlung der Aufzeichnungen über das Schloss, die in den „Inneren Kategorien" gipfelten, bildete ein umfangreiches Archiv. Dokumentation und Ordnung der aufgenommenen naturwissenschaftlichen Daten nahmen einen beträchtlichen Teil seiner Zeit in Anspruch. Namentlich die Geschichtensammlung, die sich aus den Erzählungen alter Leute ergab, war von herausragender Bedeutung und übertraf an Umfang und Detailfülle seine zoologischen und botanischen Kategorien um ein Vielfaches. Während die

Vermessung der Schatten und einige andere Aufzeichnungen in den Bereich der Metaphysik transzendieren, waren Grubers naturwissenschaftliche Studien eindeutig Teil der „Äußeren Kategorien“. Um den Leser nicht über die Maßen zu beanspruchen, wird hier bewusst auf eine detaillierte Beschreibung zoologischer, botanischer und geologischer Listen und Daten verzichtet; nur einige wenige besonders interessante Phänomene und Beobachtungen sollen erwähnt werden, um den Umfang von Grubers Studien gewissermaßen zu skizzieren.

3.14. Die naturwissenschaftlichen Kategorien

Viel Liebe und Aufmerksamkeit schenkte Gruber zoologischen Beobachtungen. Der Faunenkatalog, den er in den drei Jahren seiner Forschungstätigkeit zusammenstellte, reichte von „Ameisenlöwe“ bis „Zwergohreule“.

Aus dem „Blauen Feldbuch“: „Am Fuße der südseitigen Schlossmauer, in den dort vorhandenen sandigen Böden, fand ich eine wahrhaft riesige Kolonie von Ameisenlöwen (Myrmeleon formicarius); es gibt dort eine Trockenrasenvegetation samt zugehörigen Kleinlebewesen; der sandige Boden entstand durch die langsame, aber stete Verwitterung des Mauerverputzes, der allenthalben von der Schlossmauer herabrieselt; die Ameisenlöwen, oder genauer gesagt ihre Larven, bauen sich dort kleine trichterförmige Fallen, in denen sie unvorsichtige Ameisen und auch kleinere Käfer fangen; stolpert nun eine Beute in diese, im Allgemeinen nur wenige Zentimeter tiefen Trichter hinein, so wartet der Ameisenlöwe eine Weile, bis sein Opfer, vom aussichtslosen Versuch aus dem steilen Krater hinauszukrabbeln, ermattet; dann streckt er seine mit Dolchen und Zangen bewehrten Greifer aus, schnappt das Tier, zieht es zu sich unter den Sand und frisst es auf; die unverdaulichen Chitinreste der ausgesogenen Tierleichen schleudert er weit aus dem Trichter hinaus und legt sich wieder auf die Lauer; ich untersuchte ihre Beißwerkzeuge und stellte fest, dass es zwei verschiedene Spezien gibt: eine, die ihre bekannten trichterförmigen Fallen anlegt, und eine andere, die wesentlich größere

Beißwerkzeuge hat und einfach verborgen im Sand lebt und auf die Trichter verzichtet; diese Insekten gehören zur Familie der Schlammfliegen, (Großflügler, Megaloptera); sie sind leicht an den kurzen, platt gedrückten und nach vorne keulenförmig erweiterten Fühlern zu erkennen. Sie besitzen vier Netzflügel. Es gibt morphologische Hinweise auf die Verwandtschaft mit den Libellen, insbesondere mit den Wasserjungfern; am herzförmigen Kopf tragen sie sieben Augen und sieben Fühler sowie büschelartige Behaarung; die Beine enden in zwei großen Krallen, mit denen sie ihre Beute festhalten, um sie auszusaugen; ein widerwärtiges Tier, das zwar mein Interesse weckte, nicht aber meine Neigung! Der Trichter wird unter stoßweiser, rückwärts gewendeter Bewegung angelegt; zu Beginn des Sommers verpuppen sich die Larven und graben sich tiefer in den Trichtern ein; nach etwa vier Wochen krabbelt ein fliegendes Insekt aus der Larvenhülle und hält sich anschließend in Nadelwäldern nördlich des Schlosswaldes auf und schwärmt vom Juli bis in den September." Ende der Notiz

Gruber entdeckte auch eine zoologische Rarität, oder besser noch, eine endemische Varietät, und zwar vom Rosenkäfer Potosia cuprum. Die äußeren Elytren wiesen neben der üblichen metallisch grün schillernden Oberfläche ein Relief auf, die das eigentümliche Aussehen eines Totenkopfes trug. Dieses morphologische Aberranz fand Gruber bei mehreren Exemplaren, sodass eine zufällige Veränderung der Wuchsform auszuschließen war.

Mit diesen wenigen Anmerkungen soll nur ein Eindruck von der Variationsbreite und dem Umfang der Zoologischen Kategorie vermittelt werden. Die Liste der erforschten und registrierten Tierarten umfasst mehrere Hundert Spezien, darunter alleine 46 Spinnenarten. Es sei bloß für den Entomologen noch angemerkt, dass etwa 90 Prozent der erfassten Arten, die allesamt aus der näheren Umgebung stammten, in die taxonomische Gruppe der Insecta zu stellen waren. Keinesfalls soll jedoch gesagt werden, dass diese Liste vollzählig sei. Mit Sicherheit brächten weitere Untersuchungen noch eine ansehnliche Erweiterung derselben. Als besonders erforschenswert wären noch die Vögel zu nennen, und vor allem auch die Fledermäuse. Die Hufeisennase, Kleines und Großes Mausohr wären neben seltenen, ansonsten nur als Waldbewohner bekannten Spezien, noch zu nennen. Nicht zu vergessen die Nachtraubvögel, die sich in den Nischen der Turmmauer und unter dem Gebälk aufhielten. So etwa die Zwergohreulen, die im bröckeligen Gemäuer des Nordturms nisteten. Zur Arbeitsweise von Gruber wollen wir noch anmerken, dass seine Akribie dergestalt war, dass er den Verlauf des Adernetzwerkes von Libellenflügeln mit gleicher Hingabe studierte, wie er auch die Einflugzeiten der Entenschwärme registrierte, die allabendlich, namentlich in den Herbst und Wintermonaten, von der Donau kommend, die Auen in Keilformationen oder in Linien hintereinander heraufstrichen und in den Fluss unweit des Schlosses mit fröhlichem Schnattern einfielen. Als Gruber dann später die Wohnung im Schloss hatte, war ihm dieses allabendliche Schauspiel eine besondere Freude.

An einem besonders schönen und heißen Sommernachmittag war Gruber besonders glücklich; es gelang ihm, mehrere verschiedene Libellenarten auf engstem Raume zu beobachten. An einer geschützten Stelle, wo sich nach einem starken Hochwasser der Flusslauf verändert hatte, war ein Altarm entstanden. Allmählich begann er, sich mit Schlamm und Blättern aufzufüllen. Das Wasser darin reichte Gruber bis an die Brust, war dunkelgrün und spiegelte die darüber segelnden Wolken. Ein paar Bachstelzen standen am gegenüberliegenden Ufer, wippten mit den Schwänzen und betrachteten Gruber mit Neugierde, als er darin herumwatete. Bei jedem Schritt stiegen kleine Bläschen vom schlammigen Grund auf. Später stellte Gruber fest, dass es sich dabei um Sumpfgas handelte, das durch die Fäulnis der im Schlamm eingebetteten organischen Substanzen entstand. Aus dem Wasser ragten angeschwemmte Äste von Bäumen, die flussaufwärts im Hochwasser entwurzelt, davongetrieben und an dieser Stelle wieder angeschwemmt worden waren. In diesem stillen Tümpel wimmelte es geradezu von Libellen, die teils um Gruber herumschwirrten, teils auf den glattgescheuerten Ästen der angetriebenen Bäume saßen, teils die ins Wasser hereinhängenden Büsche, Gräser, Springkräuter und Brennnesseln umkreisten, sich darauf niederließen und weiterschwirrten.

Gruber notierte in sein Blaues Feldbuch am 25. August 1956: „*Libellen (Wasserjungfern, Ord. Odonata); am Roßtümpel sieben Spezien festgestellt: Grüne Keiljungfer, Gemeine Keiljungfer, Kleine Zangenlibelle, Blauflügellibelle, Prachtlibelle, Segellibelle, Winterlibelle und Smaragd-Libelle; der Tierforscher Brehm beschreibt in seinem Werk ihre räuberische Lebensweise: stets im unmittelbaren Bereich am Wasser die Larven. Die vier häutigen Flügel sind starr, taxonomisch zu den Geradflüglern (Orthoptera) gehörig; grün und blau metallisch glänzend, allerdings die Farben von nur kurzem Bestand, da sie in Sammlungen bald verblassen.*“

Eines Tages im Juni an einem schönen warmen Tag beobachtete Gruber ein äußerst seltenes Schauspiel: Ein ungeheurer Libellenschwarm zog in einem dicht gedrängten Band durch die Au dahin. Dieser Schwarm mochte wohl einen Kilometer lang sein und bewegte sich mit der Geschwindigkeit eines Läufers, nur wenige Meter über dem Boden hin. Woher dieser Zug kam, oder wohin er führte, das vermochte er nicht zu beantworten. Brehm beschrieb einen vergleichbaren Schwarm, den er 1852 beobachtete, in seinem Monumentalwerk, das Gruber natürlich in seiner Bibliothek hatte.

Die Schotterbänke des Flusses waren belebt von Gänsesäger *(Mergus merganser)*, Flussuferläufer und Flussregenpfeifer; Eisvögel flogen blitzschnell, wie leuchtende blau schillernde Edelsteine, niedrig über das Wasser hinweg. Uferschwalben bevölkerten die lehmigen Steilufer, die an den Prallhängen lagen. Auf der Jagd nach Insekten streichen sie über der Wasserfläche im raschen Flug dahin. Anfang April treffen diese Zugvögel in Österreich schon ein und bleiben bis Oktober. Gruber beobachtete die Paare beim gemeinsamen Graben eines Ganges in der lehmigen Uferböschung. Einmal brach durch ein spät eingesetztes Sommerhochwasser ein

Stück der steilen Lehmwand in den schäumenden, braunen Fluss und zeigte, dass die Gänge etwa armtief in die Wand reichten. Die solcherart unvermutet freigelegten Nester waren mit Federn weich ausgelegt, allesamt aber noch ohne Gelege. Die Schwalben, die ihre geschützten Nester plötzlich im Freien fanden, machten sich sofort an die Arbeit und gruben neue Höhlen.

Gruber korrespondierte über seine Beobachtungen mit einem namhaften Ornithologen, der ihm mitteilte, dass die Uferschwalbe nur mehr an wenigen Flüssen geeignete Brutbedingungen vorfindet, darunter die Pielach und der Unterlauf der Thaya. Die übrigen Flüsse waren durch die Regulierungen derart verändert worden, dass sich keine natürlichen Böschungen mehr vorfanden, die zum Anlegen von Nisthöhlen geeignet wären. Mitunter unterbrach er seine Forschungen bei schlechtem Wetter durch Literaturstudien oder besuchte die Menschen, die er während seiner Feldforschung kennenlernte. Ein pensionierter Maurer, dem an der rechten Hand zwei Fingerglieder fehlten – er sprach niemals über die Ursache dieses Unglücks – eröffnete Gruber die Welt der Fluss-Bewohner.

Zuvor war er beinahe achtlos an dem vorübergeschritten, was sich häufig nur schemenhaft und undeutlich im Wasser abzeichnete. Dieser Mann aber, Feldhofer, schärfte Gruber den Blick für das, was im Wasser vor sich ging, welche Tiere darin lebten und wie man sie am besten fing. Er eignete sich mit großem Eifer Feldhofers Wissen an. Von ihm angeregt, beobachtete er Hechte, die sich im Schutz von überhängenden Weiden in tiefen grünen Tümpeln auf die Lauer legten, wie sie blitzschnell die schwerfälligen Barben angriffen. Einmal fing er selbst einen Huchen, der eine noch unverdaute Forelle im Magen hatte und diese wiederum einen noch unverdauten Barben. Es klang nach Fischerlatein, wenn er davon erzählte, aber es stimmte. Noch niemand hatte ein Ethnogramm vom Flussbarsch erstellt. Gruber tat es. Ebenso mit der Aalrute, die, mit ihren blauen Augen und der schillernden Haut ein ungemein schöner und gewandter Räuber, trotz ihrer glatten

Oberfläche mit der Hand gefangen werden konnte. Gruber erlernte von Feldhofer auch die verschiedensten Fangmethoden, vom Gebrauch der „Max“ bis hin zum Fangen mit der Hand, das sogenannte „Ausgreifen“.

Das „Ziehen“ der Fische war jedes Frühjahr ein Erlebnis, das sich Gruber nicht entgehen ließ. Es begann im Jänner mit dem Huchen und endete mit den Barben im Juni. Danach zogen die Fische wieder hinab in die Donau, und in den Flüssen wurde es wieder ruhig. Als die Fische abgezogen waren, blieben Gruber noch die Vögel und die Schmetterlinge. Das Jahr glitt bei diesen Naturbeobachtungen harmonisch vorbei. In der letzten Augustwoche zogen bereits die Pirole wieder ab. Wie Edelsteine saßen sie gelb leuchtend in den höchsten Wipfeln der Aubäume, und ihr melodischer Gesang war weithin hörbar. Bald darauf krochen die kühlen Herbstnebel die Flusstäler herauf.

Parallel zur zoologischen Kategorie begann Gruber auch mit der Bearbeitung des botanischen Materials, das noch weitaus umfangreicher war. Er räumte darin besonders den eher unscheinbaren Gewächsen aus der Familie der Farne (Pteriophyta) und Moose (Bryophyta) Raum ein. Die Blütenpflanzen waren rasch erfasst. Die Wiesen rund um das Schloss und die Straßenränder waren voll davon. Es war Hochsommer und somit die meisten Einkeimblättrigen bereits verblüht. Einer der artenreichsten Standorte lag entlang dem Flussufer. Silberweide, Korbweide, Pappeln, Erlen und uralte Ulmen: Letztere wurden von den Bauern als „Rüstern“ bezeichnet. Im Spätsommer schufen dichte Bestände von Springkraut einen beinahe undurchdringbaren Dschungel. Gruber krabbelte wie ein Tier am Boden zwischen den krautigen, bis über zwei Meter hohen Pflanzen und verbrachte Stunden unter ihrem Schutz. Diese hochwüchsigen Formen bestanden aus dem Drüsigen Springkraut (Impatiens glandulifera), eine erst seit 50 Jahren verwilderte Gartenpflanze, die ursprünglich in Ostindien beheimatet war. Im Spätsommer strömen diese Pflanzen einen betäubenden süßen Duft aus und locken scharenweise Insekten an.

Viele seiner entomologischen Entdeckungen machte Gruber in diesen Springkraut-Auen. Auf den Blüten krabbelten scharenweise Käfer verschiedenster Spezien, und nur eine bestimmte Schwärmerart mit außerordentlich langem Saugrüssel vermochte den Nektar in den tiefen Kelchen der roten Blüten zu erreichen. In den ausgehenden Sommertagen, in denen die Tage durch eine gleichmäßig milde Wärme, die Abende durch die rot und gelb versinkende Sonne, die Morgen durch feuchte Wiesen und erste Nebelschwaden gekennzeichnet sind, reifen die spindel- und keulenförmigen Fruchtkapseln heran und zerplatzen bei geringster Berührung, mitunter bloß durch die Bewegung des Windes, und schleudern ihren Samen in alle Richtungen. Als Gruber diese stillen Springkrautwälder durchstreifte, glich er Gulliver im Wald der Zwerge. Wie Pfeile versteckter feindlicher Eingeborener prasselten die Samenkerne von allen Seiten auf ihn herab, verfingen sich in seinen Haaren und seiner Kleidung. Auf den trockenen Standorten vor dem Schloss fand Gruber noch verblühte Kuhschellen, das Federgras und einige spät blühende Knabenkräuter. Dazu die Kleine Traubenhyazinthe (Muscari raccemosum), Sonnenröschen und Augentrost. Steinbrechgewächse wuchsen aus den Ritzen der Schlossmauer und Moose bedeckten den unteren Stammbereich der hohen Kastanienbäume neben der Schlossauffahrt sowie die verstreut liegenden Grenzsteine und die an den Ackerrändern aufgehäuften Lesesteine.

Gegen Mitte September zogen bereits die ersten Herbstnebel vom Fluss in die feuchten Wiesen am Rande der Au und die Herbstzeitlosen begannen zu sprießen. Gruber musste sich mit seiner Arbeit beeilen. Über den Winter hatte er dann Gelegenheit, manche ungeklärte Fragen, die sich während der Feldarbeit ergaben, mithilfe einschlägiger Fachliteratur weiter zu verfolgen. Vereinzelt gab es noch Tannen und Lärchen in den Schlosswäldern und große Föhren direkt am Schlossfelsen; an schattigen Stellen des Schlossparkes fand er auch ein paar Eiben. Der Schlosspark enthielt eine unglaubliche Fülle diverser ortsfremder Arten; darunter amerikanische Koniferen aus der Gruppe der Douglasien und Sequoien sowie afrikanische Arten, etwa die weit ausladende Atlaszeder. Die Liste der erfassten Pflanzen aus der Schlossumgebung war sehr umfangreich.

Gruber dachte bei seinen Wanderungen, Botanisiertrommel über der Schulter und Bestimmungsbuch in der Hand, öfters an seine Lehrer an der Universität. Darunter besonders an den jungen Assistenten Ehrendorfer, der ihn durch sein fantastisches Gedächtnis beeindruckte. Er verlangte von seinen Studenten nicht nur die Kenntnis des vollständigen lateinischen Namens einer Pflanze, inklusive dem Erstbeschreiber, sondern auch noch deren Chromosomenzahl. Mit dieser Pedanterie hätte er Gruber beinahe die Freude an der Botanik vermiest. Die botanischen Studien ergänzten sich in hervorragender Weise mit den zoologischen und diese beiden wiederum mit den geologischen. Die Kategorien waren trefflich gewählt. Das äußere Inventar des Schlosses, seine natürliche Umgebung mit dessen Inhalt, war beträchtlich und konnte sich sehen lassen. Gruber füllte mit der Zeit zahlreiche Schachteln mit Feldbüchern, getrockneten Pflanzen, aufgespießten Schmetterlingen und Käfern. Er stapelte Kisten und Säcke mit Gesteinsproben. Er ging sogar soweit, ein Ziegelarchiv zu erstellen, denn über die Stempel konnte er Kenntnis über die Verteilung von Lehmgruben und heute längst verschwundene Ziegelöfen erhalten. Was die „Geologische Kategorie“ betraf, so sei hier nur angemerkt, dass er bei seinen Feldbegehungen stets einen Geologenhammer mit sich herumschleppte und allenthalben die Aufschlüsse studierte. Eine geologische Karte von Friedrich Ellison Edler von Nidlef aus dem Jahre 1929 war ihm dabei eine große Hilfe. Von Nidlef stellte die Kristallin-Gesteine, auf denen auch das Schloss ruhte, in roter Farbe dar, eine Farbsignatur für derartige Gesteine, die bereits auf Goethe zurückreicht. Gruber verwendete die gleichen Farbsignaturen für seine Aufnahmen. Der Felsuntergrund des Schlosses, so fand Gruber heraus, bestand übrigens aus Paragneis und nicht, wie in einer Publikation der Kommission der Österreichischen

Akademie der Wissenschaften („Verzeichnis österreichischer Burgen und Schlösser") behauptet wird, aus einem „Granitsockel". Ungereimtheiten zwischen vorhandener Fachliteratur und dem tatsächlich Vorgefundenen waren Gruber zu zahlreich, um darauf im Detail einzugehen. Natürlich war es auch in bautechnischer Hinsicht nicht bedeutungslos, ob der Untergrund des Schlosses aus Gneis oder aus Granit bestand. In letzterem Falle hätte sich ansonsten beim Festen Haus mit Sicherheit ein unverputzter Steinquaderbau vorgefunden. Mit dem brüchigen Gneis war das aber nicht zu bewerkstelligen. Die Architektur des Schlosses wäre auch anders ausgefallen, denn natürlich beeinflusste das vorhandene Baugestein die Bauweise.

Gruber hielt sich viel an den Flussufern auf und schenkte besonders dem Geschiebe große Aufmerksamkeit. Er versuchte, die Natur der Gesteine an ihrer Rundung zu erkennen. Aber nicht nur das, auch die Weite ihres Transports glaubte er, auf diese Weise an ihnen ablesen zu können. Vielfältig waren die Merkmale; er verglich und vermaß und zeichnete in seinem Feldbuch alles auf. Alle seine Sammlungsstücke waren in feiner Schrift mit einem Tuschestift beschrieben. Sie trugen eine Inventarnummer, zu der sich in einem Registerbuch ein Hinweis auf das entsprechende Feldbuch fand, in dem eine genaue Beschreibung des Objektes zu finden war: genaue Ortsangabe der Fundstelle, das Datum und die besonderen Fundumstände. Systematik war für Grubers Arbeit eine Prämisse, ebenso Klarheit der Sprache. Er legte Wert auf subtile Unterschiede. Mit penibler Akribie arbeitete er an den Kategorien weiter. So betrieb er Morphologie nicht nur an der Oberflächengestalt der Gegend, sondern ebenso in den Gesichtern der Bauern, Handwerker, Beamten und Wirtsleute.

3.15. Der General bespricht den Tagesplan

Der General hielt einen eisernen Tagesplan ein, der peinlich genau abzulaufen hatte. Tagwache war um halbfünf. Frederik weckte den General um diese Zeit und war ihm auch beim Ankleiden behilflich. Zuvor aber lief der General runter in den Hof, wo sich um diese Zeit niemand sonst aufhalten durfte, und wusch sich an einem steinernen Waschtrog Gesicht und Brust. Das tat er auch zur kalten Jahreszeit, außer das Wasser war gefroren. Um Viertel nach fünf besprach er mit seiner Haushälterin, Frau Wilfonseder, den Tagesplan sowie den Adjustierungsbefehl, der jeweils erst für den nächsten Tag in Kraft trat. Dieser sogenannte Tagesplan umfasste alle diejenigen Aktivitäten, die nicht auf längere Sicht vorhersehbar waren, sowie alle sonstigen Abweichungen vom Wochenplan. Der Speiseplan, Reinigungsablauf und Vereinbarungen mit den Lieferanten für Lebensmittel und Getränke wurden einmal im Monat, jeweils am Monatsersten besprochen. Ihr Aufgabenbereich betraf gewissermaßen die innere Verwaltung des Haushaltes. Für äußere Angelegenheiten war der Verwalter zuständig. Diese betrafen den Wald, die Pachtverträge mit den Bauern, die Jagd, den Meierhof mit den Stallungen, die Gärtnerei, den Schlosspark sowie die Fischereirechte. Dergleichen wurde mit dem Verwalter einmal pro Monat, an jedem Ersten nach dem Morgenappell, der von 6:15 bis 6:16 stattfand, besprochen. Der Verwalter hatte zu diesem Anlass in militärischer Uniform zu erscheinen, er hasste diese Prozedur. Seine Uniform war die eines Unteroffiziers der Infanterie. Der niedrige Dienstgrad, der ihm durch diese Uniform verliehen wurde, ärgerte den Verwalter am meisten.

Diese monatlichen Besprechungen glichen einem militärischen Rapport. Alles Offizielle im Schloss war irgendwie militärisch und folgte einem genauen Protokoll. Das Protokoll bestimmte der General. Es wurde am Schlosstor ausgehängt. Alle Jahre kamen irgendwelche neuen Anhänge hinzu. Neben diesen reglementierten Befehlsausgaben gab es noch den täglichen Morgenappell, bei dem der Verwalter aber nicht unbedingt die Uniform tragen musste, alle anderen Bediensteten jedoch schon. Frau Wilfonseder, die gute Seele des Hauses, war seit 13 Jahren im Dienst des Generals. Sie gehörte zum festen Inventar des Schlosses. Ohne sie ging nichts. Außer den anfänglichen Verständigungsschwierigkeiten und den sehr selten vorkommenden krankheitsbedingten Ausfällen war es nie zu besonderen Ungereimtheiten oder gar Unstimmigkeiten zwischen dem General und ihr gekommen. Das hätte der General auch gar nicht geduldet. Er forderte vollständige Subordination und erlaubte nicht den geringsten Ungehorsam, oder gar eine Abweichung vom Protokoll. Man musste sich korrekt verhalten im Umgang mit dem General. Deshalb galt er bei den Dienstleuten als besonders schwierig. Das war eben seine Eigentümlichkeit, und die war zu akzeptieren, oder man musste den Dienst quittieren. Diskussionen über irgendwelche Punkte der Anordnungen waren geradezu undenkbar. „Maulhalten und Dienen"! Diesen Wahlspruch hatte sich der General vom Fürsten Schwarzenberg entlehnt, mit dem er während der Einsätze in Galizien zu soupieren pflegte.

Der „Tagesbefehl", der hier näher erwähnt werden soll und um 6:16 dem kurzen Morgenappell folgte und etwa bis sieben Uhr andauerte, in manchen Fällen auch etwas länger, war der formale Beginn des Tages. Durch die Weisungen des sogenannten „Tagesbefehls" wurde der Tagesablauf im und um das Schloss in allen seinen Einzelheiten bestimmt und geregelt. Die Angewohnheit der formalen Befehlsausgabe und auch der Besprechung besonderer Vorkommnisse entlehnte er seiner früheren Tätigkeit bei der k. u. k. Armee. Der General entstammte dem alten Offiziersgeschlecht Hayek von Waldstätten. Geboren am 9. November 1872 und getauft auf den Namen Alfred Freiherr von Waldstätten, wurde er, ebenso wie sein Vater, Onkel und Großvater, zum Berufssoldaten ausgebildet. Der Tagesbefehl war eine für 24 Stunden verbindliche Order. Nur in besonderen Fällen waren Abweichungen möglich. Ein nicht unbedeutender Teil dieses sich täglich wiederholenden Rituals war den besonders strengen Bekleidungsvorschriften gewidmet. In diesem Punkt waren Konzessionen mit dem General faktisch unmöglich. Gelegentlich kam noch ein außerordentlicher Morgenappell hinzu. Die offizielle Adjustierung, in der man sich zum morgendlichen Rapport einzufinden hatte, war äußerst differenziert und ganz den verschiedenen Aufgabenbereichen entsprechend. Demgemäß wurde auch vom „Adjustierungsbefehl“ gesprochen. Dieser wurde jeweils nach dem Morgenappell, als Teil des Tagesbefehles, vom Verwalter verlesen. Die Adjustierung war eine überaus lästige Sache für alle. Bei einfachen Dienstleuten war das der blaue, leinene Arbeitskittel, bei weiblichen Bediensteten entsprechend die Schürze und ein Kopftuch. Bei Letzterem war der General nicht kleinlich. Bei den Forstangestellten, Forstadjunkten, Knechten, Stallburschen, Gärtnern und Hilfsarbeitern eine jeweils zum Stande der entsprechenden Person passende Kopfbedeckung und die dazugehörige Fußbekleidung, wie Stiefel, Nagelschuhe, Holzpantoffeln (vor allem für die Stallmägde), Schnürschuhe und dergleichen. Für das höhere Personal, also Stallmeister, Förster und Parkaufseher, war eine eigene Tracht entsprechend ihrer Aufgaben vorgeschrieben. Dieses System hatte den Vorteil, dass die Farben und Abzeichen der Uniformen schon von Weitem auf die Funktion ihres Trägers hinwiesen. Der Verwalter war, wie erwähnt, von den Bekleidungsvorschriften ausgenommen und kleidete sich meist wie ein Landedelmann, allenfalls wie ein Privatier – außer beim monatlichen Rapport. Mittels eines schweren, an der Brüstungsmauer des Zwingers fest montierten Fernrohres, das wahrscheinlich noch aus der Zeit seiner früheren militärischen Tätigkeit stammte, war es dem General möglich, das Personal vom Schloss aus zu kontrollieren. Da die Tracht unterschiedlichste Qualitäten der Person bezeichnete, wie etwa Funktion, Dienstalter, Lebensalter, Rangstufe, Vertraulichkeit, Dienstklasse und dergleichen, teilte diese dem Eingeweihten durch die Symbolik eine ganze Menge mit, ohne dass man die betreffende Person notwendigerweise kennen musste. Jeder in der Umgebung wusste, um wen es sich handelte, wenn er von Weitem bloß die Uniform eines Schlossbediensteten sah.

Auf die Adjustierung der Laufburschen kann hier nicht näher eingegangen werden. Eine ausführliche und lückenlose Darstellung dieser Adjustierungs-Vorschriften würde einer eigenen, äußerst umfangreichen Studie bedürfen. Nur soviel sei hier angemerkt, dass sie in ihrer Differenzierung und Vielschichtigkeit von Merkmalen das komplexeste Gebilde in der vom General so geschätzten und überaus geliebten Symbolik der „äußeren Erscheinungsformen des Subjektes“, wie er es stets zu bezeichnen pflegte, darstellte. Ihre Tracht richtete sich nämlich nicht nur nach der Art des Auftrages, sondern auch nach Tag und Uhrzeit des Abganges der Nachricht sowie nach Art und Weise der befohlenen Ausführung. Um nur einen groben Überblick zu vermitteln, sei hier noch darauf hingewiesen, dass etwa die Übermittlung einer Einladung an eine befreundete Person durch das Anbringen einer roten Schleife am rechten Ärmel gekennzeichnet wurde, während eine blaue Schleife auf die Überbringung einer militärischen Depesche hinwies. Denn, obgleich seit beinahe einem halben Jahrhundert im Ruhestand, tauschte der General immer noch Informationen in Form von Feldpost mit Leuten seines alten Kaders und befreundeten Offizieren aus. Ein Briefträger kam ihm nicht ins Schloss. Der musste seine Post im Verwalterhaus abgeben und der Verwalter hatte das mit Frau Wilfonseder zu klären.

Weiterhin war ein grüner Federwimpel auf der Kappe ein Hinweis für eine Nachricht an eine Behörde. Art und Haltung der Kuriertasche wiederum wiesen auf verschiedene Inhalte der Nachricht hin. Zum engeren Aufgabenbereich des Laufburschen gehörte das Überbringen von Dokumenten, der Nachrichtenaustausch, das Aussprechen von Danksagungen oder Kondolenzen und dergleichen. Die Bekleidungsvorschrift der höheren Dienstleute hingegen glich in ihrer Komplexität und Vielfältigkeit, die sich nach den gegebenen speziellen Tätigkeiten des jeweiligen Tages richtete, geradezu einer geheimen Wissenschaft, die außer dem General niemand sonst überblickte. In diese Kategorie fielen im Wesentlichen Oberstallmeister, Forstmeister, Oberhofmeister und der Zahlmeister. Letztere Funktion hatte der Verwalter inne.

Zwei Mal im Monat hatte er in diese Rolle und damit auch in die entsprechende Adjustierung zu schlüpfen. Der

Oberhofmeister war niemand anderer als Frederik selbst. Um ein Erkennen der maßgeblichen Eigenheiten und Charakteristika der Adjustierungs-Vorschriften im Detail für Außenstehende jedoch unmöglich zu machen, pflegte der General diese zusätzlich noch täglich nach einem äußerst komplizierten und streng geheimen Code zu verschlüsseln; danach hatte sich die tägliche Adjustierung seines höheren Dienstpersonales zu richten. Für das gemeine Personal war dies jedoch nicht notwendig. Das Ergebnis der täglich neu bestimmten Adjustierungsvorschrift teilte der General ausschließlich Frau Wilfonseder morgens um 5:15 während seines Frühstückes völlig unbürokratisch mit. Zu diesem ersten offiziellen Auftritt des Tages erschien der General bereits in seiner tadellosen militärischen Adjustierung. Die Stiefel mussten von Frederik noch abends, nachdem sich der General zu Bett begeben hatte, gewichst werden. Das Frühstück nahm er also noch vor dem Morgenappell ein, an dem das gesamte Personal teilzunehmen hatte. Der „Adjustierungsbefehl" wurde, wie erwähnt, Frau Wilfonseder mündlich und nur unter vier Augen mitgeteilt. Sie musste darüber sofort, noch während der General beim Frühstück saß, eine Niederschrift anfertigen und dem General zur Kontrolle und etwaigen Korrektur übergeben. Schließlich übergab der General nach dem Frühstück, das er um 5:45 zu beenden pflegte, dem Leibdiener und Oberhofmeister Frederik die gültige Fassung des Morgenbefehls. Frederik hatte nun Sorge zu tragen, diesen Befehl an den Verwalter weiterzuleiten, der für die korrekte Umsetzung verantwortlich war. Im Allgemeinen gab es dabei keine Schwierigkeiten. Man gewöhnte sich schnell an das Protokoll. Bei neu eingetretenem Personal war der General sogar nachsichtig, nicht jedoch dem Verwalter gegenüber, den er bei etwaigen Nachlässigkeiten mitunter auf sehr unangenehme Art in die Mangel nehmen konnte. Jedenfalls wurde durch dieses Prozedere sichergestellt, dass am Tag darauf das Personal entsprechend adjustiert pünktlich um 6:15 beim General zum Morgenappell erscheinen konnte.

Außer dem Protokoll kümmerte sich der General kaum

noch um weitere Aufgaben. Etwaige Sondervorkommnisse wurden, sollten sie tatsächlich der Voraussicht des Generals entgangen und nicht durch die „Sonderregelungen“ des Tagesbefehles bereits berücksichtigt worden sein, vom Verwalter erledigt. Der General nahm höchstens am letzten Tag des Monats nähere Notiz davon. Es war ein ausgefeiltes System von Verantwortlichkeit, Hierarchieebenen, klar definierten Tätigkeitsbereichen und Zuständigkeiten. Es kam in zwei Jahren nicht einmal vor, dass dem General eine Uneinigkeit bezüglich der Zuständigkeit für bestimmte Aufgaben zu Ohren kam. Das System bewährte sich nun schon seit über zehn Jahren. Bisweilen kamen aber doch noch Besonderheiten vor, die nicht im Protokoll festgeschrieben waren. An einem solchen Tag, etwa ein Monat nach dem Einzug von Doktor Gruber im Schloss, trug sich eine derartige Besonderheit zu. Zum Frühstück erschien der General in Schlafrock und Pantoffeln anstatt der üblichen Uniform. So etwas war noch nie da gewesen. Das war ein geradezu schockierender Anblick. Frau Wilfonseder starrte ungläubig auf den General. Dieser jedoch ließ sich gemütlich nieder, so als ob nichts vorgefallen sei. Man musste ihr zugutehalten, dass sie den General noch nie anders erblickt hatte, als in seiner grauen, rot gesäumten Offiziershose, den schwarzen glänzenden Reitstiefeln, die Gerte in der linken Hand, den Offiziersrock aus grauem, starkem Lodentuch sowie den Säbel umgeschnallt. Sonntags, an Feiertagen sowie besonderen Ehrentagen, trug er zudem noch den Orden der Eisernen Krone 2 Kl. sowie den Leopolds-Orden neben seinen zahlreichen anderen militärischen Auszeichnungen. Kurz gesagt: Vor ihr stand eine fremde Person. Und doch erkannte sie an seinem gezwirbelten Bart, der teilweise durch die Bartbinde verdeckt war, sowie dem Tonfall, dass es sich zweifelsfrei um den General handeln musste. Sein Gang und sein Blick schienen unverändert. Die Stimme klang eine Spur leiser. Es war wie in einem Traum. Sie verharrte starr und wartete, was da kommen würde – entsetzt und neugierig zugleich. Etwas Ungewöhnliches musste vorgefallen sein, um dieses Außergewöhnliche hervorzurufen, das war völlig klar. Der Grund hierfür blieb ihr jedoch verborgen. Das Gehirn von Frau Wilfonseder arbeitete auf Hochtouren, um es nach Erklärungsmöglichkeiten abzutasten. Dazwischen kullerten ihr aber immer wieder alle möglichen anderen Dinge im Kopf umher und verhinderten somit das Entstehen eines klaren Bildes und das Erfassen eines ebensolchen Gedankens. Sie dachte an die Erledigungen, die sie zu verrichten hatte, an das Mittagessen und daran, ob der General sich an diesem Morgen eher zu einem zweiminütig gekochten Frühstücksei hingeneigt fühlte, oder ob es ein dreiminütiges sein sollte. Vielleicht ließ sich doch etwas erkennen.

Sie beobachtete ihn scharf. Er aber hielt sich bedeckt. Ihre Augen hefteten sich an seine Lippen. Vielleicht hielt der alte Narr sie bloß zum Besten? Wenn dem so wäre, na, dann sollte er sie aber kennenlernen. Sie konnte auch anders, die Frau Wilfonseder. Immerhin war ihr Schwager, Herr Reisinger, der Chauffeur des Generals. Mit so einer Verwandtschaft konnte nicht so umgesprungen werden. Wo käme man da hin? Sie war schließlich ja auch nicht irgendjemand; auch wenn ihr Schwager nicht gewesen wäre. So als Wirtschafterin bei der Herrschaft, da war sie doch schließlich jemand und da sollte er es sich bloß einfallen lassen, sie zum Narren zu halten. Sie war jedenfalls auf der Hut und bemüht, sich nicht das kleinste Detail entgehen zu lassen.

So saß nun der General vor ihr und unterrichtete sie in gewohnter Manier mit völlig unbekümmerter und unveränderter Miene. Der Morgenmantel stand ihm oben auf der Brust offen. Ihr kritischer Blick wanderte weiter abwärts. Da hatte man es wieder! Unten ragten seine dürren bleichen Beine heraus, die Zehen bedeckt von den Filzpantoffeln. Sie hatte sie schon zweimal weggeschmissen. Diese alten, von Motten zerfressenen Dinger! Aber er musste im Müll gesucht haben. Denn nun trug er diese schäbigen Pantoffel schon wieder. Eine Zornesfalte teilte ihre Stirn in zwei gefährliche Erdteile. Vielleicht gar Südamerika und Afrika zur Zeit des Sklavenhandels. Wer weiß? Es konnte ihr doch eigentlich egal sein. Sollte er doch in diesen zerlumpten Dingern herumlaufen. Er brauchte sich gar nicht zu wundern, wenn das ganze Dorf hinter seinem Rücken über ihn die seltsamsten Geschichten erzählte.

Der General war nach der Bekanntgabe der Kochdauer des Frühstückseies bereits beim Adjustierungsbefehl angelangt. Wie sollte sie sich all das merken können, unter solchen Umständen. Hatte er jetzt dreiminütig, oder zweiminütig gesagt? Man war sich da bei ihm sowieso nie sicher. Der Adjustierungsbefehl war ihr in seinen Grundlagen zwar schon geläufig, aber es kamen doch alle Tage irgendwelche unvorhergesehenen Heimtücken hinzu. Das konnte man einfach nicht erraten. Und bei Nachlässigkeiten kannte er kein Pardon. So etwas schätzte Exzellenz ganz und gar nicht. Da gab es dann Rapporte ohne Ende. Eine lästige Sache. Frau Wilfonseder kam ganz schön ins Schwitzen. Der General war aber in bester Form. Die Worte flossen ihm über die Lippen wie das Wasser über die Wehr hinter der Mühle. Schwer fielen seine Worte auf das weiße Blatt Papier, das sie zum Mitschreiben zitternd in Händen hielt. Zum Schreiben reichte der General ihr dabei üblicherweise immer einen Stift, den er vor der Besprechung aus seiner Rocktasche zu ziehen pflegte und mit einem zierlichen Klappmesser mit gelblichem Fischhorngriff und den Initialen „F. K." zuspitzte.

Dieses Ritual war aber an diesem Tage nicht möglich, weil der General nun einmal keinen Rock anhatte und infolgedessen auch keinen Bleistift aus seiner Rocktasche ziehen konnte. Frau Wilfonseder blickte auf seine gebräunten, abgemagerten Hände, die er während seiner Rede ineinander verschränkt hielt. Er wies unter anderem darauf hin, dass die Ausbesserung der Festungsmauer notwendig geworden sei, denn diese habe durch einen umgestürzten Baum über Nacht Schaden gelitten. Da diese Angelegenheit sie nichts anging, sondern Sache des Tagesbefehles war und in den Aufgabenbereich des Verwalters fiel, brauchte sie sich das im Detail nicht zu merken. Aber das andere, wie sollte sie das behalten? Sie hatte doch nichts zu schreiben. Er schien es aus

Boshaftigkeit aber nicht bemerken zu wollen. Frau Wilfonseder blickte verunsichert zwischen dem Blatt Papier und den Pantoffeln des Generals hin und her und wurde daraus nicht klug. War alles nur eine Sinnestäuschung, fragte sie sich. Sie konnte sich zu keiner sicheren Entscheidung über die Beurteilung dieser außergewöhnlichen Situation durchringen. Sie fühlte sich überanstrengt, bekam schwere Beine, Kopfschmerzen und ein Gefühl der Übelkeit. In diesem dumpfen Zustande ahnte sie, dass ihr diese Geschichte keiner glauben würde. Denn dass weitere Personen Zeuge dieser seltsamen Adjustierung des Generals werden konnten, galt als höchst unwahrscheinlich, ja, als geradezu unmöglich. Es war so gut wie ausgeschlossen, dass sich eine andere Person zu dieser Zeit in der Nähe befinden konnte. Zu präzise lief das Uhrwerk des Generals. Jeder im Schloss hatte seine genau festgelegte Position zu jeder Stunde. Ihre Aufstellung glich einem Schachbrett, bei dem der General alle Züge zu beiden Seiten des Spieles durchführte. Wer also würde ihr diese außergewöhnliche Geschichte glauben? Und dass sie all das umgehend weitererzählen wollte, das war auch verständlich. Hier galt es also zunächst, ruhig zu überlegen und nach einer Möglichkeit Ausschau zu halten, durch die ein weiteres Abweichen des Tagesplanes möglich werden konnte und so Steinchen für Steinchen zu weiteren Veränderungen Anlass geben konnte. Jedenfalls leuchtete ein derartiger Plan plötzlich in ihrem Gehirn auf. Konnte man so vielleicht eine Kettenreaktion auslösen? Das Festgeschriebene, das Gesetzmäßige, das durch die Einteilung aller Eventualitäten des Lebens für alle Zeit unverrückbar bereits vorweggenommen schien, konnte, ja könnte, auf diese Weise, möglicherweise durchbrochen werden und wieder in den natürlichen Fluss des Lebens mit seiner erfrischenden Bereitwilligkeit der Veränderung zurückkehren.

Dieser Gedanke bereitete Frau Wilfonseder Freude. Der kleine Hoffnungsschimmer entwickelte sich allmählich zu einem zart angedeuteten Lächeln auf ihrem Angesicht. Sie wagte nicht, aufzublicken. Sie fürchtete, durch einen Blick in das Gesicht des Generals alles zu verraten. Also starrte sie hartnäckig weiterhin auf seine behaarten Beine und die grünen Filzpantoffeln. Dies schien der General aber zu bemerken, denn er fuhr sie unvermutet mit barscher Stimme an: „Ja, worauf warten Sie denn, Sie verträumtes Geschöpf! Ich habe nicht den ganzen Tag Zeit. Schreiben Sie schon auf. Ich wiederhole keine Zeile meiner Befehle, wie Sie wissen". Unmittelbar darauf setzte er aber mit freundlicher Stimme hinzu: „Sehen Sie die blühenden Köpfchen der Gänseblümchen, auf denen wir herumtrampeln, ohne sie eigentlich zu bemerken? Was für eine wunderbare Schöpfung an schönen Dingen uns doch umgibt. Hören Sie doch den Gesang der Vögel. Haben Sie den kreischenden Schwarm von Mauerseglern bemerkt, die erst seit zwei Wochen im Schloss angekommen sind, unter Tage niemals auch nur für eine Minute rasten (es schien ihr, als murmelte er zwischen diesen Worten, jedoch deutlich hörbar: „faules Menschenpack") und doch, wie im Vorübergehen, bereits unter dem Turmgebälk ihre Nester angelegt haben und scheinbar spielerisch den ganzen Tag rund um das Schloss sausen? Ohne Unterlass! Ohne Unterlass!", wiederholte er, so, als spräche er für sich alleine.

Frau Wilfonseder starrte den General mit offenem Mund an. Sie spürte sogar etwas wie Angst. Jedenfalls in diesem Augenblick. Noch nie in all den Jahren hatte er an sie ein persönliches Wort gerichtet, geschweige denn eine Frage gestellt. Aber war das überhaupt eine Frage an sie gewesen? Vielleicht sprach er nur zu sich selbst. Am besten war, wenn sie zu diesen Sonderbarkeiten schwieg und einfach abwartete, was weiter geschehen würde. Sollte sie jetzt antworten? Sie war sich nicht sicher, ob diese Worte des Generals nicht doch nur ein Stück seines üblichen Monologes waren. Ob er überhaupt von ihrer Anwesenheit Kenntnis nahm. Hatte das alles mit seinem seltsamen Aufzug zu tun. War der General am Ende verrückt geworden? Für ganz ausgeschlossen schien Frau Wilfonseder das nicht zu halten. Sie hatte von ähnlichen Fällen bereits gehört. Auch sehr gebildete Menschen könnten praktisch über Nacht ihre Klugheit verlieren, würden sich plötzlich wie kleine Kinder benehmen und Ähnliches mehr. Aber das war ja hier eigentlich nicht der Fall. Der General sprach ja nichts Unvernünftiges, es waren nur unverständliche Fragen und es verwunderte zusätzlich, dass er diese seltsamen Worte an sie richtete. Das konnte aber nun auch wiederum ein Fingerzeig sein, dass sich doch die Möglichkeit ergeben konnte, diese außergewöhnliche Entdeckung mit den anderen Schlossbewohnern zu teilen.

Frau Wilfonseder versäumte allerdings ihre Chance. Diese wäre nämlich in dem Augenblick gewesen, als der General von den Mauerseglern sprach. An dieser Stelle hätte sie Interesse heucheln können. Er hätte ihr dann mit Sicherheit die Einfluglöcher der Vögel gezeigt. Dabei hätte er notgedrungen von der Treppe des Turnierhofes die drei grob gemeißelten Stufen aus grauem plattigem Marmor hinabsteigen und die sieben oder acht Schritte zur Brüstungsmauer vorgehen müssen. Von dort hätte er sich dann ein wenig nach vorne gebeugt und die Schlossmauer entlang auf das vorspringende Dach gewiesen, unter dem die Mauersegler mit halsbrecherischer Geschwindigkeit hin und her sausten. In diesem Augenblick hätte die Möglichkeit bestanden, dass vom unteren Schlosshof ein Adjunkt, der Stallmeister, der Gärtner oder sonstiges Personal, das sich zu dieser Zeit theoretisch dort befinden musste, heraufblickt. Außerdem hätte, falls das nicht der Fall gewesen wäre, Frau Wilfonseder durch einen gekünstelten Ausruf des Erstaunens die Blicke auf sich ziehen können. Alles Weitere hätte sich von selbst ergeben. Sie konnte ja auch nicht alles im Voraus wissen. Außerdem hatte sie Kopfschmerzen. Ein Blick hätte gereicht, die ausgefallene Adjustierung des Generals zu bemerken. Wenn auch die Pantoffeln und der größte Teil des Schlafrockes durch die Steinbrüstung verdeckt worden wären. Das hätte jedoch vollständig genügt und alles Weitere wie von selbst seinen Lauf genommen. Frau Wilfonseder hätte das fehlende Detail durch ihre detaillierten Beobachtungen ergänzen können. Die Pantoffeln hätte sie auf jeden Fall erwähnt. Einen unvorstellbaren Skandal hätte das gegeben! Die Beobachtung einer einzigen weiteren Person hätte dafür vollauf genügt. Aber so – alles verloren! Die Chance war vertan. Die Morgenbesprechung war vorüber. Sie lief nun rein, um das Frühstück zu servieren. Das Ei bereitete sie dreiminütig. Er sollte sich bloß beschweren. Dann würde sie ihn wegen der Filzpantoffeln zur Rede stellen.

Um 5:45 war das Frühstück beendet. Alles passte. Die Abänderung des Adjustierungsbefehles, die ihm Frau Wilfonseder aus dem Gedächtnis, mehr schlecht als recht rekonstruiert, mit zittriger Schrift auf einem kleinen Notizzettel gemeinsam mit dem Frühstück überreicht hatte, steckte er unbeachtet ein. Dieser Befehl ging später direkt an den Verwalter weiter, der ihn dann gemeinsam mit dem Tagesbefehl verlesen musste. Der General stand auf, drehte sich scharf auf dem Pantoffelabsatz um und verschwand in seine Räumlichkeiten, um den Tagesbefehl für 6:15 fertigzustellen. Eine halbe Stunde später begrüßte er bereits das versammelte Personal zum Tagesappell. Frau Wilfonseder musste dabei nicht zugegen sein, da sie in der Küche den Abwasch und andere häusliche Angelegenheiten zu erledigen hatte. Aber sie ließ es sich nicht nehmen, aus dem Fenster des Nordturmes neugierig auf das Erscheinen des Generals zu warten. Insgeheim hoffte sie, er würde im selben Aufzug wie zum Frühstück, am besten gleich nackt, zum Appell erscheinen. Aber diese Freude machte er ihr nicht. Als sei nichts vorgefallen, erschien er pünktlich wie immer in der vertrauten, militärischen Adjustierung. Enttäuscht zog sie sich still wieder in ihr Revier zurück. Sie erfuhr wenig später auch den Grund für diese Unregelmäßigkeit, die sie an diesem Morgen so sehr in Aufruhr versetzt hatte: Frederik lag mit hohem Fieber im Bett, hatte somit verschlafen und konnte den General weder wecken noch ihm beim Ankleiden behilflich sein. „Faules Gesindel", murmelte Frau Wilfonseder, während sie mit der Küchenmagd und dem Stubenmädel die Tageseinteilung machte.

Gruber wusste von all dem natürlich nichts. Er saß in

seinem neuen Studierzimmer, vor sich seine Feldbücher, auf dem Boden ausgebreitet Landkarten, geologische Pläne und Baupläne des Schlosses, die er sich erst neulich in Wien in der Nationalbibliothek besorgt hatte. Seine Feldarbeit war nun sehr in den Hintergrund getreten. Die „Inneren Kategorien" gingen ihm nun im Kopf herum. Außerdem versuchte er, die Soziologie im Umfeld des Schlosses in den Griff zu bekommen. Ein sehr komplexes System, wie er bald feststellte. Unterdessen nahm der Morgenappell seinen gewohnten Verlauf. Mit lautem „Guten Morgen, Kompanie", begrüßte der General seine Leute. Diese antworteten mit einem dröhnenden „Guten Morgen, Herr General!" Daraufhin übergab er den Tagesbefehl mit dem angeschlossenen Adjustierungsbefehl an den Verwalter und stand während des Verlesens in militärisch strammer Haltung steif wie eine Ritterstatue neben ihm. Hinter sich das Schlosstor mit dem Nordturm, vor sich die Schar seiner Leute, an seiner Seite der Verwalter. Ein vertrautes Bild, das sich täglich wiederholte und nur bei extremen Unwettern in die Toreinfahrt verlegt wurde.

Eine komische Szene ereignete sich noch, als der Verwalter den Adjustierungsbefehl verlas: „Kurier zur Depeschenbeförderung an General Windischgrätz nach Graz; grüne Schleife am rechten Oberarm." Ein Forstadjunkt begann leise zu kichern. Der Verwalter verlor beinahe die Stimme und krächzte wie ein Rabe. Er räusperte sich, um über diese peinliche Stelle unbemerkt hinwegzukommen. „Na, da soll die Wilfonsederin was erleben! Grüne Schleife, so ein Unfug, noch dazu am Oberarm. Das war für die Forstleute und auch nur am 1. Mai, wenn sie den Maibaum aus dem Forst holten. Für die Überbringung einer militärischen Depesche wurde natürlich eine blaue Schleife angebracht und die natürlich am rechten Ärmel, nicht am Oberarm. Da hatte sie in ihrer Dummheit wieder was durcheinandergebracht." Abgesehen vom unterdrückten Kichern des Adjunkten, war vom Personal kein Mucks zu vernehmen. Der General stand unberührt. In solchen Angelegenheiten verstand er keinen Spaß. Aber an diesem Tag war er offensichtlich durch die Unpässlichkeit seines Dieners Frederik selbst ein bisschen aus dem Konzept geraten. Doch davon wussten die Anwesenden ja nichts, und Frau Wilfonseder hütete sich, etwas zu sagen. Man hätte sie für verrückt erklärt. Es gab ja keine Zeugen.

Um sieben Uhr, als die Sonne bereits den Tag erwärmte, sah man den General im Park auf und ab schreiten und sich angeregt mit einem jungen Landvermesser unterhalten. Der General plante, das Schlossareal und seine gesamten Besitzungen neu vermessen zu lassen. Die letzte amtlich gültige Feststellung der genauen Grenzen der Ländereien lag schon ein halbes Jahrhundert zurück. Mittlerweile gab es jedoch genauere Vermessungsmethoden und neumodische optische Geräte, deren Gebrauch sich der General gerade erklären ließ. Für den Abend war der Besuch des Abtes vom Prämonstratenser Kloster Geras geplant. Es herrschte seit alters her ein Rechtsstreit über einen Teil der vom Kloster für sich beanspruchten Liegenschaften und Wälder. Im Besonderen dürfte es dabei um die im äußersten Osten der Schlossgründe gelegenen Marmorbrüche gehen. Es bestand ein Straßenbau-Vorhaben der Gemeinde und es war mit einem großen Absatz an Steinen und entsprechenden Einnahmen zu rechnen. Offensichtlich hatten die jetzt stattfindenden Vermessungen mit diesem Besuch etwas zu tun. Um die Details kümmerte sich jedoch der Verwalter.

3.16. Zweiter Brief an die Schwester

„Liebe Schwester!

Verzeih mein langes Schweigen! Du kennst mich; was meine Forschungen betrifft, bin ich ein wahrer Geheimniskrämer. Aber jetzt kann ich darüber berichten. Mein Projekt hat mich an einen kritischen Punkt gebracht, wo ich mich in die „Höhle des Löwen" wagen muss, um weitere Daten zu bekommen; du weißt, wo ich wohne und dass ich gut aufgehoben bin. Übrigens habe ich ein sehr schönes Weihnachtsfest bei Tante Anna verbracht, und außer dir und Mutter natürlich, die leider nicht mehr unter uns weilt, nichts und niemanden vermisst. Doch nun zu meiner Arbeit: Ich habe meiner Methodik entsprechend das nähere

Umfeld dieses Dorfes bereits umfassend erforscht. Im Zentrum steht ein Schloss, das ich schon erwähnte. Ich durfte es bereits näher in Augenschein nehmen; dies verdanke ich allerdings ausschließlich dem glücklichen Umstand, dessen Besitzer, einen hochwohlgeborenen General i. R., näher kennengelernt zu haben. Nun richte ich mir gerade eine große Wohnung im Schloss ein; bald kann ich von Tante Anna ins Schloss übersiedeln! Die genaue Kenntnis dieses Schlosses erscheint mir außerdem der Schlüssel zu meinem neuen Projekt zu sein, das anfangs den Arbeitstitel „Das Schloss" trug, nun aber „Die Kategorien". Davon im Detail ein anderes Mal. Es genügt zu wissen, dass ich für meine Untersuchungen am Schloss selbst die bekannten Baupläne von Oskar v. Kreutzbruck verwende, die ich zu diesem Zwecke vom Landesarchiv in Wien ausheben ließ und in ihrer Genauigkeit zwar von mir noch ergänzungswürdig sind, jedoch eine gute Basis bilden.

Ich stand früh auf; du kennst meine Unruhe, wenn mich ein interessantes Thema packt! Mein Forschungsdrang ist dann nicht zu stoppen; mit meinen Messinstrumenten begab ich mich in den hintersten Hof, von dem aus ich die Fassade erklimmen wollte; ja, jetzt bin ich auch noch ein Bergsteiger geworden, wirst du denken! Nun, der Hof, von dem aus ich begann, liegt abgelegen und es bestand weniger Gefahr, bei meiner Arbeit gestört zu werden. Ich studierte genau die Aufstiegsmöglichkeiten, wobei mir besonders meine frühere Studie über die Schattenlänge der Schlossmauern zugutekam. Ich bemerkte zahlreiche Risse im Mauerwerk, aus denen Grasbüschel sprossen, und entschied mich zu einem Aufstieg entlang des Blitzableiters. In den tieferen Rissen hatten sich Mauersegler eingenistet und die Jungen, die schon beinahe flügge waren, blickten mich mit tiefschwarzen Augen an. Es ging anfangs rasch und mühelos. Bald befand ich mich in schwindelerregender Höhe. Im Schlosshof bemerkte ich ein paar Menschen, die gerade zum Morgenappell gingen. Ich nahm sie nur wie Spielzeugpuppen wahr, die an unsichtbaren Fäden hin- und hergezogen wurden. Ich fühlte mich sicher, niemand blickte nach oben und mein Pulsschlag blieb völlig unbeeindruckt von der Anstrengung der Kletterei. Die Sonne stach indes beträchtlich und der Schweiß lief mir über die Stirn.

Ich verharrte ein wenig, um wieder zu Kräften zu kommen und testete die Festigkeit der Eisenhaken, an denen ein stark verrosteter Blitzableiter befestigt war. Das andauernde Klettern verursachte mir zunehmend

Rückenschmerzen, da das Seil in einer Mauerecke zwischen dem hohen Wohntrakt und dem daneben liegenden Südturm verlief und ich daher eine ganz verdrehte Haltung einnehmen musste. Soweit ich erfahren konnte, hatte der Südturm im vorigen Jahrhundert auch als Gefängnis gedient. Die Turmfenster wiesen keinerlei Vergitterungen auf. Die Kletterei war keineswegs ungefährlich, denn die Mauerhaken steckten teilweise nur sehr locker im bröseligen Verputz. Indes wurde die Aussicht zunehmend besser. Als ich über das Dachniveau der barockzeitlichen Anbauten der Wohntrakte hinaus gelangte, breitete sich ein weiter Blick über die Auwälder und die dahinter liegenden Hügel und Bergkulissen aus. Sogar den Ötscher, der im Dunst gleichsam zu schweben schien, vermochte ich zu erkennen. Zweimal glaubte ich schon, ein Ende meines Aufstieges gefunden zu haben, als ich an eine Stelle gelangte, an der die Mauerhaken lose herunterhingen. Diese schadhaften Stellen wurden während meines Aufstieges von Schwalben und Mauersegler unentwegt aufgesucht, da sie den Kalk anscheinend dringend während der Brutzeit benötigten. Es entstanden dadurch auch größere Löcher im Mauerwerk und das darunterliegende Mauerwerk kam zum Vorschein.

In diesen Vertiefungen waren die bereits erwähnten Mauersegler und auch der Rotschwanz anzutreffen. Daneben haben sich auch Pflanzen angesiedelt, unter anderem Gräser, Storchschnabel, Mauerpfeffer, ja, in einem Falle sogar ein gelb blühendes Büschel Warzenkraut. Über diese Stellen war nur sehr schlecht weiterzukommen und ich musste alle Kraft aufwenden, um mich in der Mauerecke abzusichern. Dies war nur dadurch möglich, dass ich dem Seil mein vollstes Vertrauen entgegenbrachte und mich daran hochzog. An Gefahr wurde nun nicht mehr gedacht, die Kreuzschmerzen hingegen wahrgenommen und mit zusammengebissenen Zähnen ertragen. Wäre das Seil gerissen, liebe Schwester, ich wäre mit Sicherheit zu Tode gestürzt. Unter mir lagen bereits an die 16 oder gar 18 Meter freier Fall, der auf den steinernen Platten des Schlosshofes blutig geendet hätte; mitunter war ich durchaus im Zweifel, ob ich noch genug Kraft und Überwindung aufbringen konnte, die offene Dachluke zu erreichen, die über mir zu sehen war. Indes, ich brachte meinen hin und her laufenden Gedankenfluss zum Stillstand, um mich mehr mit dem „hic et nunc" zu beschäftigen und hierauf tat ich bewusst einige konzentrierte tiefe Atemzüge. Somit wiederum gestärkt und nunmehr fest entschlossen, begann ich mich weiter hochzuziehen. Mochte ich vom Hof aus gesehen werden, oder auch nicht; das war mir nun einerlei. Der wohlige Geruch von Martha, einem Mädchen, von dem ich dir unbedingt demnächst berichten werde, kam mir unvermutet in dieser Situation für einen Augenblick in den Sinn und ich wollte mich schon anklagen, dass ich sie zu früh verlassen hatte. Insbesondere dachte ich eben mit einem Anfluge von Wehmut daran, das gemeinsame Erwachen in der Frühe in ihren Armen nicht ausgekostet zu haben, als mir ein weiterer ausgerissener Haken im Mauerwerk auffiel. Die Luft war gerade an diesem Tage besonders klar, da morgens ein starkes Gewitter mit Hagel und Donner niedergegangen war. Wieder fiel mein Blick auf den Ötscher, der sich diesmal sehr scharf gegen den tiefblauen Himmel abzeichnete. Der dunstige Schleier hatte sich verzogen. Ein paar Schneereste konnte ich unterhalb des Gipfels erkennen. Daran schlossen sich die prächtigen dunklen Buchenwälder an. Mir fielen die geheimnisvollen Höhlensysteme in den Ötschergäben ein. Was mir nur für Gedanken kamen in dieser Lage … Um Dich mit diesen Details nicht zu langweilen, sei einfach bemerkt, dass ich schließlich in den Dachboden gelangte, indem ich mit meinem Hammer einige Bretter herauslöste und mich in das Unbekannte hineinfallen ließ.

Geblendet vom Sonnenlicht und plötzlich ins Dunkel getaucht, vermochte ich zunächst nichts zu erkennen. Eine wahrhaft tropische und erstickende Schwüle schlug mir entgegen. Ich stand im Dachboden des Festen Hauses. Glücklich angekommen, überlegte ich, ob man meine Kletterei gesehen haben könnte. Der Verwalter oder einer seiner Forstadjunkten durfte mich nicht entdecken. Aber auch einer der Meierhof-Bewohner konnte mir auflauern. Oder noch schlimmer: der Einarmige! Vor dem hatte ich eine unbestimmte Furcht. Ich wusste von ihm nur, dass er auf etwas Unbestimmtes zu lauern schien. Worauf er lauerte, war nicht zu sagen. Einsam und einarmig. Passte das zusammen? Ich deklinierte rasch das lateinische Substantiv „rosa“: rosa, rosae, rosae, rosa, rosam … Lag hier ein Pleonasmus vor? Unfug! Der Einarmige. Aber am gefährlichsten war mit Sicherheit der Verwalter! Den hatte ich schon seit Tagen nicht mehr gesehen. Doch von all diesen Menschen kannst du noch nichts wissen, also belasse ich es dabei. Erst allmählich gewöhnten sich meine Augen an das Dunkel des Dachbodens, den ich nach unsäglicher Mühsal erreicht hatte. Völlig erschöpft lag ich im dicken Staub auf dem Boden. Langsam begannen sich Konturen aus dem

Dämmerlicht heraus zu lösen und ich konnte einzelne Dinge unterscheiden. Ich hatte jedoch keine Zeit, mich näher umzusehen und verließ still und ungesehen über unversperrte Treppen, Gänge und Türen wieder das Schloss.

Mit diesem Bericht grüße ich dich tausendmal aus dem Felde und versichere Dir, dass ich mich bester Gesundheit erfreue und hier allerorts auch gastfreundlich aufgenommen werde.

Dein dich liebender Bruder Albert; Albrechtsberg, den 5. Augustus 1956"

4 ZWISCHEN DEN MAUERN

4.1. Doktor Gruber zieht ins Schloss

Einige Tage nach der Führung durch das Schloss begann Gruber, einen Plan für die Einteilung der Räumlichkeiten zu erstellen. Es galt, die vier Räume, die er zur Verfügung hatte, effizient zu nützen. Den gotischen Raum wollte er nur zum Lagern seiner Sammlungen verwenden. Er hatte Respekt vor seiner Aura und wollte sich so wenig wie nur möglich in ihm aufhalten. Die kleine Küche hatte einen Herd und war noch mit dem Mobiliar des Kammermädchens ausgestattet, das in diesem Raum gewohnt hatte. Es gab noch ein Schlafzimmer und den großen südostseitigen Arbeitsraum, in dem er seine Bibliothek aufstellen konnte. Vieles lag noch im Keller und auf dem Dachboden bei Tante Anna. Sie weinte, als er ihr sagte, dass er nun im Schloss eine Wohnung bekommen hatte, und warnte ihn auch gleich vor dem Verwalter. „Dieser Mann ist gefährlich, versprechen Sie mir, auf sich aufzupassen. Besuchen Sie mich auch weiterhin. Jeden Sonntag, versprechen Sie mir das, Herr Doktor."

Der junge, kauzige Forscher war ihr ans Herz gewachsen. Gruber war verlegen ob dieser offenen Zuneigung der alten Frau. „Ich werde Sie besuchen, natürlich, ich wohne ja praktisch nebenan", antwortete er. Von Tante Annas Hof aus sah man auf das Schloss hinüber. Das große rote Walmdach des Festen Hauses überragte noch die Kronen der riesigen Parkbäume.

Einige Tage brauchte er, um mit dem von Tante Anna geliehenen Leiterwagen alle seine Sachen ins Schloss zu schaffen. Um das ganze Zeug dann noch durch die weiten Gänge und über die hohen Granittreppen in seine Wohnung hinauf zu bringen, war nochmals ein ganz schöner Kraftaufwand nötig. Er hatte zahlreiche Kisten voller Bücher, Steine, Artefakte, seine Holznägel- und Käfersammlungen sowie ein Herbarium.

Doch nach einer Woche hatte er es geschafft. Glücklich und erschöpft saß er auf einem Stuhl im Erker und blickte in das schöne weite Land hinein. Für das Aufstellen der Bücher hatte ihm der Verwalter einen Tischler genannt, der ihm aus solidem Buchenholz und preiswert obendrein im Nu Regale zimmerte. Er hatte nun eine prächtige Bleibe, auf die er stolz war und die ihm den Raum und die Ruhe zum Arbeiten gab. Gruber war sehr zufrieden mit seiner Situation.

Er entwickelte nun einen Lebensrhythmus, nach dem sich in kurzer Zeit bereits, vermutlich ohne sich dessen bewusst zu sein, auch die Meierhof-Bewohner zu richten begannen. Wenn er abends aus seiner Wohnung kam und aus der Toreinfahrt sein Fahrrad schob, das er in einem kleinen Kellerabteil des Festen Hauses abgestellt hatte, standen sie im Meierhof unten auf der Treppe beisammen und unterhielten sich leise. Dabei taten sie so, als ob sie ihn nicht erblickten. Gruber hielt es zu Beginn für puren Zufall. Kaum, dass er aus der dunklen Toreinfahrt heraustrat, begegnete er dem einen oder anderen Bewohner. Das gleiche war mit den Kindern. Sie krochen scheinbar unbefangen auf dem Boden herum oder putzten ihre Fahrräder. Doch bald erkannte er ohne Zweifel, dass dies mit Absicht geschah. Er wurde von ihnen beobachtet.

Gruber versuchte sie zu überrumpeln, indem er sich zu einer ungewohnten Zeit aus der Wohnung stahl und die Treppe in den Hof hinunter schlich. Aber stets kamen sie ihm zuvor und standen schon bereit. In ihrer eigenen Haltung und

Gebärde. Sie drehten ihm den Rücken zu und taten so, als befänden sie sich im Gespräch. Es war aber kein Laut zu hören. Es war ihm klar, dass er der Grund ihrer Zusammenkunft war, und gewöhnte sich allmählich auch an diese Seltsamkeit, sodass sie ihm zuletzt gar nicht mehr auffiel. Nur zu späteren Zeiten, wenn er bisweilen, was selten genug vorkam, Besuch erhielt, wurde er auf dieses seltsame Gebaren wieder aufmerksam. Und zwar dadurch, dass es bei diesen Gelegenheiten unterblieb. Dann nämlich ließ sich keine Menschenseele blicken. Höchstens, dass bisweilen ein Kind eilig und mit eingezogenem Kopf über den Hof lief. Jedenfalls gelang es keinem seiner Besucher jemals, auch nur einen der Erwachsenen, die in den grauenhaften Wohnungen des Meierhofes hausten, zu Gesicht zu bekommen. Sie hielten das Gebäude deshalb für unbewohnt und mochten seinen spärlichen Hinweisen nicht recht Glauben schenken. Im Allgemeinen jedoch vermied es Gruber selbst guten Bekannten gegenüber, vom Schloss, vom Meierhof oder gar vom General zu sprechen.

Gruber begann morgens gegen sechs Uhr mit der Arbeit und beendete sie gewöhnlich gegen sieben Uhr abends. Er glich den Rhythmus seiner Arbeit den Veränderungen der Tageszeit an, die Bewohner des Meierhofes wiederum glichen ihren Tagesrhythmus dem seinen an. Vom offiziellen Protokoll war er natürlich ausgenommen und brauchte daher auch nicht am Morgenappell teilzunehmen. Hin und wieder fragte er jedoch Frederik, der sich nach ein paar Wochen Bettruhe wieder erholt hatte, ob es etwas gab, das er wissen sollte. Mit Frederik verstand er sich recht gut. Frau Wilfonseder war ihm zu geschwätzig und auch zu neugierig. Von ihr hielt er sich eher fern. Er war sich auch nicht sicher, ob nicht eine geheime Verbindung zwischen ihr und den Meierhof-Bewohnern bestand.

In den letzten Wochen des zu Ende gehenden Sommers, Mitte September etwa, stellte Gruber schon gegen halbsechs abends die Arbeit ein, um noch vor der Dunkelheit zu seinem täglichen Bad im Fluss zu kommen. Er war bei der

Ausarbeitung seiner architektonischen Forschungen und schrieb auch im Detail über eine geplante Dachbodenuntersuchung. Wenn er Lust dazu verspürte, konnte es auch schon passieren, dass er sich mit der Pflege seiner schönen Wohnung beschäftigte und zum Beispiel aus purer Freude an der Arbeit den Parkettboden mit Bienenwachs einließ.

Vom Anbeginn seiner Studien in Albrechtsberg machte er es sich zur Routine, so oft wie möglich baden zu gehen. Ein Vergnügen, auf das er sich oft den ganzen Tag freute. Dieses häufige Schwimmen in tiefen grünen Gumpen war eine Quelle der Erholung nach der anstrengenden Tätigkeit. Hätte er das volle Ausmaß der physischen und psychischen Belastung der Übersiedelung geahnt, hätte er es gelassen. Er vergaß nicht, wie sehr ihm ein paar Freunde, vor allem der Pfarrer und der Lehrer Goebel, von einem Einzug ins Schloss abgeraten hatten. Sie konnten zwar nicht genau erklären, wovor sie ihn warnten, aber sie spürten wohl instinktiv, dass das Schloss ein Ort sein konnte, der einen Menschen zu absorbieren vermochte. Gruber ließ sich jedoch durch nichts abbringen. Als er nun am Ende des Sommers die Resultate der „Äußeren Kategorien“ verfasste, fühlte er sich schon sehr erschöpft. Das tägliche Schwimmen im Fluss gab ihm jedoch wieder viel Kraft zurück. Aber auch dieser Sommer musste einmal vergehen und dann kam eine lange Zeit, die es durchzuhalten galt. Grau, dunkel und kalt. Und wenig oder gar kein Sonnenlicht. Denn der Hügel, auf dem das Schloss stand, war im Herbst oft tagelang in Nebel gehüllt. Das hatte er im vorigen Jahr oft genug mit Verwunderung beobachtet, als er noch bei Tante Anna wohnte und von ihrem Haus aus zum Schloss hinüber blickte. Es kam nicht nur einmal vor, dass die Sonne schien, ein wenig Nebel zwar in den Auwiesen lag, das Schloss am Berg aber zur Gänze in Nebel gehüllt war. Das vermittelte kein angenehmes Gefühl.

Im Meierhof bemerkte er diese Tage ein ungewöhnliches Treiben. Die Mieter schienen beschäftigt zu sein. Er ging einmal hinab in den Hof, um sich zu erkundigen, was los war.

Der Verwalter hatte Sand und anderes Baumaterial kommen lassen. Der Verputz des Gebäudes wurde ausgebessert. Einige Tür- und Fensterstöcke waren neu einzumauern. Der Sturm hatte sie im vergangenen Winter aus den Mauern gerissen. Gruber sah die Arbeiter den Mörtel in Kübeln mit einer kleinen Winde zu einem Fenster im ersten Stock hinaufziehen. Möglich, dass der Verwalter weitere Räume vermietet hatte, denn als er mit ihm vor einigen Monaten diesen Bau erstmals betrat, bemerkte er keine Wohnung, die hofseitig gelegen wäre. Die Räume, aus denen hin und wieder Leute herausgeblickt hatten, waren damals noch unbewohnt gewesen.

4.2. Das Wissen der Schlossmauern

Die Schwere des Lebens im Schloss lastete auf Gruber wie ein bleierner Mantel. Gebeugt und mit halb geschlossenen Augen schlich er die erste Zeit durch das Gemäuer und versuchte eine Beziehung zu den alten Mauern aufzubauen; oft hielt er sich tagelang in seiner Wohnung versteckt und wusste nicht, wo er beginnen sollte.

Es schien, als ob diese Gemäuer das Erinnern an früheres Wissen auszulöschen vermochten. Was Gruber zunächst nicht begreifen und auch nicht erkennen konnte, war, dass das Gemäuer des Festen Hauses jede Nachlässigkeit damit bestrafte, indem es die Bewohner allmählich absorbierte, sodass die Menschen mit der Zeit zum Bestandteil und Eigentum des Schlosses wurden. Als Gruber das zu spüren begann, verlegte er sofort seine eben erst aufgestellten Sammlungen aus dem gotischen Saal hinüber in seinen großen Studiersaal, der Platz genug bot. Es war ein Fühlen, kein Wissen. Diese Erkenntnis lag zu Beginn seiner Forschungstätigkeit noch gänzlich außerhalb seines Auffassungsvermögens. Es mangelte ihm noch an Erfahrung und an der Ausbildung der dafür notwendigen Empfindlichkeit. Es war so, als habe er noch nicht die richtigen Organe entwickelt, die zum Verständnis erforderlich waren. In den ersten Wochen neigte er dazu, gewisse

Umstände und ihre Folgen auf die Menschen stets auf den Einfluss des Verwalters zurückzuführen. Allmählich war er sich aber dessen nicht mehr so sicher und hielt es nun auch für möglich, dass der Verwalter selbst auch nur ein Opfer des Schlosses war. Konnte es sein, dass sie alle nur Opfer der Geschichtsträchtigkeit und der kolossalen Kontinuität dieses riesigen Bauwerkes geworden sind? Gruber wusste keine Antwort darauf. Er spürte nur, dass diese Mauern wie die Bücherregale einer labyrinthischen Bibliothek waren, die das Schreien Ermordeter und Hungernder, die angstvollen Blicke Verfolgter, das Brüllen Gefolterter und die Gebete der Ausharrenden und der Belagerten bewahrte. Lesbar und hörbar für den Vertrauten. Monstra de esse frater! Wer aber war eingeweiht?

Gebärende Frauen hatten in diesen Räumen geschrien und das Kreischen spielender Kinder drang durch die Gänge, lief die Granittreppen hinab, hallte in den Höfen, prallte an Wänden zurück, schlüpfte durch die schweren, eisenbeschlagenen Eingangstore zu den Wiesen und Feldern hinaus, und verschwand in den dunklen Wäldern. Doch die Durchschrift dieser Geschichten blieb in den Gemäuern verwahrt. Es gab dort den stillen Gesang des Rotschwanz beim Sonnenuntergang, den Ruf der Käuze, die in den Fensternischen des Festen Hauses saßen, das Girren der Falken, die im Turm nisteten, das Zwitschern der Schwalben, die ihre kleinen Nester unter die Dachrinnen klebten. Es gab das Schwatzen der Weiber, die im Hof beisammensaßen, und das Lärmen der Männer im Meierhof, die sich im Suff die Weinflaschen an den Kopf schmissen, um sich am nächsten Morgen wieder auf die Schulter zu klopfen und zu versöhnen.

4.3. Der Tanz des alten Mannes

Eines Morgens ging Gruber die breite Granittreppe hinab in den Schlosshof und wurde Zeuge eines seltsamen Spektakels. Ein alter Mann stand im sonnendurchfluteten Hof und betrachtete das Eingangstor zur Kapelle. Als Gruber ihn fragte, ob er irgendwie dienlich sein könne, begann der Mann, einen seltsamen Tanz aufzuführen, bei dem er Gruber immerfort anblickte. Seine grotesken Bewegungen verwirrten Gruber. Er war über dieses Verhalten so erstaunt, dass er einen Schritt zurückwich und den Mann genau musterte. Er mochte 70 Jahre oder auch darüber sein, hatte einen weißen, struppigen Bart und sah aus wie ein persischer Derwisch. Möglicherweise ist der Mann aber auch verrückt, dachte Gruber. Aber das konnte man nicht mit Sicherheit sagen. Nach etwa einer Viertelstunde, während der niemand durch den Hof kam, beendete der Mann den Tanz und ging, als sei nichts vorgefallen, gelassenen Schrittes durch die Torhalle und verließ das Schloss. Eigenartig fand Gruber die Tatsache, dass sich zu dieser Zeit sonst niemand im Hof aufgehalten hatte. Es hätte ja ohne Weiteres zum Beispiel die Wirtschafterin, Frau Wilfonseder, mit der Magd vom Einkauf zurückkommen können, oder auch der Verwalter selbst, der täglich mehrmals im Schloss zu sehen war. So aber hatte nur er diese eigenartige Szene erlebt. Gruber dachte lange nach, welche Botschaft ihm der Mann übermitteln wollte; denn es schien ganz so zu sein, dass der Tanz nur für ihn bestimmt war. Diese Vermutung bestätigte sich übrigens, denn einige Tage später passierte das Gleiche wieder. Der Mann war wieder da, stand im Hof, blickte auf die Kapellentür, und als Gruber an ihn herantrat, begann er wieder diesen Tanz aufzuführen. Das ging noch öfter so, insgesamt sieben Mal. Und in keinem einzigen Fall war irgendeine andere Menschenseele zugegen.

Da es sich jeweils um eine exakte Kopie des ersten Tanzes handelte, verlor sich für Gruber allmählich der Eindruck der Abnormität. Er musste schließlich anerkennen, dass ihm das Gebaren dieses Mannes nun gar nicht mehr so fremd war. Er richtete nun auch keine weiteren Fragen mehr an ihn, sondern beobachtete nur still. Einiges erinnerte ihn an die ritualisierten Tänze der Aborigines, die angeblich durch monotone Gesänge und Melodien ihre Erfahrungen über Wanderungen und topographische Besonderheiten des durchquerten Gebietes auf diese Weise weitergaben. Anderes wieder erinnerte ihn an die

Kreiseltänze der Bienen oder die unergründlichen Tänze der Buschmänner in der Kalahari.

4.4. Dritter Brief an die Schwester

„Liebe Schwester!

Heute Morgen traf ich nach langer Zeit wieder einmal den General. Ein junger Maler weilte bei ihm und sie gingen gerade ins Gespräch vertieft im Park auf und ab. Als mich der General erblickte, winkte er mich freundschaftlich zu sich und stellte mir sogleich seinen Gast vor: ‚Dies, mein sehr verehrter Herr Doktor' (er bezeichnet mich immer mit meinem akademischen Titel), ist Herr Dieter Graf, ein begnadeter Künstler, der wunderschöne Bilder malt. Wir werden sie uns nach dem Soupé, zu dem ich mir erlaube, Sie herzlichst einzuladen, gemeinsam im Gartenpavillon ansehen. Und das ist, so sagte er, auf mich zeigend, Herr Doktor Gruber, ein sehr guter Freund des Hauses; er wohnt auch im Schloss, privatim Schriftsteller und beruflich Naturforscher. Oder wie soll man sagen … eigentlich steckt er seine Nase ja überall hin.' Ich begrüßte den Maler mit festem Händedruck. Der Mann gefiel mir auf Anhieb und wir waren uns auch sofort sympathisch. Als ihn der General kurz danach entließ, hatte ich die Gelegenheit, ihn allein zu sprechen. Dabei enthüllte er mir, dass er sich gerade in einer schwierigen geistigen Verwirrung befände und deshalb auch auf dem Schloss weile, wo er für ein paar Monate zu bleiben gedenke. Er hätte sich, so erzählt er, für Jesus gehalten und auch in diesem Sinne zu predigen begonnen. Die Leute hingegen hätten ihn für einen Narren angesehen und zu einem solchen habe er sich auch gemacht.

Ich antwortete darauf, dass ich selbst mich lange Zeit für Martin Opitz, den deutschen Dichterfürsten des 17. Jahrhunderts gehalten hätte. Ich sei lange Zeit mit einem Lorbeerkranz umhergegangen und keiner hätte mich auf diese Lächerlichkeit aufmerksam gemacht. Als ich ihm das anvertraut hatte, bekam er einen wahren Lachanfall. Nachdem wir uns in dieser Hinsicht gegenseitig das Herz ausgeschüttet hatten, lachten wir beide herzhaft über unsere Irrfahrten und stellten einmütig fest, dass der General offensichtlich die besondere Gabe habe, seltsame Käuze, wie wir sie seien, um sich zu versammeln. Indessen kam uns der Diener Frederik in schwarzgoldener Livrée entgegen und bat uns in die Orangerie zum

Mittagsmahl. Der General saß bereits mit seiner Nichte, die erst vor Kurzem im Schloss eingetroffen war, bei Tisch und erwartete uns. Ein sehr hübsches Ding übrigens. Wir eilten hinüber und unterhielten uns noch über manches, besonders über den zauberhaften Park, den der General von seinem Gärtner pflegen ließ und dessen besonderer Schwerpunkt in den exotischen Sträuchern und Bäumen lag. Im Pavillon angelangt, erzählte der General in Anwesenheit seiner bezaubernden Nichte die Geschichte des Schlossparks: In seinen jungen Jahren sammelte der damalige Besitzer Fürst Auersperg während seiner ausgedehnten Reisen durch Persien, Indien und Afghanistan diese seltenen Gewächse und verpflanzte sie nach und nach in den Schlosspark. Diese Tradition führte nach ihm Prinz Rohan fort; bisweilen brachten auch Besucher, die diese Vorliebe des Prinzen kannten, exotische Bäume aus allen Ecken der Erde mit; ein guter Freund des Prinzen, Werner von der Schulenburg, war in den Dreißiger Jahren als Gesandter in Teheran. Gemeinsam mit dem Prinzen besuchten sie die antike Stadt Persepolis. Am Treppenaufgang zu den Palastruinen, den Alexander der Große schon benutzt hatte, als er den Palast niederbrennen ließ, verewigten sich beide mit einer Inschrift in den antiken Mauern. Als Andenken brachten sie die Samen persischer Zedern in den Park von Schloss Albrechtsberg, die inzwischen zu prächtigen Bäumen herangewachsen waren. Einen besonderen Hibiskusstrauch hatte ein Gast sogar aus der Südsee mitgebracht und ein mächtiger ginkgo biloba, der eine Fortuna Statue beschattete, war ein persönliches Geschenk von Teilard de Chardin und stammte aus dem Tian-Shan-Gebirge in China.

Einen riesigen Smaragd, von dem der General dem jungen Maler erzählte und den er uns später, nach dem Essen vorführen wollte, bewahrte er im Roten Salon auf. Angeblich ein persönliches Geschenk des Zaren Nikolaus, der so unglücklich endete. Aus ein paar diesbezüglichen Bemerkungen ging hervor, dass der General im Auftrag des Kaisers einmal an den russischen Hof gesandt wurde. Hochpolitisch und sehr geheim muss das Ganze gewesen sein. Er traf mit dem Zaren in Oral zusammen, am Ufer der eisigen Oka.

Nach dem Essen gab mir der General den ehrenvollen Auftrag, seinem Gast das Anwesen zu zeigen, während er selbst mit seiner Nichte im Gartenpavillon blieb. Ich befand mich mit dem Maler gerade auf der Schlossbrücke auf dem Weg zum Park, als ich eine merkwürdige

Beobachtung machte. Zu meiner Linken ging der Maler mit mir im gleichen Schritt, während ich mich, einer plötzlichen Eingebung folgend, umdrehte und zurückblickte. Schräg hinter dem Maler, also von seinem Blickwinkel aus nicht einsehbar, im unteren Park hinter dem Meierhof, fiel mir etwas Seltsames auf. Der Park war in dieser Richtung sehr weitläufig und erstreckte sich etwa eine englische Meile weit bis an ein Flüsschen hin, das eine natürliche Begrenzung der Ländereien des Generals bildete. Die Sonne beschien in zauberhafter Weise diese Strecke, auf der mächtige Baumriesen mit kleinen, wie zufällig entstandenen Gebüschgruppen abwechselten und in einem von Margeriten und Glockenblumen übersäten, wogenden grünen Meer lagen. Natürlich war das alles bloß durch die Gartenkunst des Gärtners so angelegt worden, und dort gewahrte ich trotz der Entfernung von etwa 300 bis 400 Yards eine Person in männlicher Kleidung, die geradezu groteske Bewegung vollführte und dieselbe in rhythmischen Intervallen wiederholte. Natürlich dachte ich sofort an den tanzenden alten Mann, der in den letzten Wochen, kurz, nachdem ich ins Schloss gezogen war, dort mitunter auftauchte und danach wieder verschwand. Ich glaube nicht, dass ich Dir davon bereits berichtet habe. Wie dem auch sei … der Maler Graf sprach gerade von der religiösen Stimmung, die von den dunkel gefirnissten Bildern von Van Dyke und Hieronymus Bosch ausgingen. Ich betrachtete den Sprechenden, sah kurz zu dem sich in immer groteskerer Bewegung befindlichen Fremden im Hintergrund des Schlossparks und warf zwischendurch einen begehrlichen Blick auf die zauberhafte Schönheit der Nichte des Generals. Um nicht den Anschein der Albernheit zu erwecken, ließ ich den Blick niemals allzu lange in die Richtung der jungen Dame gleiten, aber es half …“ (Ab hier ist der Brief unleserlich; möglicherweise wurde die Tinte, die Gruber verwendet hatte, durch die Einwirkung von Regenwasser verwaschen und damit unleserlich; vermutlich geschrieben im Spätsommer 1956; Anm. d. Herausgebers)

4.5. Der Dachboden und die verschollene Bibliothek

Es war an einem der letzten schönen Spätsommertage. Warmer Wind wehte durch die Äste der Fichten, rauschte in den Platanen und drehte die quirligen Blätter der Pappeln.

Goldenes Sonnenlicht lag über dem Horizont, leuchtete gelb auf den dürren Gräsern des Burgfelsen, glänzte orange auf den fetten Blättern der Hauswurz, schillerte feuerrot auf der Rinde der Föhren, verschwand purpurn und schwarz über den traurig und still hängenden Blättern der Platanen. Das Summen der Bienen und Hummeln verstummte plötzlich und gab Raum für andere Geräusche. Laut brummend taumelten riesige Hirschkäfer durch die Luft und landeten klatschend in den Blättern der Eichen. Zaghaft zirpten die Grillen vor ihren grasbüschelverhangenen Erdhöhlen. Laut und beständig sirrten die Zikaden in den Ästen der Büsche. Unheimliche und seltsame Geräusche machten die flinken Fledermäuse, die mit ihren winzigen Kiefern die Chitinpanzer der Insekten noch im Fluge knackten. Lautlos verschwand still der letzte rötliche Schimmer am westlichen Himmel. Die Nacht breitete sich wie dichter schwerer Brokat über das Land und das Schloss. Am Himmel blinkten unzählige Sterne. Es war sehr still geworden.

Gruber beschloss am folgenden Tag, den Dachboden des Schlosses zu erkunden, den er Anfang August von der Fassade aus durch eine wagemutige Kletterei erstmals betreten hatte. Mit der Zustimmung des Generals und einem riesigen Schlüsselbund ausgestattet, begab er sich über die breite Granittreppe ins Feste Haus und von dort hinauf zum Dachboden des Schlosses. Als Gruber die schwere Eisentüre öffnete, betrat er eine Welt, die vermutlich schon länger niemand aufgesucht hatte. Erst allmählich gewöhnten sich seine Augen an das Dunkel und Gruber erkannte mächtige, mit der Axt zugeschlagene Balken und Steher, die eine haushohe Dachkonstruktion trugen. Der Boden war, soweit er trotz der dichten Staubschicht erkennen konnte, mit quadratischen Ziegeln bedeckt. Sie waren in einem Lehmbett verlegt und bildeten keine ebene Fläche, sondern glichen einer gewellten Wiese, auf der sich kleine Termitenhügel befanden. Bei näherer Betrachtung stellten sich diese indes als Kothaufen von Fledermäusen heraus, die in großen Trauben über ihm im Dunkel des Daches hingen und nur schemenhaft wahrzunehmen waren. Mitunter war ein Piepsen oder heiseres

Kreischen zu hören, und jetzt wusste er auch, woher der beißende Salmiakgeruch stammte. Im Detail bestanden diese Haufen aus den Fraßresten der Fledermäuse, das heißt überwiegend aus den unverdaulichen, chitinhaltigen Deckflügeln und sonstigen Panzerresten von Käfern und anderen Insekten, die während der nächtlichen Jagden erbeutet wurden. Über viele Jahrzehnte oder gar Jahrhunderte hinweg wuchsen die Ausscheidungen unterhalb der Fledermauskolonie zu beachtlichen Türmen heran. Als die Augen weiter das Dunkel durchdrangen, bemerkte Gruber zahlreiche hölzerne, lederne und eisenbeschlagene Truhen sowie meterhohe Stöße mit alten Zeitschriften, mit Schnüren zu Paketen gebunden und vermutlich einige Tonnen schwer. Letztere bedeckten einen ganzen Bereich, der sich seiner Einschätzung nach oberhalb des Wohntraktes des Generals befand.

Der Dachboden war weitläufig und riesig. Durch eine weitere eisenbeschlagene Tür gelangte Gruber in den Turmbau selbst, der sich noch über zwei weitere Geschosse erhob. Gruber inspizierte vorerst den Dachboden der Wohngebäude und blickte in die Truhen und Kästen, die meistenteils unversperrt waren und der dicken Staubschicht zufolge wohl auch schon seit vielen Jahren unbenützt. Sie enthielten Gewänder und Spielzeug der gräflichen Kinder, die seit Generationen wohl hier schon aufbewahrt wurden, andere wieder Waffen, Reitstiefel und altes Lederzeug, aber auch Haushaltsgeräte, abgetragenes Schuhwerk der Dienstboten und Werkzeuge der Landwirtschaft, Pferdegeschirre mit Dukatenbeschlägen und Reitgerten, Hafersäcke mit vermodertem Heu, lederne Jagdtaschen, Schränke voller Bücher, Utensilien der Balz, Federspiel, das zur Jagd mit Greifvögeln gehörte, Bilderrahmen aller Größen und Bilder, zum Teil durch Temperatureinwirkung oder Feuchtigkeit schwer beschädigt, die Farben vollständig verblasst. Alle paar Meter ragten weiß getünchte Kamine auf und durchbrachen das mächtige Dach. Gruber dehnte seine Erkundung aus und entdeckte noch ausgestopfte Gämsen und Auerhähne, Falken und Uhus, Trophäen von Hirschen und Rehen, Hauer von

Ebern, zerbrochene Bilderrahmen, eine Ahnentafel mit zahlreichen kleinen vergilbten, kaum mehr erkennbaren Bildern und Fotos in einem großen Rahmen, Wanderstöcke, Stapel mit Dachziegeln zum Ausbessern von Hagelschäden, alte Ofenrohre, Haufen von Ziegelschutt, der vom Abtragen alter Kamine stammte, Dachlatten und Bauholz, das offenbar von Zimmerleuten vergessen worden war. In einer Ecke direkt unter den Dachziegeln fiel Tageslicht durch Ritzen in einer schadhaften Bretterwand. Gruber erkannte die Einstiegsstelle wieder, durch die er vor einigen Wochen erstmals in den Dachboden eingedrungen war.

Allmählich kam er wieder an den Ausgangspunkt zurück. Mehrere Abgänge waren zu erkennen, diesmal aber alle verschlossen und vom Dachboden aus nicht zu öffnen. Nun erkundete Gruber den darüber aufragenden Turm selbst, der durch fensterlose Maueröffnungen reichlich von Licht durchflutet war und in dem sich ehemalige Wohnräume befanden. In den Ecken bemerkte Gruber Kaminanschlüsse für Kachelöfen, die jedoch abgetragen und zu großen Haufen geschichtet in den Räumen lagen. Der Boden bestand aus breitem Lärchenholz-Schiffsboden. Durch das Austrocknen des Holzes waren Zwischenräume entstanden. Unter den Fensternischen hatten sich morsche Stellen gebildet. Eine Granittreppe wand sich von Stock zu Stock, und in jedem befand sich dasselbe. Das letzte Stück Treppe führte zum Dachboden des Turmes. Die Tür zum Dachboden stand offen. Laut war das Gurren und Flattern der Tauben zu hören, die ihn bewohnten. Gruber ging von Raum zu Raum und fand stets dasselbe vor. Eine niedrige eiserne Türe, die er zunächst für den Zugang zu einem Kamin hielt und nur mit Gewalt zu öffnen war, erwies sich jedoch als große Entdeckung! Hinter der Tür befand sich ein kleiner fensterloser Raum, der sich bei näherer Untersuchung als wahre Schatzkammer erwies. Gruber hatte die Bibliothek des Prinzen Rohan entdeckt, von der ihm der General erzählt hatte und die seit dem Jahr 1945 als verschollen galt!

Gruber ließ sich mit Ehrfurcht und stiller Freude zu den

Büchern am Boden nieder und es war ihm dabei zumute wie einem brasilianischen Minero beim Entdecken seines ersten Goldklumpens. Das erste Buch, das ihm auffiel, trug den Titel „Umbruch der Zeit" und war von Karl Anton Prinz Rohan verfasst. Ein grüner Band mit rotem Titel. Er erkannte es bereits von Weitem. Tante Anna hatte es genau beschrieben. Sie war es auch, die ihm von der geschmacklosen Tat Gundackers erzählt hatte. Dieser war zur Zeit des Prinzen Schlossverwalter. Der spätere Verwalter Franz Burger war zu dieser Zeit noch Stallmeister gewesen. Der Verwalter Gundacker hatte damals in einem Anflug von geistiger Umnachtung oder aufgestautem Hass gehandelt.

Tante Anna erzählte folgende Geschichte: „Als die Russen mit der Einquartierung begannen und dem protestierenden General drei Tage Hausarrest verpassten, um seinen Hitzkopf abzukühlen, brach Gundacker heimlich die Gruft auf und machte sich an den Särgen der Prinzenfamilie zu schaffen. Er hatte dabei ein Exemplar dieses Werkes von Prinz Rohan bei sich, die zu Hunderten in einem unversperrten Abteil des Festen Hauses lagerten, und drückte es einem mumifizierten Leichnam, vermutlich einem Ahnen Rohans, sozusagen in die Hände. Er soll dabei angeblich triumphierend „sic tempora mutantur" gerufen haben. Wahrscheinlicher jedoch, da er nicht besonders gebildet gewesen sein soll: "Schau her, so ändern sich die Zeiten!" Jedenfalls gilt als erwiesen, dass der General damals im Jahre 45, unmittelbar nach seinem dreitägigen Stubenarrest, Gundacker fristlos entlassen hat und Burger über Nacht vom Stallmeister zum Schlossverwalter befördert wurde. Es gilt aber als ebenso gesichert, dass noch viele Jahre später, bis zu dessen Tod, der neue Verwalter mit Gundacker heimliche Zusammenkünfte hatte und sie gemeinsam gewisse unsaubere Geschäfte machten.

Gruber war begeistert von seinem Fund, den er lange geheim hielt und von dem er niemandem ein Sterbenswörtchen erzählte, auch nicht Tante Anna. In den darauffolgenden Nächten schleppte er sackweise Bücher in den gotischen Saal seiner Wohnung, um sie zu reinigen und zu registrieren. Es mochten einige Hundert sein, allesamt in erbarmungswürdigen Zustand und mit deutlichen Zeichen, dass sie in dem Jahrzehnt seit dem Krieg eher Ratten zur Nahrung, als Menschen zur Lektüre gedient hatten. Die Bücher waren in allen europäischen Sprachen verfasst, und soweit er wusste, beherrschte der Prinz sie auch alle. Ungarisch, Italienisch, Tschechisch, Deutsch, Englisch, Spanisch. Überwiegend aber in französischer und italienischer Sprache.

Die Gattin des Prinzen, Marika, entstammte dem alten ungarischen Adel der Apponyi. Ihr Vater, Graf Apponyi, war ein bekannter Redner des ungarischen Parlaments. Seine Tochter bevorzugte englische Romane zur Lektüre, wie Gruber anhand der Bücher, die er sorgfältig katalogisierte und nach persönlichen Eintragungen durchsuchte, feststellte. Diese Bücher gaben Gruber Einblick in das literarische Schaffen der frühen zwanziger und dreißiger Jahre, bis hin zum Ausbrechen des Zweiten Weltkrieges. Die jüngsten Bücher stammten aus dem Jahr 1943. Bald darauf wechselte das Schloss den Besitzer. Der General hatte ihm erst kürzlich anlässlich einer Einladung zum Nachmittagstee davon berichtet. Insgesamt waren die Bände, oder besser die Reste davon, vorwiegend politischer Natur. Aus den persönlichen Widmungen an den Prinzen war auch klar zu erkennen, dass sie aus dessen Bibliothek stammten.

Der Prinz hatte in vielen seiner Bücher Randbemerkungen mit einem dicken, ungespitzten Bleistift angebracht. Das schaffte eine intime Nähe, obgleich Gruber kaum etwas von diesem Mann wusste. Dem General war nicht viel zu entlocken, außer dass ein verwandtschaftliches Verhältnis zum Prinzen bestand und er nach seinem Ausscheiden aus dem militärischen Dienst auf das Schloss zog. Ein Porträt des Prinzen Rohan fand sich übrigens gleich auf der ersten Seite des Werkes „Umbruch der Zeit."

Der Prinz musste ein außergewöhnlicher Mann gewesen sein. Er war Herausgeber der „Europäischen Revue“, wie Gruber aus den Büchern ersehen konnte, publizierte politische

Aufsätze und las Unmengen von Büchern. Er korrespondierte mit zahlreichen Schriftstellern, Philosophen und Historikern seiner Zeit, und viele seiner Bücher trugen persönliche Widmungen der Autoren. Albert Schweitzer sandte ihm sein Buch „Kultur und Ethik“ (Kulturphilosophie-Zweiter Teil, München 1923) mit einer kurzen Widmung aus Günsbach im Elsass: „dem Prinzen Rohan mit besten Gedanken“ (undatiert), wo er damals lebte. Auch von Henry de Montherlant und Alain fand Gruber aufschlussreiche Widmungen, die zumindest auf eine gute persönliche Bekanntschaft und gemeinsame Gesinnung mit diesen Schriftstellern schließen lassen. Alain schrieb auf der Innenseite seines Romans „Souvenirs de Guerre “ mit schwarzer Tinte: „à Karl Anton Prince Rohan, Ici quelques lumières sera l'homme et quelque amitié pour l'homme, Bien sympathiquement, Alain, la 19 Mai 1937.“ Weder Montherlants „Le Solstice de Juin“ noch Alains Werk „Souvenirs de Guerre“ hatte der Prinz fertig gelesen. Nur die ersten Seiten waren aufgeschnitten.

Der „Umbruch der Zeit“ kam rascher als der Prinz geahnt hatte. Der Band Montherlants wurde 1941 herausgegeben, die Widmung auf der ersten Seite war mit 19 Juin 1943 datiert. Warum er es dem Prinzen erst zwei Jahre nach dem Erscheinen zusandte, wissen wir nicht. Was wir aber wissen, ist, dass Prinz Karl Anton Rohan bereits weniger als zwei Jahre später das Schloss verließ und in die Westzone flüchtete.

Aber das Leben bewegte sich wie ein rauschender Fluss durch die Ebene und auch die stärksten Uferbefestigungen konnten nichts dagegen ausrichten, dass er seinen Lauf immer wieder veränderte. Der Prinz hatte nicht nur den gesamten kostbaren Weinvorrat, sondern die unschätzbar wertvolle Bibliothek dem General überlassen. Was für ein Zufall, dass Gruber diesen Bücherschatz auf dem abgelegenen Dachbodenspeicher zehn Jahre später wieder entdeckte. In den folgenden Wochen besuchte Gruber noch mehrmals den Dachboden und stöberte noch das eine oder andere Buch auf. Erst Monate später erzählte er Tante Anna von seinem Fund

und sie rief auch sogleich beim Anblick des „grünen Buches" aus: „Ja, das ist der ‚Umbruch der Zeit'!" Sie fragte ihn auch, ob er nicht ein in Leder gebundenes Fotoalbum gefunden habe, das damals vor dem Krieg, als sie noch im Schloss als Zofe gearbeitet hatte, im Besitz der Fürstin Auersperg, einer Tante des Prinzen, gewesen sei und dass sie einmal aufgeschlagen im Schlafzimmer der Fürstin sah. Sie schwärmte Gruber von den kleinen schönen Bildchen vor, auf denen die weitläufige adelige Verwandtschaft der Familie Auersperg zu sehen war, darunter auch die jungen Hoheiten mit schönen Kleidern in possierlicher Haltung. Dabei erinnerte sie sich auch wieder an alte Geschichten von damals; zum Beispiel an den Grafen Waldstein, der oft um Weihnachten herum ins Schloss kam und mit einer prächtigen Kutsche und livrierten Dienern vorfuhr. Vor Tante Annas Augen begann die ganze glänzende Gesellschaft der Zeit vor den schweren Kriegen wieder aufzuerstehen. Gruber fiel nun wieder der Fund des alten Fotoalbums im Zimmer der Fürstin ein, und versprach, es ihr beim nächsten Besuch vorbeizubringen. Bei der Erzählung ihrer Erinnerungen rollten Tante Anna ein paar Tränen aus den alten Augen. Sie hatte das Schloss seit dem Auszug „ihrer" Herrschaft im Jahr 1945 nicht mehr betreten. Vor dem General hatte sie Angst und den neuen Verwalter verachtete sie. „Das ist ein böser Mensch, hüten Sie sich vor dem, Herr Doktor", sagte sie immer wieder.

In den folgenden Monaten vertiefte sich Gruber in die politische Literatur der zwanziger und dreißiger Jahre und las ergänzend dazu geschichtliche Werke über diese Zeit und auch über den Zweiten Weltkrieg selbst. Er beschaffte sich zu diesem Zweck mehrere Lexika, um über die verschiedenen Aspekte der Vorstellungen des „Völkerbundes " nachschlagen zu können. Ergänzend dazu las er die Tagebücher von J. P. Sartre sowie Arbeiten von Jules Romain.

Solcherart war das abendliche und nächtliche Leben des Doktor Gruber in seiner neuen Wohnung im Schloss. Er vermisste die Großstadt in keiner Weise und saß gemütlich hinter dem barocken Kachelofen, der noch funktionstüchtig in der Ecke seines Schlafzimmers stand. Ein paar Mal war es notwendig, dass er sich in die Nationalbibliothek begab, um in entsprechenden Werken nachzuschlagen, die ihm das nötige theoretische Rüstzeug zur Erstellung der „Inneren Kategorien“ verschafften. Der Bibliothekar, ein freundlicher Mensch in der klösterlichen Abgeschiedenheit der prächtigen Kartensammlung am Josefsplatz, gestattete Gruber, sich die gewünschten Werke selbst aus den Regalen zu holen.

Als Gruber die Katalogisierung der aufgefundenen Bücher abgeschlossen hatte, legte er die Liste dem General vor. Doch dieser Mann war bereits in fernen Welten unterwegs und zu weit weg, als dass ihn Derartiges noch interessiert hätte. Er sagte lediglich: „Schön, schön, ich sehe, dass sie stets fleißig und tätig sind, Herr Doktor. Nur wüsste ich gar zu gerne, ob Sie mit dieser Art Zeitvertreib nicht dem Herrgott den lieben Tag stehlen. Oder folgen Sie damit einem inneren Antrieb, ist es Ihnen sozusagen eine tiefere innere Aufgabe, Derartiges zu tun?“

Gruber kam bei dieser Frage ein wenig in Verlegenheit, aber er besann sich und versicherte dem General, einem inneren Antrieb zu folgen. Damit gab sich der General zufrieden. „Ich weiß“, sagte er, „dass Sie ein wissbegieriger Mensch sind, deshalb erzähle ich Ihnen nun etwas, das Sie sonst wohl nie und nimmer, auch mit all Ihrem Spürsinn nicht, herausbekommen könnten.“

4.6. Der General erzählt eine Geschichte

„Sehen Sie, ich bin ein Soldat, ein nüchterner Mensch. Ich habe so viele Menschen sterben sehen. Ich brauche nicht viel. Ich mache es dem alten Kaiser nach. Ich schlafe auch auf einem einfachen Feldbett. Für mich haben Bücher keinen besonderen Wert. Es sei denn, es handelt sich um strategische Werke oder um Landkarten, anhand derer man Aufmarschrouten auskundschaften kann. Ich fasse mich gerne kurz. Ich möchte Ihnen aber dennoch zur Befriedigung Ihrer

Neugier ein kleines Histörchen erzählen. Sie kennen die Geschichte mit dem unerquicklichen Hausarrest, den mir diese verdammten Russen damals anno 45 verpasst haben? Sie wissen, dass bald darauf ein großer Haufen Bücher aus meiner Bibliothek verschwunden ist. Im Übrigen waren es hauptsächlich Bücher vom Prinzen, mit denen ich sowieso nichts anfangen konnte. Aber was soll's, ich brauche das Zeug nicht. Jedenfalls hatte damals, unmittelbar, nachdem ich den Diebstahl bei der Kommandantur gemeldet hatte, Major Obolski getobt, er würde die Schuldigen finden und ihnen die Haut abziehen lassen und dergleichen. Sie waren nicht mehr im Krieg, Herr Doktor Gruber, damals waren Sie noch ein Knirps und zu jung. Und wären Sie älter, Gott helfe mir, ich weiß auch nicht, warum ich so was sage, aber wären Sie 39 im richtigen Alter gewesen, hätten Sie es sicherlich so angestellt, wegen irgendeines Firlefanzes nicht eingezogen zu werden. Einerlei. Das geht mich auch nichts an. Sie haben auf die eine oder andere Art schon Ihren Beitrag für das Vaterland geliefert, davon bin ich überzeugt. Wie auch immer. Jedenfalls kommt kurz vor dem Abzug der Russen dieser Poikilof, der Quartiermeister von Major Obolski, ein Kerl mit einem Schnurrbart, einen halben Meter breit, zu mir. Er war einfach an Frederik vorbeigerannt. Ich glaub gar, das war ein Pole und gar kein Russe! Na, jedenfalls … der Kerl war ganz schön frech und kam ohne Anmeldung damals zu mir ins Arbeitszimmer. Aber ich habe ihm das nachgesehen, denn er wirkte verunsichert und blickte verschämt zu Boden. Kurz, er erklärte mir, dass er irgendwie mit den verschwundenen Büchern zu tun habe. Aber irgendwie auch wieder nicht. Es war eine verzwickte Sache und im Grunde doch wieder so einfach. Ich glaube, er hatte Angst, das Ganze könnte rauskommen und ihm nachträglich noch schaden, oder er wollte wirklich sein Gewissen befreien. Im Grunde musste ich innerlich darüber lachen, denn die Bücher interessierten mich nicht, wie bereits gesagt.

Also, dieser Gundacker, der vermaledeite Verwalter, den ich damals entlassen musste wegen seiner ungeheuren

Gottlosigkeit in der Geschichte mit dem Sarg, na, Sie wissen schon, steckte hinter der Sache. Also das war so: Er kannte den Quartiermeister; die beiden spielten immer Karten im Wirtshaus Ebner hinterm Schloss; es war am Anfang der Einquartierung; obgleich er damals nichts mehr im Schloss zu sagen hatte; aber der Poikilof wusste nichts davon; kurz, er hat Poikilof angejammert, dass wegen des vielen Militärverkehrs durch die Einquartierung ins Verwalterhaus die Zufahrtsstraße schon voller Schlaglöcher sei, in denen nun das Wasser einen halben Meter hoch stünde, und dergleichen Unsinn mehr. Schotter sei da gar nicht so gut zum Auffüllen, am besten wäre eine Ladung alter Bücher, sagte der Halunke; Poikilof, der überdies ja auch nicht gerade hell im Kopf war und schon gar nicht ein Bücherwurm, wenn Sie verstehen, was ich damit sagen möchte, meinte daraufhin: ‚Und wo nehmen wir die Bücher her?' Und der Gundacker, dieser hinterlistige Fuchs, der mir eins auswischen wollte für die Entlassung, sagte, ‚das ist ja überhaupt kein Problem, davon gibt's oben im Schloss genug. Die will der General eh am liebsten verheizen lassen'. Das hat er ihm erzählt, und dieses Rindvieh von Poikilof hat es auch noch geglaubt. ‚Und am besten sind die mit den dicken Ledereinbänden, die halten wenigstens was aus', soll er auch noch gesagt haben.

Und so kam es auch. Der Poikilof schickte seine Männer am nächsten Tag in aller Herrgottsfrüh mit einem Lastwagen ins Schloss, während ich noch seelenruhig in meinem Feldbett schlummerte, und räumten in aller Seelenruhe meine halbe Bibliothek aus. Aber auf „Russisch", bitte schön. Sie warfen die Bücher einfach von oben runter auf den Lastwagen, der auf der Zugbrücke direkt unter dem Fenster stand. Und der alte Gundacker rieb sich das Fäustchen. Mein Verwalter, der Burger, dieser Trottel, war im Wald auf Pirsch, während eine Lastwagenfuhre wertvollster Bücher und alter Handschriften vor dem Verwalterhaus in die Schlaglöcher geschaufelt wurde. Als der Verwalter Burger vom Wald heimkam, wurde er angeblich ohnmächtig, weil er fürchtete, man würde ihm diese Sache ankreiden. Aber es ist ihm nichts geschehen. Natürlich hat er gleich kapiert, was los war. Er war an dieser Sache ausnahmsweise einmal nicht schuldig. Das Vertrackte daran war, dass die Russen natürlich keine Ahnung hatten, dass der Gundacker nichts mehr zu sagen hatte. Aber als der Poikilof das rausbekam, war die Sache bereits erledigt, und er hielt es damals für besser zu schweigen, als ich Meldung machte, sonst hätte ihm der Major Obolski wirklich noch das Fell über die Ohren gezogen. Ein Teil dieser Bücher mag dann auch auf den Dachboden gekommen sein. Nun kennen Sie die Geschichte, Herr Doktor, und nun vergessen Sie sie auch am besten gleich wieder. Ich möchte nicht, dass im Dorf darüber gesprochen wird. Der Gundacker hatte sich gehütet, das Maul aufzumachen. Ich empfehle mich für heute, Herr Doktor, es ist Zeit für mein Schläfchen".

Damit zog sich der General zurück und Gruber hatte noch ein Weilchen, um über diese seltsame Geschichte nachzudenken. In seiner Wohnung angekommen, schrieb er die ganze Geschichte haarklein auf. Kein Mensch könnte sich solchen Unfug ausdenken, dachte Gruber und war damit zufrieden. Der Umfang seiner „Inneren Kategorien" wuchs mit der Kenntnis derartiger Details beachtlich an. Aber warum er die rattenzerbissenen Bücher eines Menschen, den er nie persönlich kennengelernt hatte, so akribisch inventarisierte, oder warum er den Ameisenlöwen im Burggraben eine eigene kleine Publikation gewidmet hatte, wusste er eigentlich selbst nicht zu beantworten. Er beließ es dabei, eben seinem inneren Antrieb zu folgen. Das war alles, was er dazu sagen konnte. Damit war das Thema auch schon beendet. Gruber behielt die Bücher bei sich in der Wohnung und verwahrte sie in Regalen im gotischen Raum. Natürlich blieben trotz der interessanten Geschichte des Generals, die einiges über den Verbleib der alten wertvollen Bände erklärte, sowie dieser neuen Entdeckung von Gruber, noch viele Fragen offen. Er hätte gerne gewusst, wer diese Bücher, die ja vorwiegend politischer Natur waren, in diesen versteckten Raum auf den Dachboden geschafft hatte und ob nicht etwa Verwalter Burger, oder Gundacker selbst, auch mit dieser Sache zu tun hatten.

Außerdem war es mehr als fraglich, dass der Verwalter nichts davon gewusst hatte, denn er hatte bestimmt einen Schlüssel für diesen Speicher besessen. Eine Möglichkeit, so dachte Gruber, war natürlich auch, dass der Prinz selbst diese Bände aus irgendeinem Grund verschwinden lassen wollte; da er das Schloss aber in ziemlicher Eile kurz vor Eintreffen der Russen verließ, hatte er sich damals möglicherweise um diese Angelegenheit nicht mehr kümmern können; wie gesagt, als die Bücher verschwanden, war er schon in westlich der Enns in vorläufiger Sicherheit; aber der Prinz hatte ja noch ein paar loyale Leute im Schloss, auf die er sich verlassen konnte; den Diener Frederik zum Beispiel; aber was soll´s. Seither war über ein Jahrzehnt vergangen und was konnte man da noch wissen. Es hatte auch keinerlei Bedeutung mehr. Mit Sicherheit waren Teile der Schlossbibliothek sehr alt und wertvoll. In der noch vorhandenen Bibliothek des Generals im Rundturm fanden sich sogar Handschriften aus dem Kloster Melk. Einmal bemerkte Gruber eine offene große Ledermappe auf dem Lesetisch in der Bibliothek. Er warf nur einen kurzen Blick darauf, denn der General kam ihm bereits aus dem Nebenzimmer entgegen, dennoch sah er, wenn auch nur flüchtig, dass es Handschriften auf Pergament in mittelhochdeutscher Schrift waren; womöglich ein Teil des Nibelungenliedes, von dem im Stift Melk ja auch Teile gefunden worden waren. Er sah diese Mappe jedoch später nie wieder und sprach auch nicht mit dem General darüber. Es ging ihn auch nichts an, und er hatte mit seinem neuesten Fund ohnehin genug zu tun.

Die Erzählung von den alten Schwarten, mit denen Schlaglöcher vorm Verwalterhaus aufgefüllt worden waren, gefiel ihm aber schon besonders gut. Es wäre ihm aber noch plausibler erschienen, hätte der General erzählt, die Russen hätten Schwein, Pferd und Hammel mit Spinoza, Leibniz und Originalen des Nibelungenliedes gebraten. Ja, es mochte auch die Sophienausgabe von Goethes Werken darunter gewesen sein, nicht aber die Biografie Grillparzers von Schreyvogel. Die fand Gruber nämlich auch auf dem Dachboden und noch dazu signiert. Ein Werk mehr, das er vor weiterem Rattenzerbiss retten konnte. Aber dass man Bücher zum Auffüllen von Schlaglöchern verwendet hatte? Gruber überlegte, welche dafür wohl besser geeignet waren: dicke alte Schweinsleder-Schwarten oder solche, die einen hölzernen Einbanddeckel trugen und nur mit dünnen Ziegenlederhäuten bespannt waren? Gruber liebte alte Bücher. Der General wusste das natürlich und bat ihn, eine mittelalterliche handschriftliche Kopie eines Werkes von Plinius zu restaurieren. Der Einband war aus Ziegenleder, und das Bemerkenswerte war, dass dieser noch die ursprüngliche Tierbehaarung aufwies. Die Buchschließen bestanden aus fein ziselierten, kupfernen Spangen in der Form einer Lindenblüte und waren nur durch eine komplizierte Drehbewegung zu öffnen; sie gaben dem Buch das Flair eines Gebäudes, das dem wissbegierigen Adepten nur mit einem Schlüssel den Zugang ermöglicht und den Inhalt offenbart. Das aber auch nur dann, wenn der Leser die Schrift lesen konnte, in der es verfasst war. Gruber konnte es nicht. In Latein war er nicht besonders gut.

Außer dem erwähnten Schreyvogel Buch über Grillparzer gab es zahlreiche Biografien über Wellington, Napoleon, Blücher, Sven Hedin, Billroth, Heine, Darwin, Rousseau, Lord Chamberlain, Gneisenau, Mathias von der Schulenburg und Hermann Graf Keyserling. Man mag die Akribie und Verbissenheit, mit der Gruber einzelnen Details, wie etwa dem Verbleib einer Bibliothek, nachging, belächeln und als unwesentlich einstufen. Gruber machte es sich jedoch von vornherein zur Gewohnheit, selbst den geringsten Spuren nachzugehen, wenn sie sich auch in der Folge als unwichtig für die Beurteilung des Ganzen herausstellen sollten. Dazu mögen die Untersuchungen der Grabinschrift auf dem zum Schloss zugehörigen Friedhof zu stellen sein. Er hatte die Vorstellung, dass die Todes- und Geburtstage der Bestatteten bestimmte, sonst nicht zutage zu fördernde Zusammenhänge aufklären könnten, und ging in dieser Hinsicht recht weit und durchstöberte die Kirchen der Umgebung nach verwertbaren Unterlagen. Nach dem Studium zahlreicher Taufbücher und

Kirchenchroniken ließ er jedoch davon wieder ab, registrierte das Erfahrene und schlug neue Wege ein. Keine Spur war ihm zu unbedeutend, kein Hinweis zu fantastisch und kein Detail zu minderwertig, als dass er nicht seine Wurzel erforschen wollte. Als er bei der Betrachtung einer schönen Grabinschrift verharrte, kam ihm ein Zitat aus Josef Roths Radetzkymarsch in den Sinn: „Also geht ein Bauer im Frühling über den Acker und später, im Sommer, ist die Spur seiner Schritte überweht vom Segen des Weizens, den er gesät hat."

4.7. Untersuchungen im Burggraben

Methodisch der Mühlbacherforschung im Herbst des Vorjahres angelehnt, widmete sich Gruber im Herbst 1956 dem Burggraben. Tagelang sah man ihn dort herumkriechen. In der Hand hielt er sein blaues Feldbuch und schrieb darin mit gespitztem Bleistift: „Burggraben – ursprünglich wohl an die 10 bis 15 Meter tief und mit Wasser gefüllt, zurzeit aber als schöner gepflegter Garten im Gebrauch. Man erzählte mir, dass der General dort zeitweise seine Spaziergänge macht, aber ich traf ihn dort noch niemals an. Das ursprüngliche Ausmaß des Burggrabens lässt sich nur erahnen. Die Zugbrücke dürfte bereits vor Jahrhunderten durch eine steinerne Brücke ersetzt worden sein. Wahrscheinlich geschah dies zur Zeit des Umbaues der Burgfestung in ein barockes Schloss im 17. Jahrhundert. Die Wände des Burggrabens zeigen an den nicht so dicht verwachsenen Stellen das felsige Fundament des Schlosses. Es handelte sich um einen biotitreichen Paragneis; intensiv von verfalteten Quarzgängen durchzogen. Im verwitterten Fels noch Spuren alter Steinbearbeitung."

4.8. Doktor Gruber hat eine Flaute

Einige Monate nach dem Einzug ins Schloss verließ Gruber allmählich das Gefühl des Besonderen und Seltsamen und er bekam den Eindruck, sich in einer völlig normalen Umgebung zu befinden. Er wusste nicht mehr, ob die Erstellung der

„Inneren Kategorien" überhaupt noch eine Bedeutung hatte, weil ihm plötzlich das ganze Unterfangen als nutzlos erschien. Vielleicht mochte das auch mit einer persönlichen Krise im Zusammenhang gestanden haben, die Gruber in dieser Zeit durchlief. Martha ging ihm oft durch den Kopf. Es war aber bei diesem einzigen Treffen geblieben. Was hätte er ihr auch bieten können? Sein Leben war so weit von ihrem entfernt. Niemals hätte sie seine Affinität zum Schloss verstehen oder seine Begeisterung für die Arbeit an den Kategorien auch nur annäherungsweise teilen können. Gruber war in dieser Hinsicht ganz auf sich gestellt. Er bemerkte in diesen Tagen eine Neigung zum Herumtrödeln. Der Mann, der die seltsamen Tänze aufgeführt hatte, tauchte auch nicht mehr auf. Er war eine Abwechslung gewesen. Vom General hatte er auch nichts mehr gehört, ja, ihn seit zwei Wochen nicht einmal mehr gesehen. Weder im Haus noch außerhalb. Durch Frederik ließ er jedoch ausrichten, dass er sich nicht besonders wohl befinde. Der Verwalter vertrat ihn nun bei der Standeskontrolle. Der Tagesbefehl, den der General im Krankenbett abfasste, wurde durch Frederik dem Verwalter übergeben.

Gruber verbrachte viel Zeit in der Wohnung und im Arkadengang, der nur von seiner Wohnung und den Räumlichkeiten des Generals aus zugänglich war. Vom Arkadengang hatte er Einsicht in die beiden darunter befindlichen Höfe. Die Tür zum Flur mit dem roten Marmorboden war versperrt und die Wendeltreppe vom Hof herauf war unbenutzbar. So hatte Gruber einen guten und ungestörten Überblick. Im Erdgeschoss ging viel vor sich. Zum Teil wohnte dort auch das Schlosspersonal, darunter der Torwart und die Mägde, denen dieser gern nachstellte. Keiner nannte ihn Torwart, sondern alle redeten von ihm als dem „Einarmigen". Er hatte im Krieg durch eine Granate einen Arm verloren. Es gab eine geheime Beziehung zwischen dem Einarmigen und dem Verwalter, dem er seine Stelle als Torwart verdankte.

Gruber bekam mit ihm gleich zu Beginn seines Einzugs

Ärger, weil er zu ungewohnten Stunden das Schloss verließ oder heimkehrte. Denn das Schlosstor wurde abends nach zehn Uhr verschlossen und morgens, kurz vor dem Tagesappell um sechs Uhr erst aufgesperrt. Nur der General selbst hatte einen Zweitschlüssel. Aber der General erließ für Gruber eine Sondergenehmigung. Er erhielt einen eigenen Passierschein. Auf dickem Büttenpapier, mit dem adeligen Wappen des Generals und von ihm persönlich unterschrieben. Das ermöglichte Gruber, zu jeder Tages- und Nachtzeit den Zutritt zu allen Räumlichkeiten des Schlosses, mit Ausnahme der Privatgemächer des Generals. Was den Weitergang seiner Untersuchungen anbelangte, so wusste Gruber, dass es sich dabei um eine äußerst gefährliche Gratwanderung handelte, da er Beobachter und Partizipierender in einer Person war. Nur die Fertigstellung der „Äußeren Kategorien" gab ihm den Mut, sich nun auch auf das Innenleben des Schlosses einzulassen.

4.9. Doktor Grubers Entdeckungsreise ins Schloss

In der letzten Septemberwoche, es war an einem Mittwoch, verließ Gruber seinen Schreibtisch etwas früher, um sich im Keller des Festen Hauses umsehen. Dort hatte ihm der Verwalter einen Speicher zugewiesen. Er hatte dort eine Menge Gerümpel gefunden, das er durchsehen wollte, bevor er alles abtransportieren ließ. Er musste Platz für seine ständig wachsenden Sammlungen schaffen. Der eigenartigste Fund, den er machte, war zweifellos ein altes Bild, das vom Maler Arnold Böcklin stammte. Es war die bekannte Toteninsel, von der Böcklin fünf verschiedene Versionen gemalt hatte. Die dritte Version (1883 – übrigens das Jahr der Krakatau-Explosion), wurde von Böcklin für seinen Galeristen Fritz Gurlitt angefertigt, und die vierte Version (gemalt 1884) erwarb Heinrich Baron Thyssen, und befand sich angeblich in seinem Safe, als sein Haus beim Bombardement von Berlin zerstört wurde; Gruber fand das Bild unter Kubikmetern von alten muffigen Kleidern und Kisten mit Büchern und Zeitschriften, alten Gummistiefeln und sonstigem Gerümpel. Er hielt es zunächst natürlich für einen Druck, konnte aber mithilfe von Katalogen zweifelsfrei nachweisen, dass es sich bei seinem Fund um die vierte Version handelte. Das Bild war allerdings stark beschädigt. Das dürfte auch der Grund gewesen sein, dass es noch vorhanden und nicht in einer der Wohnungen der Schlossbediensteten gelandet war. Wie es in diesen Speicher gelangte, wusste er allerdings nicht. Wie es aber in das Schloss kam, dafür hatte er bereits so seine Ideen und auch konkrete Anhaltspunkte. Der Wichtigste war wohl der, dass das Schloss während des Zweiten Weltkrieges eine Außenstelle des Kunsthistorischen Museums in Wien gewesen war. Es fungierte als Bilderdepot. Aber er konnte über den Verbleib der Bilder nichts Genaues mehr erfahren. Den General konnte er nicht fragen. Derartiges interessierte ihn schlicht und einfach nicht mehr und er selbst war auch mehr an wissenschaftlichen Dingen interessiert; außerdem deprimierte ihn der Anblick des düsteren Bildes und er fand, dass nur sehr eigenartige Gemüter an solch einem Bild Gefallen finden konnten; schließlich fand er einen Platz in einer dunklen Ecke des gotischen Raumes, den er nur mehr sehr selten betrat, seit er sich der unheimlichen Macht der Mauern bewusst geworden war. Dies schien ihm der geeignete Ort die „Toteninsel" zu verwahren.

Gruber machte noch einen weiteren interessanten Fund. Als er eine alte Tapete in der ehemaligen Winterwohnung der Fürstin, die ihm nun als Schlafraum diente, von der Wand ablöste, entdeckte er darunter barocke Malereien und Fresken. Diese Entdeckung begeisterte ihn so sehr, dass er auch am Plafond des über vier Meter hohen Wintersalons begann, die Tapeten abzulösen. Es war zwar eine langwierige Arbeit, denn zu leicht wurden die darunter liegenden Malereien beschädigt, die zutage tretenden Motive waren aber von großer Schönheit und noch auffallend frischer Farbe; bemerkenswert waren die Darstellungen von zwei Schlössern, die an der Decke diametral gegenüberliegend, in akribischem Detail dargestellt waren. Eines der Schlösser, so vermutete Gruber, war die Darstellung der Feste Goldegg, dem Sitz der Fürsten Auersperg. Die Mutter des Prinzen war mit Adolf von Auersperg verheiratet, und Schloss Albrechtsberg hatte er von seiner Tante Johanna von Auersperg geerbt; insofern ergab sich ein historisch plausibler Bezug. Da Gruber von Malerei wenig verstand, war es für ihn aber schwierig, eine Datierung vorzunehmen. Jedenfalls befand sich unter der Tapete eine Auflage aus alten Zeitungen, die allesamt aus der Monarchie stammten und vom Krieg in Sarajewo berichteten; dadurch war eine relative Chronologie möglich. Das interessanteste Fresko aber war zweifellos die Darstellung der zweiten Schlossanlage: Es zeigte ein Schloss in einer ländlichen Idylle. Vor dem Schloss ist ein Fischer zu erkennen, der eine Angelrute in Händen hält und angelt. Der Fluss reicht dabei direkt an den Burgfelsen heran. Eindeutig handelt es sich bei dieser Darstellung um Burg Albrechtsberg, dachte Gruber; lediglich einige barocke Zubauten fehlten, und der Fluss war inzwischen durch eine Au etwas entfernt; auf der Darstellung sah man einen barocken belebten Hintergrund, wie es auch auf den Malereien von Johann Baptist Bergl im Stiftspavillon von Melk, oder im Schlösschen Pielach zu sehen ist. Vögel bevölkern eine liebliche Frühjahrsszenerie mit Cumulus-Wölkchen am blauen Himmel. Der Fluss in lustiger Bewegung, das Schloss nicht drohend, sondern einladend und als gemütlicher Blickfang mit architektonischem Zauber im Hintergrund. Was auch immer Gruber in Angriff nahm, irgendwann erwies sich alles im Zuge seiner Forschungstätigkeiten als nützlich und brauchbar; so konnte er im Zuge seiner architektonischen Forschungen gerade diese frühe Schlossdarstellung verwenden, um gewisse, nicht mehr erkennbare vermauerte Eingänge und Ähnliches zu entdecken. Baupläne von Oberst Kreutzbruck, die Gruber aus dem österreichischen Burgenarchiv in Wien hatte, erwiesen sich als sehr hilfreich und gaben wieder Hinweise über Bauphasen und räumliche Eigenheiten, die nicht mehr einfach festzustellen waren. Vermauerte Gänge und Nischen mussten in Überzahl vorhanden sein, und einen vermauerten Gang fand er bei einem halb verfallenen Weinkeller am Abgang zum Meierhof.

Gruber beobachtete zufällig einmal, dass ein Bewohner des

Meierhofes in diesem Weinkeller verschwand, aber nicht mehr herauskam. Als er später dort nachforschte und mit einer Fackel den Keller ausleuchtete, der weit unter den Burgfelsen hineinführte, konnte er nichts entdecken. Es war auch nicht möglich, dass sich der Mann irgendwo versteckt hatte. Außer ein paar vollständig verrotteten Weinfässern, die wie Gerippe am Boden lagen und die eisernen Bandreifen noch zwischen den morschen Tauben hatten, gab es nichts zu sehen. Aber an den Wänden, die er entlang ging, bemerkte er an zwei Stellen einen starken Zug, der seine Fackel zum Flackern brachte. Er konnte sich die Sache nicht erklären. An einer Stelle sah er auch, dass granitene Stufen mitten in einer Mauer verschwanden. Das Schloss hatte zweifellos seine Geheimnisse! „Schlösser sind nun einmal kleine Städte und alle Fäden laufen dort verständlicherweise zusammen“, sagt der Landvermesser in Kafkas „Schloss”. Gruber war zu Beginn dieser Spurensuche davon überzeugt, dass eines Tages das Gewebe unzähliger, scheinbar unentwirrbarer Fäden zu einem verständlichen Ganzen verschmelzen könnte. Die Hingabe an diese Tätigkeit machte ihn zufällig auf etwas sehr Wesentliches der menschlichen Existenz aufmerksam: „Bloß das Innehalten und Betrachten unserer eigenen Wirkung lässt uns dieselbe auch bewusst werden. Dies aber wiederum führt für den Zeitpunkt dieser Bewusstwerdung zu einem Innehalten der Tätigkeit selbst.“ Langsam nahmen die Dinge wieder Konturen an und bekamen so nach und nach wieder ihre ursprüngliche Gestalt zurück. Die Erforschung des Schlosses brachte vieles zu Tage. Die Schwierigkeit der Untersuchung zeigte sich bereits darin, dass es nicht klar war, ob von einem Schloss oder einer Burg zu sprechen war. So sprach das Vorhandensein eines Wassergrabens und einer Brücke für den ursprünglichen Festungscharakter, und somit für eine Burg. Andererseits waren die Zubauten mit dem Renaissancehof Kennzeichen eines Schlosses.

Die ersten Vorboten des Herbstes begannen sich zu zeigen. An diesem Tag möglicherweise nur von Gruber beobachtet, wirbelten zarte gelbe Akazienblätter von den alten Bäumen hinab in die tiefe Unschuld der Pferdekoppel, die unmittelbar hinter der Schlossmauer lag. Manche blieben zwischen Grashalmen hängen, andere lagen am Boden und wurden von den Hufen in den Lehm gepresst. Der gelb gestrichene Verputz des Meierhofes verschwand leise und unauffällig in den Brennnesseln und Holunderbüschen, die auf der Rückseite der Stallungen wuchsen. Im Fallen verraten die Blätter ihre Natur und ihre Herkunft, dachte Gruber, und notierte in sein Blaues Feldbuch: „Zart und verspielt wirbelt das kleine gelbe Blatt der Akazie. Breit und bestimmt segeln die Pappelblätter; selbst im dichten Regen, der den Sturm begleitet, schwirren sie noch in bestimmten Bahnen, fallen auf Gras, verheddern sich im Holunder, bleiben auf Weidenzweigen hängen; lautlos gleiten sie auf die Wasserfläche des Mühlbaches und ziehen dahin wie phönizische Galeeren. Das Ende des Sommers ist gekommen; schon taumelten die spitzen gelben Blätter der Weiden, schon springen die Samen des Springkrautes in der Wärme der Mittagssonne, noch zirpen die Grillen in ihren Erdhöhlen, noch sirren die Zikaden in den Bäumen und Büschen, noch hört man das Gurren der Ringeltauben aus dem Geäst der Weide, schon sind die Beeren des Holunders schwarz; der Ackerrainfarn beugt sich im tiefen Gelb über den Prallhang zum Fluss; der hölzerne Stil der Goldrute leuchtet rötlich und in der Blütensteppe krabbeln noch Käfer; auf den Steinen im Wasser sah ich kurze breite Fraßspuren der Weißfische; sie fressen den Algenbewuchs in bizarren Mustern, Pinselstrichen chinesischer Schriftzeichen gleich; die Hagebutten hängen schwer gebeugt, die Früchte zwischen Grün und blassem Orange; sie werden erst im späten Herbst die tiefrote Farbe erhalten und durch den Frost wird das Fruchtfleisch süß wie Marmelade; Miniatur-Kähnen gleich ziehen Weidenblätter mit steilem Kiel gegen die Strömung; vom Wind angetrieben. Allmählich sinken sie ins Wasser hinein; von der Strömung mitgerissen wirbeln sie in stillen Buchten im Kreise herum, sinken zum Boden des Flusses, werden von Schlamm bedeckt grau und unsichtbar; doch noch leuchten die weißen Kelche der Zaunwinde.“

Gruber dachte an die Kategorien, an den General und an die vermauerten Gänge im Weinkeller. Im Traum erblickte er die gelben Blätter, die vom Wind über die Landstraße getrieben wurden; sie wandelten sich zu flinken Springmäusen, die Blattstiele zu Mäuseschwänzen keck aufgestellt. Kastanienbäume und Linden bildeten eine Allee, die sich in der Ferne als dunkler Faden verlor. Am folgenden Tag saß er in einem Sonnenblumenfeld, beobachtete, zeichnete, las und schlief. Im Kroatischen wird sie als „die Blume, die sich mit der Sonne dreht" bezeichnet. Die Köpfe sind in steter Bewegung nach der Sonne. Nur der ausdauernde Beobachter bemerkt die Veränderung. Gruber lernte viel diesen Sommer und war mit sich zufrieden. Er las auch viel in dieser Zeit. Bei genauer Betrachtung schien ihm das Schloss mit seiner strukturierten Weitläufigkeit und dem sozialen Geschehen wie die Abbildung einer kleinen Stadt. Alle Fäden liefen dort zusammen, wie schon Kafkas Landvermesser bemerkt hatte. Gruber war auf einer Spurensuche und fand allmählich, dass das Gewebe aus unzähligen Fäden, die zuvor verwirrt und nicht zu entschlüsseln erschienen, plötzlich zu einem verständlichen Ganzen zu verschmelzen begann.

Da es zum Baden mittlerweile zu kalt geworden war, ging er abends meist ins Wirtshaus. Er saß bei den Bauern, manchmal auch bei den Lehrern, vor allem am Donnerstagabend, an dem sie sich regelmäßig trafen. Mit Göbel und auch Max unterhielt er sich gerne. Unter der Woche traf er bisweilen den Schuster alleine bei einem Gläschen Wein, an dem er stundenlang trinken konnte. Ein seltsames kleines Männchen, ein verschrumpelter, karger Kerl. Er hatte nur mehr ein paar Zähne und lachte gern, war aber äußerst schweigsam und kaum für eine Unterhaltung zu haben. Dabei hatte er in unbeaufsichtigten Augenblicken einen beinahe listigen Blick, so, als ob er etwas ganz Wichtiges wissen würde. Einmal erzählte er Gruber unter dem Schwur der tiefsten Verschwiegenheit, er wüsste etwas sehr Interessantes über den Verwalter.

4.10. Feldmeier erzählt vom Verwalter

Hinter den vielen Fenstern des Schlosses verbargen sich mindestens ebenso viele Gesichter und es kam für Gruber gänzlich unerwartet, dass ihm zufällig durch den Installateur Feldmeier die Geschichte vom Verwalter erzählt wurde. Seit über einer Woche herrschte bereits starker Nebel und aufgrund der Feuchtigkeit auch eine empfindliche Kälte. Das störte Gruber nicht. Er hatte in der Wohnung genug zu tun. Vieles gab es noch aus den Sommermonaten und von der Herbstarbeit zum Nachtragen, Pläne und Diagramme zu zeichnen, Listen zu erstellen. Der Wohnung fehlte auch noch der Feinschliff. Für Feldarbeit hätte er sowieso gerade keine Zeit gehabt. Gruber war sehr rasch in seiner Wohnung eingezogen und hatte eines dabei übersehen: die Überprüfung der alten Wasserleitungsrohre auf ihre Druckfestigkeit! Die Leitungen verliefen zum Großteil vom Hof kommend außen am Mauerwerk entlang durch den gotischen Vorraum in seine Wohnräume hinein. Sie waren sehr alt und wahrscheinlich seit Jahrzehnten nicht mehr im Betrieb gewesen. Wie der General mit derartigen Unzulänglichkeiten zurechtkam, war ihm ein Rätsel.

Herr Feldmeier, den Gruber im Wirtshaus kennenlernte, galt als der beste Installateur weit und breit. Als Gruber ihn vor einer Woche in seinem Haus aufsuchte, sagte er sofort zu und kam am darauf folgenden Freitag ins Schloss. Das war eine unübliche Reaktion. Sobald Gruber nämlich das Schloss als seinen Wohnort nannte, begegneten ihm Misstrauen, Kopfschütteln und häufig eine Ablehnung. Vieles musste er deshalb selbst in die Hand nehmen. Feldmeier war eine Ausnahme. Seine offizielle Arbeitszeit endete freitags um zwölf Uhr. Ohne eine Mittagspause gehalten zu haben, läutete er eine halbe Stunde später schon bei Gruber. Dass er ohne Begleitung und Anmeldung zu Gruber gelangen konnte, war nur möglich, weil dessen Wohnung abseits des Wohnbereiches des Generals lag. Ansonsten wäre es Frederiks Aufgabe gewesen, den Besucher zu melden. Feldmeier drückte die

Leitungen auf 15 Bar ab und reparierte anschließend auch noch schadhafte Armaturen. Nach der Arbeit richtete ihm Gruber eine Jause her, so wie man Handwerker üblicherweise bewirtete. Er trug alles im Erker auf und stellte die Jause auf den kleinen Rundtisch, den er von Tante Anna als Einstandsgeschenk mitgebracht hatte. Aus dem kühlen gotischen Gewölbesaal brachte er zwei Flaschen Wieselburger Bier und bat Feldmeier zuzugreifen. Als er sich nach einem Installateur im Dorf erkundigt hatte, empfahl man ihm einhellig Feldmeier als den geeigneten Mann mit dem Zusatz, er solle möglichst eine halbe Kiste Bier auf Lager legen, denn der Meister sei zwar ein guter Arbeiter aber auch ein großer Bierliebhaber.

Feldmeier langte mit Appetit zu und Gruber leistete ihm Gesellschaft: Speck, Schinken, Geselchtes, Wurst, Käse (den Feldmeier nicht anrührte), saure Gurken, Pfefferoni, gekochte Eier, Brot. Gruber sorgte für den Nachschub an Bier. Feldmeier schwieg während der Jause vollständig. Hinter den gardinenfreien Schiebefenstern in kunstvoll geschnitzten, wurmstichigen Rahmen zog das Violett der Dämmerung über die Wipfel der hohen Pappeln vor dem Schloss hinweg. Jedes Ding hatte seine Geschichte und jede Geschichte hatte ungezählte Gesichter. Wer vermochte die Geschichte des Tischlers zu erzählen, der diese schönen Erkerfenster gefertigt hatte, wer von dessen Eltern oder Geschwistern zu berichten. Aus welchem Wald stammte das Holz für den Parkettboden, wann war es geschlagen worden und woher waren die Holzfäller gekommen? Alles Fragen, die nie mehr beantwortet werden konnten. Gruber blickte über Feldmeier hinweg in die Ferne; noch war blass die Kontur der Berge am Horizont zu erkennen. Was wissen wir von den Menschen, was von uns selbst. Was für einen Sinn macht es überhaupt diese Fragen zu stellen? Das Leben eilt vorüber, wie ein Schwarm Zugvögel, nur mit dem Unterschied, dass diese wiederkehren! Woher kam das Interesse von Gruber an diesen Dingen? Wieso stellte er sich Fragen, die für niemand sonst von Bedeutung waren? Woher das Interesse an dem scheinbar Unwichtigen? Was wollte er hier im Schloss? Wollte er die Vielfalt des Lebens ergründen, oder war er nur auf der Flucht vor seinem eigenen Leben? Was galten ihm die baulichen Details des Erkers, wo er erst die Grundzüge der „Äußeren Kategorien“ definiert hatte und gerademal dem äußeren Rahmen auf der Spur war?

Nach der Jause lehnte sich Feldmeier im Stuhl zurück und gab sich plötzlich lange zurückgehaltener Ermüdung hin. Gruber saß still daneben und betrachtete die Füße Feldmeiers. Klein und armselig wirkten seine abgetretenen Schuhe neben den Stuhlbeinen. Mit einem Ruck richtete er seine zusammengesunkene hagere Gestalt wieder auf, zündete sich eine Zigarette an und begann, ohne erkennbaren Anlass vom Verwalter zu erzählen.

Sein Gesicht gewann durch die Erzählung wieder an Lebendigkeit. Während seiner Arbeit an den alten Wasserleitungsrohren war er Gruber konzentriert und routiniert vorgekommen. Er bewunderte seine Professionalität und war froh, ihn bekommen zu haben; stets brannte eine Zigarette im herabgezogen Mundwinkel. Er lehnte jeden Imbiss oder Getränk während der Arbeit ab. Erst als er damit fertig war, streifte er dieses Gebaren ab und enthüllte eine andere Person, einen „zweiten“ Feldmeier. Wie viele Hüllen mochte er wohl haben? War es nicht bei allen Menschen so, dachte Gruber. Von den meisten lernen wir aber nur eine Hülle kennen und beurteilen sie danach. Dabei wissen wir doch nichts von ihnen. Wir kennen uns nicht einmal selbst.

Vom Licht im Erker angelockt, flatterte der erste Nachtfalter durch das Fenster. Gruber schloss es daraufhin. Er liebte das Schiebefenster. Noch nie hatte er Ähnliches gesehen. In der Dunkelheit des Himmels erkannte er schemenhaft die Konturen der Fledermäuse. Sie jagten trotz des Nebels. Es war kaum zu glauben, dass sich bei dieser Witterung noch Insekten fanden. Im Augenblick, als Feldmeier über die Herkunft des Verwalters zu erzählen begann, drang ein heiserer Schrei von draußen durch das Erkerfenster. Es kam aber nicht von der Straße, sondern schien aus der Richtung des Meierhofes zu kommen. Feldmeier unterbrach kurz seine Erzählung. Doch der Schrei verstummte sofort wieder. Gruber blickte wortlos auf Feldmeier. Dieser nahm einen Schluck aus der Flasche und fuhr fort; ein Glas hatte er abgelehnt. Es war eine lange und interessante Geschichte, die er über den Verwalter erzählte; und sie hatte für Gruber eine nicht erwartete Wirkung. Die Geschichte hatte genug Tragik, um damit mehrere Familien auszustatten. Der Verwalter stamme, so erklärte Feldmeier, von einem kleinen Bauernhof ab; ein kleines Nest, ein paar Kilometer vom Schloss entfernt. Burger also war ein Bauernsohn. Vielleicht war das der Grund, dass er sich so gern als großer Herr aufspielte, dachte Gruber. Die Erzählung Feldmeiers klang wie ein billiger Roman: Kleiner Bauer wird der Verwalter eines großen Rittergutes. Feldmeier wollte aber davon nicht sprechen. Er deutete es nur an. Nachdem Feldmeier geendet hatte, herrschte Stille. Gruber mochte nichts darauf erwidern. Die Erzählung hatte ihn sehr berührt und zu denken gegeben. Wie um dieses Nachdenken nicht zu weit zu treiben, sprang Feldmeier plötzlich munter auf und lud nun seinerseits Gruber ins Wirtshaus ein. Mittlerweile war es stockdunkle Nacht geworden und draußen rann der niederschlagende Nebel die Fensterscheiben herab. Als sie in den Schlosshof hinaustraten, konnten sie kaum die Lichter im ersten Stock erkennen. Nur ein trüber Lichtkegel wurde in der Dichte der weißen Wand reflektiert.

Als Gruber mit Feldmeier das Dorfwirtshaus betrat, sah er das erste Mal seit Langem wieder fremde Gesichter. Es war an diesem Freitag viel los. Meist traf er sich mit ein paar bekannten Lehrern zum Kartenspiel. Goebel oder Fellner, manchmal war auch Mistbacher dabei, obwohl er den überhaupt nicht ausstehen konnte. Hofmeister dagegen war ein schrulliger Kauz, mit dem man viel Spaß haben konnte. Ein paar Fremde waren auch da. Vielleicht Holzarbeiter, die im Pfarrwald zu tun hatten. Sie verwendeten unbekannte Ausdrücke, sprachen von Forstwirtschaft, Bodenbildung und standortgerechtem Waldbau. Im Wirtshaus von Albrechtsberg waren derartige Fachgespräche ungewöhnlich. Mistbacher, der auch am Lehrertisch saß, sah darin sogar eine Provokation. Er selbst war zwar Hauptschullehrer, aber soweit hatte er sich doch nicht in die naturwissenschaftlichen Fächer vertieft, dass er den Gesprächen hätte folgen können. Seinen Unmut tat er dadurch kund, indem er rasch hintereinander ein paar Gläser Wein hinabstürzte und beim Kartenspiel mit der Faust auf den Tisch schlug. Etwas ungewöhnlich für ihn, da er seinem entsprechend Wesen lieber im Trüben fischte, als die Farbe seines Gemütes zu offenbaren. Die anwesenden Bauern ertrugen die Tatsache ihrer geringen Bildung gelassener und begnügten sich damit, ihre Mäuler aufzusperren und neugierig zu gaffen. Eine Haltung, von der auch die noble Runde der Dorfhonoratioren reichlich Gebrauch machte, obgleich der Gemeindearzt das eine oder andere durch seine Kenntnis der lateinischen Sprache erahnen konnte.

Die Gespräche der Fremden interessierten auch Gruber, sodass er nur mehr mit halbem Ohr auf die Rede Feldmeiers achtete, der nach kurzer Zeit schon ziemlich angetrunken war und nur noch Belangloses von sich gab. Auch Gruber begann, die Wirkung des Alkohols zu spüren. Er ließ sich Wein einschenken, während Feldmeier Bier trank. Langsam sickerte die Gaststube mit all ihren Menschen um ihn her in eine vage Irrealität. Die Lampenschirme über den Tischen starrten vor Fliegendreck und warfen ihren Schein auf die zechenden Menschen. Wohlgefällig rollte der Wirt bereits das zweite leere Bierfass aus der Stube. Die beiden Forstadjunkten tranken fleißig, lehnten sich gelehrt über ihre Karten und klopften sich bisweilen gegenseitig vertraut auf die Schultern. Der Bürgermeister, der mittlerweile auch eingetroffen war und mit den Honoratioren des Dorfes am Stammtisch saß, sah dies als Zeichen der Freimaurerei und beobachtete die fremden Burschen misstrauisch. Doch mit der Zeit kamen auch deren Gespräche zum Stillstand und sie blickten gedankenversunken in das Dunkel der Nacht hinaus. Der Nebel hatte sich nur wenig verzogen. Sie nahmen die unheimliche Stille wahr, die sich vom Dorfplatz über die Tankstelle, den Dorfbrunnen bis hin zum Pfarrhof erstreckte, der schemenhaft im Hintergrund zu erkennen war. Das Zentrum der absoluten Stille jedoch bildete das Schloss. Für die Fremden hatte es keine besondere Bedeutung, es war ein historisches Bauwerk auf einem Felsen aus Urgestein, sonst nichts. Sie waren wegen ihrer forstwirtschaftlichen Untersuchungen hierher gekommen und mochten nach ein, zwei Tagen wieder aus dem Dorf verschwinden. Für die Einheimischen aber war das anders. Später erfuhr Gruber, dass sie noch im Weinkeller des Pfarrhofes gelandet waren und mit Hochwürden ein paar Bouteillen Riesling vom Weingut Knoll verkostet hatten. Sie übernachteten anschließend im Wirtshaus.

Am folgenden Tag herrschte dichter Nebel und die gelben Blätter der Pfarrhoflinde trieben auf der feuchten Straße vorbei. Am späten Vormittag, als der Mesner auf ein Krügerl Bier im Wirtshaus vorbeikam, waren die beiden Forstadjunkten bereits ins Feld verschwunden.

In diesem Herbst schienen sich die Ereignisse um das Schloss zu verdichten. Gruber hatte so viel Neues zu verarbeiten und zu katalogisieren, dass er immer näher an die Grenze seiner Kraft kam. Eine Art Angst begann sich seiner zu bemächtigen. Außerdem hatte er noch nie so viele Fremde im Ort angetroffen wie in diesen Monaten.

4.11. Vierter Brief an die Schwester

„Liebe Schwester!

Ich berichte weiter von meinen Fortschritten in der Feldforschung bei Schloss Albrechtsberg. Im vorigen Brief (er ist, wie viele andere, nicht im Nachlass von Gruber vorgefunden worden; Anm. d. Herausgebers) habe ich von den Ausbildungen der Chitin-Panzer des großen Ameisenlöwen berichtet sowie über meine Farbstudien an vereinzelt aufgefundenen Schwungfedern des gewöhnlichen Eichelhähers und von einigen Zaunkönigen. … trigonometrische Gefühle (unleserliche Zeilen …) aus dem Gedächtnisprotokoll meiner Zoologischen Kategorien. (unleserliche Zeilen, orthographische Unsinnigkeiten …) Sturzbäche der Gefühle in kleinen schwarzen Felsen eingegraben; schüsselförmig, trogförmig, sackförmig. Die Verwitterungsformen der Granite, die Erosionsformen, die Erscheinungen der Dekadenz, der paranoiden Angst, die Deformation, die Verzerrung; die Anzeichen der Krankheit. Erste Anzeichen, der Versuch sich aufzulösen im Nichts (gescheitert), der Versuch sich zu vervielfältigen (geglückt), die Unmöglichkeit sich weiterzubewegen (geglückt). (Danach noch weitere Sätze und Satzteile. Weitere unleserliche Zeilen …)

Ich lege sie alle vor! Weiter … die Angst, sich aufzulösen in der Masse (gescheitert), die Furcht, die Individualität zu verlieren (nicht besonders quälend), der Zweifel, ob es eine solche überhaupt gibt (erfolgreich), die Blähungen des Pfarrers, der Schlafrock des Försters (oder war es umgekehrt?), die blutigen Hände des Fleischers (oder des Försters? … undeutlich geschrieben), der Jagdrock des Straßenkehrers (möglicherweise eine weitere Verwechslung). Sie wird jetzt schmollen. Wo lauert das Leben, wo winkt der Tod (keine weiteren Satzzeichen). Noch rauscht das Meer, Verhältnis der Distanz zur Wärme, der Wunsch, unsichtbar zu sein. Wer besitzt die Tarnkappe der Nibelungen? (Bezieht sich diese Stelle auf den kurzen Einblick in das mittelhochdeutsche handschriftliche Dokument, das Gruber beim General sah, und das etwas mit der Nibelungensage zu tun haben dürfte? Wir wissen jedenfalls, dass Gruber diese Schrift gut beherrschte, nicht so sehr aber das Lateinische …)

Dein dich liebender Bruder Albert; Albrechtsberg, den 28. Oktober an einem Sonntag im Jahre 1956". (Brief nur fragmentarisch erhalten, der Herausgeber)

4.12. Das Erforschen des Nordostturmes und der Gruft

Die nebligen Tage im Spätherbst und zu Beginn des Winters nützte Gruber für das Erforschen des Nordostturmes und der Suche nach der Gruft. Die Bücher waren katalogisiert und zum Großteil auch durchgelesen. Er hatte Zeit für neue Taten! Der Bereich des Nordostturmes war vom Hof her nicht zur Gänze zugänglich. Ein Teil lag sozusagen unter der Erde in einem nicht mehr zugänglichen Bereich der alten Burganlage. Ein Zugang schien nur durch das Erklettern der hohen Schlossmauer von außen her möglich. Aber die ersten

Fensterreihen waren in beträchtlicher Höhe und sie hatten zudem starke schmiedeeiserne Gitter. Außerdem war Gruber noch die halsbrecherische Fassadenkletterei in Erinnerung. Den Zugang zur Gruft hatte der General zumauern lassen, nachdem diese peinliche Sache mit Gundacker geschehen war. Das war er dem Prinzen schuldig. Es waren außerdem nicht seine Ahnen, die darin zu Staub zerfielen, und für sich selbst trug er in dieser Hinsicht überhaupt keine Vorkehrungen. Ihm mochte der einfache Dorffriedhof genügen. Als Gruber im Zuge seiner ersten Vermessungsarbeiten im Frühjahr die Schlossmauer entlangkroch und nach Keramikfragmenten suchte, die ihm Näheres über die Baugeschichte mitteilen konnten, entdeckte er jedoch eine Schwachstelle. Damals bemerkte er, dass in nicht allzu großer Höhe von etwa fünf bis sechs Metern eine Fensternische war, an der die Vergitterung herausgerissen und von innen her nur angelehnt schien. Es war kaum zu bemerken. Für den flüchtigen Betrachter gab es hier nur eine Reihe von fest vergitterten Fenstern. Im Herbst fasste er den Entschluss, die erste Möglichkeit zur Erforschung des Nordturmes zu nützen und überdies auch einen Zugang zur Gruft zu finden. Er musste nur auf einen geeigneten Zeitpunkt warten, an dem an ein Besteigen der Mauer zu denken war. Einweihen durfte er in dieser heiklen Sache niemand.

Einer Woche ungewöhnlich schönem und sonnig warmem Wetter Anfang Oktober folgte ein heftiger Regenguss, der allmählich in Nieselregen überging und die Landschaft in ein trübes Grau tauchte. Ein undurchdringlicher Herbstnebel war die Folge. Vom Meierhof konnte man nicht einmal die unmittelbar anschließende Schlossmauer erkennen. Somit bestand auch keine Gefahr, dass ihn von dort aus die Leute beobachten konnten. Das war für Grubers Vorhaben ideal. Seit Tagen saß er über seinen Schriften und hatte die veränderte Wetterlage sorgsam registriert. Der Nebel kam dann aber so rasch, dass für besondere Vorbereitungen keine Zeit mehr bestand. Der Einstieg in den Nordturm musste sofort geschehen. Gruber begab sich nur mit einer Taschenlampe und einem Messband sowie dem üblichen Gerät zur Vermessung der Mauern (Kompass, Winkeleisen, Notizbuch) an die Arbeit. Im Schutze der undurchdringlichen Nebelschleier erkletterte er gegen zehn Uhr Vormittags die bereits vom Verputz etwas entblößte Außenmauer an der Rückseite des Schlosses, direkt hinter dem Gutshof. Von den Pferdeställen drang warmer Stallgeruch herüber. Der Nebel verstärkte den Schall und jedes Geräusch musste vermieden werden. Direkt über ihm hatte der Einarmige eine Wohnung im Nordturm und über diesem befand sich die Bibliothek des Generals. Die Mauer bestand aus einer groben Steinsetzung mit sehr ansehnlichen, mittelgroßen Fundamentsteinen. Aus den Fugen war im Laufe der Jahre der Verputz rausgebrochen, dadurch bildeten sich Vertiefungen zwischen den Steinen. Diese boten nun brauchbare Griffe. Für Gruber war die Mauer kein Problem. Er war ein geübter Kletterer. Das hatte er bei dem Erklettern der gefährlich hohen Innenhoffassade bewiesen, als er den Dachboden des Festen Hauses im Sommer erforscht hatte. Gruber visierte die Ecke des Gutshofes an und errechnete so seine Position; er befand sich genau unter der Fensternische mit dem angelehnten Fenstergitter. Zielsicher und rasch stieg er auf. Seine Werkzeuge trug er in einem Rucksack. Die Steine waren nass vom Regen und Nebel. Es war frostig kalt. Über sich sah er einen blassen Lichtschimmer, der von der Wohnung des Einarmigen kam. Es dauerte keine fünf Minuten und er kam an der Fensternische an und fand alles so, wie er es von unten her berechnet und erwartet hatte. Das starke Fensterkreuz war nur angelehnt. Er rückte es in das Dunkel des dahinter liegenden Wehrganges. Angst kannte er nicht, aber er fühlte eine Spannung und war äußerst aufmerksam. Erst lauschte er eine Weile, denn das Verrücken des Fenstergitters hatte ein kratzendes Geräusch verursacht. Als nichts zu hören war, außer der gespenstischen Stille in der dichten Nebelbank, stieg er in das Gebäude ein. Er knipste die Taschenlampe an und tastete sich den engen Wehrgang entlang. Das Innere war eigentlich enttäuschend. Alle paar Meter fanden sich riesige Maueranker, die der Außenmauer eine Stütze geben sollten. Nach rechts ging es in den Turm hinein. Wehrgang und Turm selbst waren leer. Ziegel und Steine lagen umher, sonst nichts. Im Turm fand er ein abgedecktes Loch im Boden und darunter sah er im Schein der Lampe einen Schutthaufen, der den darunter liegenden Raum beinahe bis zur Decke bedeckte. An der Seite, wo sich der Wehrgang befand, war der oberste Teil einer vermauerten Tür zu erkennen. Also gab es unter dem unteren Wehrgang eine weitere Etage! Die befand sich dann schon beinahe auf dem Niveau des umliegenden ebenen Geländes, von dem aus er aufgestiegen war. Gruber wandte sich vom Turm nach der linken Seite der Einstiegsstelle und schritt an einer langen Reihe von Fensternischen entlang, die alle eine tadellose Vergitterung aufwiesen. Er rüttelte an jedem Fenster. Nach etwa zwanzig Schritten führte seitlich eine morsche und teilweise eingebrochene, ungewöhnlich flach ansteigende Holzstiege nach oben. Gruber inspizierte sie, und nachdem er ihre Position in einer kleinen Skizze mit Hilfe des Kompasses eingetragen hatte, war er davon überzeugt, dass sie an der kleinen vermauerten Tür neben der Schlosskapelle münden musste, die im ersten Hof gleich neben der engen Toreinfahrt auf der linken Seite lag. Er nickte und war zufrieden über seinen Orientierungssinn und seine Vermutung, die er nun bestätigt fand.

Weiter ging es auf der Suche nach der Gruft. Am Ende des langen Wehrganges fand er sich in einem großen hohen quadratischen Raum. Er musste in der frühgotischen Anlage sein, denn die Gewölbe und die rohe Steinmauer waren von älterer Machart. Mithilfe der Lampe untersuchte er die Rückwand und wurde fündig. Nahe über dem Boden fanden sich zwei nebeneinanderliegende Schießscharten. Es handelte sich also um eine ehemalige Außenmauer. Nach seiner Berechnung befand er sich aber noch mindestens zwanzig Meter vom Ende des südseitigen Schlosskomplexes. Also musste dahinter noch ein Raum liegen. Das konnte die Gruft sein. Gruber zwängte sich in die Schießscharte hinein und leuchtete in das dahinterliegende Dunkel. Zum Greifen nahe befand sich ein offener Sarg. Die Gebeine mehrerer Toten waren darin zu sehen. Zunächst war alles verwirrend, doch bei längerer Betrachtung konnte er sich einen Reim aus der Sache machen. Wahrscheinlich war dies das Werk von Gundacker, dachte Gruber. So wie es aussah, hatte dieser auch die Zinnsärge aus der Gruft gestohlen. Die Gebeine waren dabei offensichtlich kurzerhand in die verbleibenden Holzsärge geschüttet worden. Nicht gerade pietätvoll, aber immerhin doch mit einem Hang zur Ordnung, dachte Gruber. Es waren Kinderknochen zu sehen und mumifizierte Teile. Reste von Kleidern und zierliche Kinderschuhe. Aus einem Sarg hing ein grüner Stoffschuh und auf dem Boden verstreut lagen Kleiderreste. Der Holzsarg war mit Stoff ausgekleidet. Hinter dem Sarg sah er einen lehmigen, tief mit Staub bedeckten Boden. Leider erlaubte die Enge des Blickwinkels keinen besseren Überblick. Aber er hatte gefunden, was er suchte. Eines war aber auch klar. Durch diese Mauer war nicht durchzukommen. Von einer weiteren Inspektion der Gruft musste er also Abstand nehmen. Die Außenmauer war sicherlich an die zwei Meter stark und die angebaute Gruft musste jüngeren Datums sein. Aber das bedeutete auch, dass es eine ältere Gruft geben musste. Und diese befand sich innerhalb der Mauern des gotischen Burgkerns. Diese Gruft, die er eben entdeckt hatte, gehörte genau genommen schon zur Schlossphase und war wahrscheinlich barocken Alters. Sonst gab es nichts Bemerkenswertes.

Nach dieser Entdeckung kletterte Gruber vorsichtig die Mauer wieder hinab und zog sich in seine Wohnung hinter den Kachelofen zurück. Er fröstelte und fühlte sich erschöpft. Das nächste Mal würde er ein Seil mitnehmen, um besser hinabklettern zu können. An diesem Abend konnte er lange keinen Schlaf finden. Als er sich dann in den frühen Morgenstunden neben dem Ofen eine Decke ausbreitete und endlich die Müdigkeit seine Augenlider zudrückte, hatte er einen fremdartigen Traum, den er in seinem Tagebuch festhielt:

„Der Rittertraum. Ich befand mich als Totenwächter in einer Gruft, mit einer schwarzen Ritterrüstung bekleidet und auf einen langen Speer gestützt. Mein Gesicht konnte ich nicht erkennen, denn ein eiserner Helm bedeckte es und ließ nur einen schmalen Spalt für die Augen frei. Aber ich wusste, dass ich selbst in der Rüstung steckte. Regen fiel in die Totenkammer und schlug kleine Krater in die grauen Staubschichten. Die Szene wandelte sich. Kein Dach war über der Gruft und es war bloß ein Grab auf freier Flur, das ich bewachte. Auf einem Felsblock stand ein offener Sarg aus weißem Tannenholz inmitten einer Flut roter Rosen. Ein wunderschönes Mädchen mit blondem, geflochtenem Haar lag im Sarg und schien zu schlafen. Es trug grüne Schuhe aus Samt, und als ich es anblickte, öffnete es die Augen und lächelte mich an. Es war das schönste Lächeln, das ich je auf einem menschlichen Antlitz gesehen hatte. Schöner noch als das einer Madonna von Botticelli. Weinend vor Glück erwachte ich aus diesem Traum und vor meinem Fenster saß ein Grünspecht und hämmerte auf das Fensterkreuz. Ich stand auf und beschloss, an diesem Tag Gott für das wunderbare Geschenk dieses Traumes zu danken. Ich wusste, dass Gott die Menschen bisweilen im Traum besucht. Diesmal hatte er mich besucht!“

4.13. Tee beim General

Am nächsten Tag hatte Gruber ein völlig unerwartetes Zusammentreffen mit dem General. Der erste Schnee war gefallen. Das Wetter hatte innerhalb einer Nacht vom sonnigen Spätherbst zum Winter umgeschlagen. Ein glitzernder Teppich bedeckte zart den Innenhof und entlarvte die nächtlichen Herumtreiber. Katzen- und Amselspuren liefen quer durch den Innenhof und berührten sich unter einem halb dürren Holunderbusch in einem Häufchen aus Federn und kleinen gefrorenen Blutstropfen. Der General stand davor und betrachtete eine Feder: „Selbst wenn ich die Spuren im Schnee nicht gesehen hätte“, murmelte er vor sich hin, „ein Fuchs kommt hier nicht herein und ein Raubvogel zupft die Federn mit dem Schnabel aus; die Kiele bleiben also intakt. Diese hier sind abgebissen. Mit Sicherheit ein Marder. Sehen sie selbst, Herr Doktor Gruber."

Gruber staunte nicht so sehr über die waidmännischen Schlussfolgerungen des Generals, sondern über die Tatsache, dass er sich an ihn wendete. Er saß nämlich gerade über seinem Zeichenblock gebeugt auf der granitenen Treppe und skizzierte die Arkadenbögen. Aus dieser schrägen Perspektive reizvoll und schwierig. Aber der stahlblaue Himmel darüber, der funkelnde Schnee auf dem rötlich-braun gestrichenen Holzrahmen, die weiß getünchten Arkadensäulen aus Kalkstein. Eine verlockende Farbkomposition und eine maßvolle Architektur zugleich.

Seit er in die Wohnung gezogen war und die mühsame Renovierung abgeschlossen hatte, erinnerte er sich wieder der Freude, die er empfand, wenn er still vor einem Objekt saß und auf einem leeren Blatt Papier zu zeichnen begann. Er war überrascht, dass der General ihn ansprach. Im Allgemeinen schien er von den Menschen um ihn herum kaum Notiz zu nehmen. Gruber kam näher und betrachtete den unversehrten Kiel einer kleinen schwarzen Amselfeder in der großen derben Hand des Generals. „Ich erwarte Sie heute pünktlich um 15 Uhr zum Tee!" Der General drehte sich um und ging zu den Stallungen in den Gutshof hinab. Gruber verglich die Abdrücke, die seine holzgenagelten Stiefel, die noch aus dem Zweiten Weltkrieg stammten, im Schnee hinterließen, mit denen des Generals: Sie waren völlig identisch; sowohl was die Größe betraf, als auch das Profil. Seltsam! Gruber stand noch lange unbewegt in der Kälte des anbrechenden Tages, sah auf die Blutspuren und die Federn und ging zurück in seine Wohnung. 15 Uhr beim General! Wie lange hatte er darauf gewartet und plötzlich war die Gelegenheit gekommen. Einfach so, ohne schriftliches Ansuchen, wie es sonst üblich war, hatte er eben seine vierte Audienz beim General erhalten. Gruber ging in sein Zimmer und bereitete sich auf das Gespräch vor, obgleich er nicht wissen konnte, ob es eines werden konnte. Aber er hatte eine Chance bekommen und die würde er nutzen. Eine Viertelstunde vor drei Uhr ging Gruber über den Arkadengang zum Nordostturm hinüber. Dieser war Bibliothek und Teezimmer zugleich. Größere Gesellschaften empfing der General im Wintersaal, der außerhalb der kalten Jahreszeit als Audienzzimmer bezeichnet wurde. Nur kurz musste er diesmal im Vorraum des Teezimmers warten. Er besah sich dabei das kunstvolle Gewölbe des kleinen Raumes. Die Kreuzrippen liefen im hohen Gewölbe zusammen, das ein spitzes Dreieck bildete. Im kuppelförmigen Zentrum des Raumes hing eine kupferne Lampe. Sie verharrte in einer Höhe, die für Frau Wilfonseder unerreichbar blieb, und sammelte somit geduldig den Staub der Jahrhunderte an. Gruber betrachtete sie, zählte die spitzen Dreiecke der Gewölbe und blickte dann wieder aus dem einzigen Fenster des Raumes auf die weite, glitzernde Winterlandschaft hinaus. Eine Hügelkuppe verlor sich in der nächsten; das ging so weiter, bis alles im Graublau der Ferne verschwamm, wo bereits die bleiche Wintersonne über den gräflichen Waldungen schwebte.

Frederik meldete ihn an. „Herr Doktor Gruber meldet sich zur Audienz.“ Zunächst bemerkte Gruber nur an seiner eigenen steigenden Nervosität, dass der General seine Präsenz wahrnahm. Er schien von ihm geistig Notiz zu nehmen und näherte sich Gruber in einer ihm gar nicht angenehmen Art und Weise: über die Seele nämlich und die hätte Gruber lieber für sich behalten. Aber es war nichts dagegen zu machen, als aufzumerken, was da kommen sollte. Das Wichtigste aber war, dass der Kontakt hergestellt war. Der General wollte wissen, wer Gruber war und was er wollte. In Gedanken erinnert er sich an die seltsamen Prozeduren, bei denen sich der Verwalter vergeblich bemüht hatte, ihn dem General vorzustellen. Gruber erinnerte sich noch deutlich an das erste Zusammentreffen mit dem General, das wegen des Mietvertrages zustande kam, und durch den Verwalter arrangiert worden war. Der General war ihm damals noch sehr fremd gewesen. Mit der Zeit jedoch kam es zu einem intensiveren Kontakt. Vor allem seit er ins Schloss eingezogen war. Er gehörte nunmehr zum inneren Vertrauenskreis des

Generals. Anlässlich eines Besuches, der noch vor dem Gespräch über die Entdeckung der verschwundenen Bibliothek auf dem Dachboden stattgefunden und den Gruber in seinen Tagebüchern als „dritte Audienz“, bezeichnet hatte, erzählte ihm der General die „Parabel vom Gelbrandkäfer unter dem Eis“. Es war eine einfache, ineinander verwobene Metapher, die auf vieles im Leben anwendbar war. Er sagte: „Haben Sie schon einmal die Bewegungen von Wasserkäfern unter einer Eisschicht beobachtet? Im Herbst gibt es mitunter frühen Frost, Sie haben das mit Sicherheit schon einmal beobachtet, dass kleine Teiche noch vor der Zeit zufrieren. Gelbrandkäfer und andere Wasserinsekten mögen da durchaus noch aktiv sein. Sie werden von der Kälte überrascht und finden sich plötzlich nach so einer kalten Nacht unter einer hauchdünnen Eisschicht eingeschlossen. Die Kälte reicht noch nicht aus, um die Tiere zu töten. Aber sie versperrt ihnen für ein paar Stunden die Möglichkeit, an die Oberfläche zu tauchen. Das alles gibt sich im Laufe des Tages, denn üblicherweise folgen solchen Nachtfrösten klare und sonnige Tage und das Eis ist bald geschmolzen. Aber wenn Sie in dieser kurzen Zeit die Käfer beobachten, wie sie hin und her sausen, so werden Sie sicher auch den Eindruck bekommen, dass es sich bei den Menschen ebenso verhält. Nur dass in unserem Falle die Eisschicht nie auftaut, sondern wir stets Gefangene bleiben. Wer von uns könnte schon behaupten, wir wüssten über unseren Zustand Bescheid?“ Während der General diese Frage aussprach, blickten seine grauen Augen Gruber forschend an. Aber Gruber wusste, dass es nur eine rhetorische Frage war und er nicht wirklich eine Antwort erwartete. Denn nach dieser Frage stand der General auf und verließ den Raum. Damit war die Audienz beendet. Frederik geleitete Gruber bis vor die Türe des Vorraumes und schloss hinter ihm das eiserne Gatter ab, das der General mitten im Flur mit den schönen roten Steinplatten aus Sicherheitsgründen hatte einbauen lassen. So verlief Grubers vierte Audienz beim General.

Die fünfte Audienz aber war der Durchbruch zur

persönlichen Bekanntschaft, die sich in der Folge zu einer Freundschaft entwickeln sollte. Keine zwei Wochen waren seit seinem letzten Besuch vergangen. Die Einladung überbrachte ein uniformierter Läufer. Gelbe Schleife am linken Ärmel. Er überreichte Gruber mit einer Verbeugung eine Einladungskarte. Auf der Vorderseite, gedruckt in arabischer Schrift, in schwarzer Tinte ein einziges Wort: Chai! Auf der Rückseite das Wappen der Freiherrn von Waldstätten. Sonst nichts. Gruber wusste Bescheid. Chai! Das bedeutete Tee. Audienz um 15 Uhr. Die fünfte Audienz! Pünktlich auf die Sekunde erschien Gruber. Frau Wilfonseder öffnete und führte Gruber ins Wartezimmer hinein und bat ihn dort zu warten. Ehe sie in das Teezimmer des Generals hineinhuschte, blickte sie seltsam keck über die Schulter zurück. Zwei Minuten später kam sie mit hochrotem Kopf zurück und führte Gruber, mit betretenem und mitleiderregendem Ausdruck, hinein. Der General stand mit dem Rücken zu Gruber am Fenster und leitete den Besuch durch das gleiche, ihm von den vorigen vier Audienzen bekannte Ritual ein. Der General hatte bis auf den schweren Mantel mit Biberkragen, den er am frostigen Morgen über der Offiziersuniform trug, dieselbe Bekleidung an. Er ließ vielleicht eine halbe Minute verstreichen, ehe er sich zu Gruber umdrehte und ihn anblickte. Diese Zeitspanne erschien wie eine Ewigkeit. In Grubers Kopf hatte sich mittlerweile ein Sündenregister beträchtlichen Ausmaßes angesammelt, das eine Bestrafung durch den General in die Nähe der Wahrscheinlichkeit rücken ließ. Möglicherweise hatte der General doch noch von seiner geheimen Erkundung der Gruft oder der Fassadenkletterei gehört und wollte ihn dafür nun zur Rechenschaft ziehen …

Gruber wurde nervös. War er hier, um mit dem General ein Gespräch zu führen, oder um von ihm eine Strafe entgegenzunehmen? Unsicherheit sickerte in sein Herz und er hatte den Wunsch, sich zu setzen, um nicht vor dem General bewusstlos zu Boden zu stürzen. Außerdem dachte er mit Schrecken an die Geschichte mit dem Schrei, bei der er ja anlässlich seiner ersten Audienz Zeuge gewesen war. Damals dachte er, in einem Irrenhaus zu sein. In einem Augenblick wie diesem, in dem seine Nerven bis zum Äußersten angespannt waren, bereute Gruber, dass er dem General überhaupt jemals über dem Weg gelaufen war. Wäre er nur nicht so neugierig gewesen. Nun stand er da wie ein gefangenes, ungezogenes Kind, das eine Bestrafung erwartete. Doch der Blick, mit dem ihn der General nun maß, trug eine andere Botschaft. Er hatte etwas von schelmischer Neugierde und zugleich etwas rührend Väterliches. Ein Gefühl der Sicherheit durchströmte Gruber und plötzlich wusste er, dass dieser Mann ihm wohlgesonnen war. Dennoch war der General kauzig genug, auch dieses Mal den Besuch äußerlich durch das gleiche Ritual einzuleiten. Am niedrigen Biedermeier-Tischchen hatte Frau Wilfonseder Kekse in kleinen silbernen Schalen aufgedeckt. Daneben war ein Gedeck aus wunderschön bemalten, hauchdünnen, grifflosen chinesischen Teeschalen aufgestellt. Das eben noch vorhandene Unwohlsein war einem Gefühl freundschaftlicher Konspiration gewichen.

Die beiden hatten sich viel zu sagen, doch gerade, als der General einen aufmunternden Blick zu Gruber schickte, der ihm bedeuten sollte, das Gespräch zu beginnen, fiel Gruber plötzlich vor dem General auf die Knie. Nicht, um eine unzeitgemäße Begrüßung nachzuholen, sondern um die näheren Einzelheiten des Parkettbodens zu betrachten. Der war zwar tatsächlich eine Sehenswürdigkeit, aber in dieser Situation entsprach es doch nicht den Gepflogenheiten. Der General wirkte auch anfangs noch etwas verunsichert, doch wich das bald einem wohlwollenden und wissenden Schmunzeln. Nach einer Weile erhob sich Gruber wieder und leitete die Konversation mit einer Frage nach dem Zimmermann ein, der dieses Parkett verlegt hatte. Diese Frage setzte den General keineswegs in Erstaunen, er wusste sie jedoch nicht zu beantworten und konnte nur soviel sagen, dass der Boden schon lange vor seinem Einzug ins Schloss verlegt worden war und möglicherweise schon mehrere Jahrhunderte alt sei.

„Was finden Sie an diesem Parkettboden so bemerkenswert, Herr Doktor Gruber? Ist es die genaue Arbeit, die Sie beeindruckt?“

„Nun“, sagte Gruber, „es ist zunächst auffallend, dass die kleinen roten Quadrate in der Mitte aus Nussholz gefertigt sind, während die umgebenden Holzteile aus Eiche sind. Aber nicht das ist es, was mein Interesse erweckt hat; Sie mögen meine Neugierde entschuldigen“, sagte er, „es ist die außergewöhnliche Qualität des Holzes selbst, denn obgleich man dem Boden ansehen kann, dass er sehr alt ist, ist doch nicht der kleinste Riss im Holz sichtbar und alle Teile sind mit einer Präzision ineinandergefügt, die nicht für den Bruchteil eines Millimeters Zwischenraum bietet. Das ist außergewöhnlich. Denn es zeugt nicht nur von der geschickten Verarbeitung, sondern vielmehr von der bewundernswerten Fähigkeit des Tischlers, das Holz richtig ausgewählt, gelagert und weiterverarbeitet zu haben. Eine geringe Nachlässigkeit bereits würde zu Dehnung- oder Schrumpfungsrissen geführt haben und nicht diese Perfektion erlauben. Es handelt sich bei diesem Parkettboden um ein Meisterwerk, wie ich noch keines in meinem Leben gesehen habe und wie es auch mit Sicherheit nicht überboten werden kann. Es wurde von einem Meister seiner Zunft gemacht und ich bin überzeugt, noch auf den Namen desselben zu stoßen. Wenn Sie erlauben, werde ich den Boden im Detail auf einem Planpapier aufzeichnen und vermessen.“

Der General hatte Gruber nicht unterbrochen und schien auch das Interesse, das sein Gast dem Parkettboden entgegenbrachte, nicht ungewöhnlich, jedenfalls nicht unpassend zu finden. Nach diesem etwas ungewöhnlichen Beginn der Audienz kam so etwas wie eine normale Konversation zustande, bei der es vorrangig um den Fortschritt Grubers wissenschaftlicher Arbeit ging. Es wurde jedoch bald klar, dass der General nicht die leiseste Ahnung davon hatte, was Gruber eigentlich tat. „Können Sie mir erklären, Herr Doktor“, sagte er, „was Sie mit Ihren Untersuchungen bezwecken?“ „Nein, es tut mir leid, Herr

General, das kann ich nicht. Es ist mehr ein innerer Antrieb, dem ich folge, ein Zweck ist auch mir nicht ersichtlich."

Mit dieser Antwort gab der General sich zufrieden und man widmete sich anderen Themen. Der General war vor allem an Literatur und Politik interessiert. Aber davon verstand wieder Doktor Gruber nur wenig und so hörte er einfach zu. Währenddessen trank man französischen Rotwein der Marke Mont-Ferrant. Eigentlich trank der General immer nur Mont-Ferrant. Einmal erzählte er Gruber, als er mit ihm gemeinsam einen Gang in den Weinkeller machte, wo er seine Schätze aufbewahrte und für den ausschließlich er alleine einen Schlüssel besaß, wie er zu diesem Wein gekommen war.

„Sie wissen ja von Ihren Untersuchungen her, dass ich dieses Schloss vom Prinzen Rohan, mit dem ich durch meine verstorbene Gattin verwandt bin, kurz vor dem Eintreffen der Russen, im Frühjahr 1945, na sagen wir, ‚übernommen' habe. Der Prinz hat damals viel zu lange zugewartet, wenn sie mich fragen; als der Ausgang des Krieges bereits vorhersehbar war, und die Russen praktisch vor dem Schlosstor standen, ist er mit einem Fahrrad in die Zone der Westmächte gefahren, und nur durch unglaubliches Glück sicher über die Enns gekommen. Sie müssen sich das bildlich vorstellen, er hat wohl bis zuletzt gehofft, dass es nicht so schlimm kommt, doch als die ersten Russen schon in der Nähe des Schlosses herumstrolchten, schnappte er sich ein Fahrrad und fuhr auf Nebenstraßen bis nach Kammer am Attersee. Das war ein reines Selbstmordkommando zu dieser Zeit, sage ich Ihnen Herr Doktor! Ich habe es zwar nie erfahren, warum er mit den Russen nicht besonders gut stand, kurz und gut, der Kaufvertrag war eine bloße Formalität. Ich wohnte zuvor mit meiner Gattin teils im Palais Auersperg in Wien, teils auch immer wieder im Schloss Albrechtsberg. Aber auch erst nach dem ersten Krieg. Ich bin viel herumgekommen, müssen Sie wissen. Der Prinz ist nach dem Krieg nie mehr zurückgekommen. Was erzähle ich Ihnen, Sie kennen die Geschichte! Den Rest seines Personals habe ich, wie Sie ja wissen, zum Großteil übernommen.

Ja, kurz und gut, was ich sagen wollte, ja, wo sind wir denn stehen geblieben? Ach ja, der Mont-Ferrant. Nun, das war der Lieblingswein von Arthur, dem Vaters des Prinzen, den ich natürlich gut kannte; der hat angeblich immer nur diesen Wein getrunken, und glauben Sie es nun oder auch nicht, als der Prinz das Anwesen verließ, sagte er zu mir: ‚Exzellenz, ich vermache Ihnen diesen Weinkeller mit all seinem Inhalt als mein persönliches Einstandsgeschenk. Nun sind Sie der Herr hier. In diesem Schloss steckt ein großer Teil meiner Vergangenheit. Gehen Sie mit ihr vorsichtig um! Hier erlebte ich einen Teil meiner glücklichen Kindheit und hier wirkte mein Vater, der nur den Kaiser über sich anerkannte. Als Andenken an meinen Vater, der den Mont-Ferrant als seinen Lieblingswein schätzte, übergebe ich Ihnen diesen Schlüssel zum Weinkeller. Es war Familientradition, dass das Oberhaupt der Familie alleine das Recht des Zutrittes zu diesem speziellen Weinkeller besaß, der weit mehr ist, als ein Weinkeller, wie Sie vielleicht noch herausfinden werden, wenn Sie lange genug hier wohnen. Ich wünsche ihnen viel Glück in diesem schönen Haus!'

Das war noch ein Edelmann, sage ich Ihnen, so was sehen Sie in der heutigen Zeit nicht mehr. Herr Doktor! Das war außerdem auch die längste Rede, die Prinz Anton Rohan je an mich gerichtet hatte. Als ich mit dem Schlüssel in den Keller hinabging, entdeckte ich einen unermesslichen Schatz an Mont-Ferrant-Flaschen, alles nur die besten Jahrgänge, an denen ich beruhigt bis ans Ende meiner Tage noch trinken kann, ohne den Vorrat zu erschöpfen. Das soll Ihnen auch als Beispiel dienen, was für eine Persönlichkeit und was für ein großzügiger Mann der Prinz war. Leider war seit dem Krieg dann ein großer Teil seiner Bücher verschwunden. Ich hätte gerne mehr über ihn gewusst, denn nichts sagt mehr über die Persönlichkeit und den Charakter eines Menschen aus, als die Wahl seiner Lektüre, mit der er seine Zeit zubringt. In der Zwischenzeit haben Sie ja wieder einen beachtlichen Teil dieser Bücher ausfindig gemacht, Herr Doktor Gruber, aber für mich ist das zu spät, ich lese jetzt keine Bücher mehr; meine Augen, verstehen Sie, meine Augen …"

Nach diesem Rückblick begann der General von seiner Herkunft und Vergangenheit zu sprechen – mit einem Vertrauen, das er bisher noch keinem im Schloss entgegengebracht hatte. Nicht einmal sein Diener Frederik wusste darüber Bescheid, worüber er Doktor Gruber nun berichtete. „Der Verwalter, nehme ich an, hat Ihnen sicher schon gesagt, dass ich aus einer alten Offiziersfamilie stamme, nicht wahr? Dieser neugierige Mensch. Ich trau ihm nicht über den Weg, und doch brauche ich ihn für das Gut. Egal! Mehr weiß aber der Burger auch nicht. Ich will Ihnen von meiner Familie erzählen. Mein Vater hat mich sehr geprägt. Er war das, was man einen Edelmann nannte, ein Offizier mit Ehre, dem keiner diese Achtung schuldig bleiben konnte. Ich habe ihm immer nachgestrebt. Er war mein wahres Vorbild. Mit 17 hat man mich in die Militärakademie Wiener Neustadt gesteckt. Das war Tradition in unserer Familie. Mein Vater war dort gewesen, mein Onkel Hans und auch mein Großvater Georg. Im Jahr 1892, grade als zwanzigjähriger Wirrkopf, der dachte, die ganze Welt alleine erobern zu können, wurde ich als Leutnant in das Infanterie- Regiment Nr. 81 ausgemustert, das mein Onkel Hans innehatte. Es war eine wunderbare Zeit. Ich habe unendlich viel von ihm gelernt. Mein Großvater war Feldmarschall und hat interessante Bücher geschrieben. Er ist in Gospic an der Lika aufgewachsen. Wunderschöne Gegend. Was war das damals für ein Reich! Mein ehrwürdiger Vater brachte es bis zum Feldmarschall-Leutnant, wurde Festungskommandant in Krakau und zuletzt Inhaber des Infanterie Regiment Nr. 97. Er war ein geborener Soldat und blieb es bis an sein Lebensende. In meinen jungen Offiziersjahren hatte ich viele Freunde. Unter anderem Alphons Graf Montecuccoli-Polinago, der das 8. Böhmische Dragoner-Regiment Montecuccoli 1897 als Oberstleutnant und später als Oberst führte sowie auch dessen Nachfolger, Oberst Ottokar Pizzighelli. Auch den schrulligen Oberst Graf Karl Huyn vom Erzherzog-Josef-August-Dragonerregiment 13 kannte ich gut. Es war eine grandiose Zeit. Es tat sich was im alten Reich, das kann ich Ihnen sagen, Herr Doktor Gruber. Es tat sich was. Kein Vergleich zu heute. Das war eine andere Welt. Es gab noch Kameradschaft und lebenslange Freundschaften. Das war auch keine Kunst. Denn das Leben dauerte nur in seltenen Fällen länger als bis zum dreißigsten, in wenigen Fällen vierzigsten Jahr. Ich bin ja eine Ausnahme. Ein Fossil, wie Sie in Ihrer Fachterminologie sagen würden, Herr Doktor. Die meisten von uns blieben auf dem Schlachtfeld. Wir hatten aber auch viel Unfug getrieben. Das brauchten wir wohl zum Ausgleich. Ich erinnere mich an den August 1914. Wir waren in Zolkiew in Galizien. Wir hatten uns damals mit dem Huyn und einigen anderen Offizieren im Dominikanerkloster eingesperrt und im Dormitorium der Klosterbrüder, sehr zu deren Schrecken, unsern Rausch ausgeschlafen. Die Lage wurde aber zunehmend ernster. In Jaroslawice in Galizien nahm ich an der wohl letzten großen Reiterschlacht der Weltgeschichte teil. Bei dieser Schlacht kam Abayyah, mein bestes Schlachtross um; eine edle Araberstute, mit einem ellenlangen Stammbaum. Ein gutes Pferd, das mir mehrmals durch seine Schnelligkeit das Leben gerettet hat. Sie haben sie ja drüben in meinem Audienzzimmer gesehen, Herr Doktor Gruber. Ich hab mich nie mehr von ihr getrennt, es bleibt bei mir, dieses Vieh, solange ich lebe.

Aber, wie gesagt, wir hatten auch Spaß während unseres schweren Dienstes. Am Anfang sah es nicht so schlecht aus. Der Kaiser lebte noch und es war für uns undenkbar, dass sich diese vertraute Welt so grundlegend ändern konnte. Aber nach der Brussilov-Offensive 1916 hat sich das Blatt endgültig gewendet. Das gesamte Kriegsmaterial der Ostfront in Galizien war an die Russen verloren. Später war ich dann als Oberst direkt dem Erzherzog Karl unterstellt; im Mai kam es zur Tirol-Offensive an der italienischen Front; Isonzo, ich brauche Ihnen nicht mehr zu sagen. Sie haben ja studiert! Es war eine blutige Angelegenheit. Ich habe überhaupt Blut genug für mein Leben gesehen, das können Sie mir glauben, junger Mann. Auf Wunsch des jungen Kaisers Karl erhielt ich 1917 den Rang eines Generalmajors, und dazu gleich den Blauen Max umgehängt; als Auszeichnung für das grauenhafte Gemetzel am Isonzo. Die Freude war mir aber gründlich verdorben, denn noch kein Jahr davor trugen wir den alten Kaiser zu Grabe. Wir dachten, der Alte würde uns alle überleben.

Na ja, wie es am Isonzo ausging, wissen Sie ja auch. 1918 war es auch mit der Südarmee zu Ende. Die Italiener haben uns am Isonzo alles abgenommen und die Waffen dann später an die Griechen verkauft. Die Griechen haben damit den Türken dann eins ausgewischt. Schönes Spielzeug für die Politiker, diese Waffenlieferungen. An das Blut denkt dabei niemand. Das fließt in Strömen und macht die Erde fruchtbar, das war immer die Meinung der großen Politik. Aber ich wollte damit nichts mehr zu tun haben. 1919 nahm ich meinen Abschied. Die Welt war nicht mehr wie vor dem Krieg. Ich glaube, die Sache im einundzwanziger Jahr mit Karl in Ungarn, das war ein letztes Mal, wo wir uns als ein Teil des alten Reiches fühlten. Aber auch nur für ein paar Tage. Ich hatte sogar die Krone für den geplanten Coup im Gepäck dabei. Wenn uns der Esterhazy nicht geholfen hätte, wer weiß, was aus uns geworden wäre. War aber auch umsonst, wie Sie aus der Geschichte wissen. Na ja, die Ungarn haben damals wohl nicht geahnt, dass es ihnen mit den Russen noch schlechter gehen würde, als mit einem Österreicher als König. Aber auch das ist alles schon lange Geschichte.

Sie sehen, Herr Doktor, nicht nur in Ihrer Geologie bleibt über die Zeit betrachtet kein Stein auf dem andern. Alles rührt sich ständig um. Erst recht in der Geschichte und in den Schicksalen der Menschen. Seien es nun Völker oder Einzelpersonen. Kein Auge bleibt trocken. So das war's, ich bin am Ende meines Exkurses." Nach einer Pause fügte der General noch hinzu: „Herr Doktor Gruber, Sie sind ein seltsamer Mann. Jetzt kenne ich Sie schon eine ganze Weile und weiß doch gar nichts über Sie, während ich glaube, dass Sie über mich bereits sehr viel wissen."

Der General schien Gruber weniger dafür zu schätzen, dass er ein formidabler Verlierer beim Schachspiel war, als dafür, dass er die Fähigkeit hatte, zuzuhören. Bevor der General seinen Besuch entließ, gab er noch die eine oder andere Weisheit von sich, von denen Gruber das Folgende in Erinnerung behalten hatte: „Sehen Sie“, sagte der General und sah dabei mit seinen wachen Augen interessiert aus dem Fenster, „das Verhängnisvolle am Leben ist, dass wir bereit sind, das Unglück in kleinen Bissen zu schlucken, bis wir feststellen, dass wir zu viel gegessen haben und einfach nicht mehr können. Das Leben ist im Grunde ein Betrug an unserer Naivität, Gutgläubigkeit und Unschuld. Seien Sie also um Gottes Willen nicht zu naiv und seien Sie wachsam. Wie gefällt es Ihnen übrigens bei uns? Man hat mir mitgeteilt, dass Sie unter unser Dach eingezogen sind.“ Bei dem Wort „Dach“ schoss Gruber das Blut ins Gesicht. Er senkte den Blick und fühlte sich wie ein Junge, der bei einer verbotenen Tat erwischt worden war. Wusste der General doch etwas von seinen Fassadenklettereien und dem unerlaubten Eindringen in den Dachboden im letzten Herbst? Er hatte mit niemandem darüber gesprochen. Nur seiner Schwester hatte er vor ein paar Monaten davon geschrieben. War seine Post sicher, oder wurde sie heimlich geöffnet? Gruber war verunsichert. Doch möglicherweise war es auch bloß so eine Redensart, denn der General hatte sich bereits abgewandt, und begann in einem aufgeschlagenen Buch zu lesen. Frau Wilfonseder war sofort zur Hand und geleitete Gruber hinaus. Seinen Abschiedsgruß schien der General überhört zu haben, aber er rief ihm noch nach: „Besuchen Sie uns bald wieder, Herr Doktor, wir haben uns sehr gut mit Ihnen unterhalten.“

Gruber hatte weder zuvor noch danach den General wieder eine so lange Rede halten hören. Es war ein geradezu außergewöhnliches Ereignis. Er lief nach diesem Gespräch sofort in sein Arbeitszimmer und schrieb die ganze Nacht, um diese Geschichten aufzuzeichnen und der Nachwelt zu erhalten.

4.14. Was Gruber über den Prinzen erfuhr

Den Anstoß gaben natürlich die signierten und mit Notizen

versehenen Bücher, die Gruber auf dem Dachboden fand. Aus ihnen lernte er viel über den Prinzen. Aus den Randbemerkungen in Büchern lässt sich einiges über den Leser sagen: Was fällt ihm auf, was kommentiert er und wo macht er ein Fragezeichen zu einem Wort, oder welchen Satz hat er unterstrichen? Das sind alles kleine Fingerzeige. Besonders aufschlussreich waren natürlich die politischen Schriften des Prinzen, etwa der „Umbruch der Zeit", oder „Heimat Europa", das gerade erst erschienen war und das sich Gruber sofort von seinem Buchhändler in Wien zuschicken ließ. Aber während der Einquartierung der Russen im fünfundvierziger Jahr war auch die bedeutende Gemäldesammlung aus dem Schloss verschwunden. Dabei gehörte sie gar nicht dem Prinzen Rohan oder dem General, der im Übrigen auf solchen Firlefanz, wie er das gerne nannte, keinen Wert legte, sondern war während des Krieges aus staatlichen Sammlungen zur Sicherheit im Schloss deponiert worden. Als der General dies, wie bereits erwähnt, dem Major Obolski gemeldet hatte, gab der daraufhin die strenge Order, die Bücher und die anderen Sachen wieder zu beschaffen und drohte die Exekution derjenigen an, die darin verwickelt waren. Ein Teil der **wertvollen Gemälde wurde schließlich gefunden. Die** russischen Soldaten hatten sie bereits zum Zielschießen an die Parkbäume gehängt. Die meisten waren bereits unbrauchbar und kaum mehr zu reparieren.

Die Russen achteten weitgehend die Genfer Konvention, und da der General an keinen Kriegshandlungen in irgendeiner Weise teilgenommen hatte, wurde von den Besatzungstruppen sein Schloss, sein Besitz, samt seiner Bewohner, besonders die Person des Generals, für unantastbar erklärt. Der russische Kompaniekommandant, Major Obolski, erklärte, selbst für den Schutz aller im Schloss befindlichen Personen sowie der Wertsachen mit seiner Offiziersehre zu bürgen. Diese Anordnung betraf aber nicht die im Schloss befindlichen Waffen. Die Waffensammlung des Generals, darunter kostbare Jagdgewehre, nahmen sie sofort an sich, als sie den ersten Schritt ins Schloss machten. Sie zerschlugen sie an der

Granittreppe. Die wertvolle Sammlung an Pistolen und Säbeln, von denen viele aus dem Besitz des Prinzen Rohan stammten, teilten die Offiziere unter sich auf; den Rest warfen sie in den Mühlbach. In der Folge erwies sich das Ehrenwort des Russen auch als bindend, denn es passierte nicht die kleinste Unannehmlichkeit mehr. Die verschollenen Bücher jedoch tauchten, wie bereits beschrieben, zehn Jahre später, zumindest ein Teil davon, durch die Nachforschungen Grubers wieder auf.

Tante Anna kannte die Bibliothek noch zur Zeit des Prinzen Rohan, ehe dieser das Schloss im Jahr 1945, praktisch über Nacht, verlassen hatte; wie erwähnt, war nur ein Teil der Dienerschaft beim General zurück geblieben. Sie erzählte Gruber auch, dass die Bibliothek damals, so wie auch jetzt beim General, im Rundturm an der Nordostseite des Schlosses untergebracht war. Nur war sie damals noch reichhaltiger und auch der angrenzende Rote Salon, den der General nun als Audienzzimmer für formelle Anlässe verwendete, war mit Bücherregalen bis an den Plafond hin angefüllt gewesen. Die wertvollen Bände hätten jederzeit, zwar nicht wegen ihrer Quantität, aber wegen ihrer Qualität, mit der des Prinzen Eugen in der Wiener Nationalbibliothek konkurrieren können. Aber davon war nur mehr ein Rest vorhanden. Zusätzlich war, nach Tante Anna, in diesem Raum auch noch eine Waffensammlung des Prinzen Rohan untergebracht gewesen. Sie erwähnte auch die kleinen silbernen Pistolen mit schönen Intarsien aus Elfenbein in den Griffen, die sie als junge Zofe gesehen hatte.

Damals befand sich das Anwesen in seiner Blüte. Der Prinz gab große Empfänge für internationale Gesandte und Mitglieder des Völkerbunds, die sich im Schloss zu prächtigen Banketten trafen und im Park flanierten. Der Baron von Oeynhausen war mehrmals zu Gast, unzählige Schriftsteller und Schöngeister fanden sich ein, darunter Hugo von Hofmannsthal. Ein alter Freund der Familie war Graf Hermann Keyserling, der selbst auch Schriftsteller war und mit dem sich der Prinz oft über philosophische Fragen unterhielt.

Jeder sprach außerdem auch von Rudolf Steiner. Auch von diesen Autoren fand Gruber Bücher, die über zehn Jahre lang als verschollen gegolten hatten und zufällig vollständig unversehrt erhalten geblieben waren. Aus ihrer Lektüre und vor allem aus verschiedenen persönlichen Notizen des Prinzen und der Autoren vermochte Gruber sich ein lebhaftes Bild dieser Zeit zu machen. Besonders interessierte Gruber das gesellschaftliche Leben der späten aristokratischen Gesellschaft, das beinahe bis zum Zweiten Weltkrieg noch relativ unverändert anhielt. Durch die Erzählungen des Generals, der allerdings sehr sparsam mit derartigen privaten Mitteilungen war, und den Informationen, die Gruber aus den wiedergefundenen Büchern zog, erlangte er eine Vertrautheit mit dieser vergangenen Zeit.

Auf dem Schloss wurden glanzvolle Feste gegeben und die intellektuelle Elite Europas war präsent. Diese Gesellschaften waren auch immer besondere Höhepunkte für das Personal. Die Dienstmädchen liefen kichernd und mit roten Köpfen hinter den hohen Herren im Frack und grauem englischen Anzug mit Zylinderhüten und Spazierstöcken her und servierten Erfrischungen im Garten-Pavillon, unter den blühenden Tulpenbäumen und Azaleensträuchern. Die Parkwege hatten Spaliere von Rhododendron und üppig blühenden Rosen. Andere wiederum glichen Irrgärten mit mauerhohen Hecken aus Buchsbaum, verschiedenen fremdländischen Taxodien und Zypressen. An den Eckpunkten des Parks standen mächtige Ginkgobäume. Auf einer großen Fläche mit kurz geschorenem Englischen Rasen befand sich ein Labyrinth mit einem prächtigen Mammutbaum im Zentrum. Dies war ein beliebter Treffpunkt von Liebespaaren in den lauen Sommernächten gewesen.

Die herrschaftliche Familie lebte die meiste Zeit in Böhmen. Nur alle zwei Jahre kam sie vom Herbst bis Februar auf Schloss Albrechtsberg zurück, wo auch der Prinz geboren wurde. Entenjagd und Weihnachten, Besuche bei den Verwandten auf Schloss Goldegg. Man lebte gerne für sich und mied den Trubel der Stadt. Die meiste Zeit waren die Rohans jedoch auf ihrem weitaus größeren Gut in Sychrov in der Nähe von Prag. Im April war Hahnenbalz, da musste das Haus bereits übergesiedelt sein. Dazwischen gab es Kuraufenthalte in Gastein und Karlsbad. Nur selten fuhr der Prinz ins Stadtpalais seines Vaters in der Praterstraße 38 in Wien. Seinen Vater hatte er kaum gekannt; als er starb, war der Prinz gerade ein 16-jähriger Jüngling.

4.15. Aus dem „Roten Feldbuch"

„Der General kam gestern nach seinem Morgenspaziergang in heller Aufregung und mit weit geöffnetem Morgenmantel aus dem Park zurück. Er kam aus der Richtung des Gärtnerhäuschens, wo die Familie Bachmeier mit ihrer reizenden Tochter Marie lebt. Unter dem alten, ausgefransten und ausgebleichten Kleidungsstück war der General nackt. Dabei war ich über seine soldatische gerade Statur sehr beeindruckt. Er ist immerhin bereits im 84-zigsten Jahr! Sein weißes Haar ist schon schütter, der gezwirbelte Bart schlohweiß mit gelblichem Stich, die Gesichtsfarbe gesund. Seine Ellbogen sind von einer bläulichen, ledrigen Haut bedeckt, der Hals stark faltig, die Augen von klarem Grüngrau, ein scharfer Blick, die hohe Stirn in viele Falten geworfen. Wie ein altes Gebirge. Das ist bereits zum wiederholten Male, dass ich ihn in einer unpassenden Bekleidung antraf. Am Ende wird er gar schon verkalkt? Als mich der General bemerkte, sagte er: ‚Herr Doktor, wundern Sie sich über nichts mehr. Das ist alles, was ich Ihnen für jetzt mitteilen kann. Ich erwarte Sie heute Abend pünktlich um sieben Uhr bei mir zum Abendessen!' Damit drehte er sich weg und verschwand in der dunklen Hofeinfahrt.

Pünktlich fand ich mich, bekleidet mit meinem besten Anzug, wie vereinbart ein. Das schmiedeeiserne Gittertor im roten Marmorflur war geöffnet, doch es war niemand zu sehen. Als ich bei der Dienerschaft anklopfte, meldete sich niemand. Frederik schien nicht Zuhause zu sein, obgleich seine Kammer offen war. Die Tür zu den Gemächern des Generals war aber verschlossen und auch auf mein mehrmaliges Klopfen wurde nicht geantwortet. Ich nahm an, dass etwas Unvorhergesehenes vorgefallen sein musste, sonst wäre ich ja verständigt worden. Doch die verabredete Zeit verstrich und vom General zeigte sich keine Spur.

Derartiges war völlig ungewohnt und noch bei keiner Audienz vorgekommen. Ich begab mich vor das Schloss zum Hauptportal, um dort nachzusehen. Ich sah nach den Fenstern, die neben dem Nordturm lagen, und bemerkte weder aus dem Schlafzimmer noch aus Frederiks Zimmer einen Lichtschimmer. Auch sonst schien das Schloss völlig verlassen zu sein. Etwas seltsam.

Bei dieser Gelegenheit fiel mir wieder ein Ereignis ein, das schon einige Zeit zurücklag und sich im Turmzimmer ereignet hatte. Mir hatte das damals einen gehörigen Schrecken versetzt. Der Anlass war völlig trivial gewesen, doch die Reaktion des Generals darauf sehr heftig, ja geradezu unangemessen. Ohne auch nur im Entferntesten zu ahnen, dass ich damit eine Provokation beging, verwendete ich in einem Gespräch mit ihm den Begriff „Badezimmer'. Ich hatte das Wort kaum ausgesprochen, als er auch schon über mich herfiel: ‚Badezimmer, sagten Sie eben Badezimmer, Herr Doktor Gruber?'

‚Ja, Exzellenz (auch ich hatte mir angewohnt, ihn mit ‚Exzellenz' anzusprechen), das sagte ich!' Sein Gesicht hatte sich plötzlich vor Zorn tiefrot gefärbt und an der Stirn schwoll eine dicke Ader. ‚Diese Worte werden Sie in meiner Gegenwart nie mehr erwähnen! Haben Sie mich verstanden Herr Doktor! Es ist sowohl vulgär, als auch ein Inbegriff aller Verweichlichung, die die jetzige Generation in absehbarer Zeit in den völligen Untergang treiben wird. Verstehen Sie mich! Ich verabscheue jegliche Verweichlichung. Ich wasche mich stets am Morgen mit eiskaltem Wasser und entblößter Brust in einem steinernen Trog, den ich aus einem bestimmten Granit hauen ließ, wie er sich nur in den umbrischen Bergen findet, und der dem Wasser nicht nur seine Frische lässt, sondern selbst an heißen Sommertagen seine Kühle noch verstärkt. Sodann reibe ich mich mit einem Tuch aus unbehandeltem, grob gesponnenem Flachs. Seinerzeit bezog ich diese Stoffe noch aus meinen eigenen Gütern in Böhmen.'

Bei der Erinnerung an diesen Vorfall konnte ich ein Schmunzeln nicht unterdrücken. Der alte Mann war schon wunderlich, aber er war sympathisch. Wo aber blieb er bloß? Ein Vergessen dieser Verabredung war für einen Offizier seiner Prägung völlig undenkbar. Ich überprüfte nochmals mittels meines kleinen Taschenkalenders die Uhrzeit, doch alles stimmte. Ich erinnerte mich außerdem, die Eintragung in Gegenwart des Generals gemacht zu haben. Die Richtigkeit des Ortes zu überprüfen, erübrigte sich. Inzwischen hatte sich ein Nebel um das Schloss gebildet und die Beleuchtung im Schlosshof war nur mehr blass durch den langen dunklen Einfahrtskorridor zu erkennen. Konnte es sein, dass sich der General im Park befand? Womöglich war ihm etwas zugestoßen! Der General war ja schließlich nicht mehr der Jüngste. Das Parktor war stets unverschlossen, aber es hätte kein Fremder gewagt zu öffnen und den Park ungeladen zu betreten. Das Tor zum Park war ein vier Meter hohes und sechs Meter breites Wunderwerk der Schmiedeeisenkunst. Dort, wo sich die beiden Torflügel berührten, thronte das Wappen der Fürsten Auersperg. Kunstvoll verflochtene Ornamente aus Blumen und wundersamen Fabelwesen. Ebenso undurchschaubar, wie die Bedeutung der nicht erleuchteten Schlossfenster und die Abwesenheit des Generals. Ich befand mich in Sorge. Da ich vom General ausdrücklich die Erlaubnis erhalten hatte, den Park, wann immer mir danach war, zu betreten, öffnete ich das Tor und begab mich hinein, als gerade das letzte Tageslicht in einem Nebelschleier verschwand. Ich zog an der Glocke des kleinen Gärtnerhäuschens. Dort wohnte Bachmeier mit Frau und Tochter seit vielen Jahren. Bachmeier war schon beim Prinzen Rohan im Dienst gewesen und seit über zehn Jahren nun beim General. Ich hoffte, an diesem Ort eine Spur zu finden. Das Häuschen war unversperrt und beleuchtet, doch es gab niemand Antwort auf mein Rufen. So schritt ich in Gedanken versunken die Parkwege ab und erreichte nach etwas mehr als einer Viertelstunde wieder meinen Ausgangspunkt. Allerdings ohne den geringsten Hinweis auf den General. Ich ging nun in das Gärtnerhäuschen hinein. Es war niemand in der Stube. Der Kachelofen bereitete eine angenehme Wärme. Es konnte jederzeit schon Frost kommen. Ich ließ mich auf einer mit dickem, grünem Samt ausgelegten Bank nieder und verfasste eine Nachricht, die ich am Schlosstor zu hinterlassen gedachte. Ich zog die schweren Damastvorhänge beiseite und blickte durch das Fenster hinweg in den Park hinein. Im Lichtkegel sah ich ein Pfauenpärchen nach Futter suchend über den Rasen spazieren. Das war natürlich völlig ungewöhnlich, da diese Vögel üblicherweise nachts auf den Bäumen Schutz zum Schlafen suchen, zudem war es unangenehm kalt. Das Weibchen lief dem Männchen stets ein paar Schritte hinterher und fraß die bereits freigescharrten Leckerbissen. Der riesige Ginkgo dahinter war beinahe schon völlig kahl und nur die nach Buttersäure riechenden orange-gelben Früchte hingen noch auf dem Baum. Auf dem Boden war kein Blatt zu sehen und bloß ein paar Früchte, die herabgefallen waren, lagen auf dem gepflegten Rasen.

Ich steckte die Nachricht in ein Kuvert, das ich einer kleinen Schatulle entnahm, verließ das Haus und danach den Park. Ich ging auf das schwere Tor zu und steckte den Brief in einen goldenen Ring, der den Besuchern zum Anklopfen dient, und zog mich in meine Wohnung zurück. Es war bereits nach acht Uhr. Am nächsten Morgen ließ mir der General, nicht durch einen Boten, sondern durch Frederik persönlich, ausrichten, dass er sich tatsächlich, wie von mir geahnt, im Nebel beim abendlichen Spaziergang im Park verirrt und er erst weit nach Mitternacht zum Schloss zurückgefunden hatte. Er hatte übrigens von meinem Brief nichts vorgefunden und es ließ sich auch später nicht eruieren, wer ihn an sich genommen haben könnte. Der General ließ weiterhin ausrichten, dass er sich für die Nichteinhaltung der gestrigen Einladung entschuldige, und sprach dieselbe nun für diesen Abend aus. Ich gab Frederik umgehend meine Zusage und begab mich am Abend wie vereinbart zum Dinner. Der Audienzsaal war von einem Forstadjunkten geheizt worden. Frederik war für solche Aufgaben schon zu gebrechlich. Zudem hatte er sich gestern Abend ziemlich verausgabt, denn er hatte, ebenso wie ich, den General im ganzen Schloss und auch noch im Meierhof, gesucht. Er litt außerdem in letzter Zeit immer häufiger an Gichtanfällen. Die Tafel war sehr einfach und nett gedeckt. An diesem Abend weihte mich der General in die Genealogie seiner Familie sowie in weitere Details seiner Offizierslaufbahn ein. Neben dem offenen Kamin, an dem wir nach dem Essen noch einen Whisky tranken, lag ein Stapel mit trockenem Akazienholz. Draußen nähert sich der Herbst mit Schnelligkeit. Die Blätter der Akazien sind zum Teil bereits gelbbraun. Ich bringe nichts weiter. Das System habe ich zum ungezählten Male bereits umgestellt. Die Leute aus dem Meierhof machen mir Angst.“

4.16. Das Farbsystem (das Spiel der Farben)

Nebel hüllte das Schloss und die Landschaft ein. Keine Zeit für Feldarbeit. Gruber machte es sich gerade gemütlich vor seinem Kachelofen. Vor ihm stand ein Stapel der alten, zerfledderten Bücher, die er vor Kurzem erst auf dem Dachboden entdeckt und zum Studium in seine Wohnung gebracht hatte. Gruber notierte mit grüner Tinte ihre Titel und die Autoren in einem Registrierbuch: Henry de Montherlant. – Le Solstice de Juin, Edition Bernard Grasset, Paris 1941, geschnitten bis Seite 112; Napoleon, eine blau gebundene Biografie von Emil Ludwig, Berlin 1931; Paul Romain. – Le Demoignage des Elites; Alain – Souvenirs de Guerre, Paul Hartmann, Paris 1937; Erstausgabe des „Reigen“ von Frank Wedekind; Sven Hedin Transhimalaya, Leipzig 1909 (Bd. I & II), eine gelbbraun gebundene Ausgabe mit einem Aquarell des Autors; The Memoirs of Count Apponyi, Count Albert Apponyi. - The Macmillan Company, New York, MCMXXXV (Biografie von Count Apponyi, ungar. Aristokrat, galt als der eloquenteste Parlamentsredner seiner Zeit, Vater von Marika Appony, der Gemahlin von Prinz Karl Anton Rohan); Dr. Josef Goebbels. – Vom Kaiserhof zur Reichskanzlei, München 1934, fehlender Verbiss, auch keine Randnotizen; Friedrich Schreyvogel. – Grillparzer, Leipzig 1935 mit Widmung: „für Karl Anton Prinz Rohan in treuer Verbundenheit. Wer wollte nur das Mögliche wagen? Dazu ruft Gott keinen aus dem Schlaf, Mai 1935“; Dr. Josef Schneider. – Kaiser Franz Josef und sein Hof, Wien 1919, fehlender Umschlag aber gut erhalt.; Wladimir Solovieff. – Die geistigen Grundlagen des Lebens, Stuttgart 1922, s. g. erh.; I Ging, Das Buch der Wandlungen. Drittes Buch, Richard Wilhelm.- (Verlag Eugen Dietrichs), Jena 1924, (aus dem Chinesischen von Richard Wilhelm, Jena 1924, s. g. erh.); Hans Freimark. – Marie Antoinette, Berlin 1916, s. g. erh.; G.Ward Price. – Year of Reckoning, Aug. 1939, III Edit., g. erh.; Richard Wagners Gesammelte Schriften Bd. 1, Julius Knapp (Hrsg.), beschädigt; Houston Steward Chamberlain.- Lebenswege meines Denkens, (Verlag Bei Bruckmann A.-G.), München 1919, g. erh.; Der Weg zur Vollendung, Mitteilungen der Gesellschaft für freie Philosophie, Schule der Weisheit, Graf Hermann Keyserling (Hrsg.).- Drittes Heft, Verlag Otto Reichl, Darmstadt 1922; Der Weg zur Vollendung, Mitteilungen der Gesellschaft für freie Philosophie, Schule der Weisheit, Graf Hermann Keyserling (Hrsg.).- Elftes Heft, Verlag Otto Reichl, Darmstadt 1926; Das Okkulte, Graf Hermann Keyserling,

Graf Kuno Hardenberg & Karl Happich. – Verlag Otto Reichl, Darmstadt 1923; usw., usf. …

Gruber hatte zu dieser Zeit die Methodik entwickelt, unterschiedliche Themenbereiche mit verschiedenfarbiger Tinte aufzuschreiben, was ihm ein späteres Auffinden bestimmter Themen erleichtern sollte. So galt die Farbe Grün für das Vermerken von Zitaten, für Exscriptionen durchgearbeiteter Bücher, das Beschreiben von Inhaltsangaben und dergleichen. Blau war für seine naturwissenschaftlichen Hefte und Feldbücher im Allgemeinen vorbehalten. Rot wiederum setzte er nur für die Beschreibung der Kategorie „Lebensumstände der Burgbewohner" ein. Dies deshalb, weil an ihren Schicksalen soviel Blut und Elend klebte. Allgemeine Hinweise und Vermerke zur Baugeschichte des Schlosses, Bemerkungen zu Plänen sowie Ergänzungen zu denselben schrieb er mit brauner Tinte. Mit der Zeit nahm er aber von dieser Methodik wieder Abstand und entschied sich dafür, verschiedene Sachbereiche in unterschiedlichen Büchern niederzulegen. Auch dieses System barg wieder Schwächen in sich. Die Zuordnung und Wiederauffindung notierter Merkwürdigkeiten, die ihm während einer bestimmten Beschreibung plötzlich durch den Kopf schießen konnte, wurde durch dieses Verfahren jedoch nicht befriedigend gelöst. Er machte auch kein Hehl aus der Unzulänglichkeit seiner Dokumentationssysteme und war stets auf der Suche nach einem besseren. Je länger Gruber sich mit der Materie beschäftigte, umso weiter schien er sich vom eigentlichen Ziele einer verständlichen Erfassung der Kategorien zu entfernen. Mit jedem Versuch der Dokumentation, mit jedem Auffinden neuer Dokumente, mit jeder Mitteilung eines neuen Informanten, mit jedem neuen Studium der verwirrenden räumlichen Strukturen der unzähligen Innenräume des Schlosses erhielt er eine weitere Fülle von Mosaikstückchen in die Hand, für die es wieder Kategorien zu finden galt. Diese aber ließen ihrerseits wiederum den Umfang der Arbeit anwachsen und trieben ihn allmählich immer weiter in einen

Ozean hinaus, von dem er zu Anfang wähnte, es handle sich um ein schmales Flüsschen und das Ufer wäre bereits sicher und klar zu erkennen. Die Bücher, Journale, Pläne, Vermessungen, Kataloge, die Fülle an Fundstücken und keramischen Fragmenten, die Inventarisierung stets neu auftauchender Bibliotheksteile, das Niederschreiben der zur unerschöpflichen Flut anwachsenden Informantengespräche … alles schien immer mehr zu werden und jede neu gewonnene Erkenntnis trieb ihn ein Stückchen weiter weg von seinem Ziele, alles zu verstehen. Eine Ungeduld erfasste Gruber, der er durch rascheres Fortschreiten seiner Arbeiten gerecht zu werden hoffte. Bis er endlich erkannte, dass nur mehr in einem Ruhen und Auf-ihn-zukommen-lassen eine Hoffnung bestehen konnte.

Er bekam außerdem auch gesundheitliche Probleme. Er fand zunehmend keinen Schlaf mehr, da sich sein Geist ständig mit der Fortführung seines Projektes beschäftigte. Das begann ihn derart zu quälen, dass er seine Tätigkeiten zur Gänze in die Nacht zu verlegen begann, um dann tagsüber, hinter verdunkelten Fenstern, Ruhe und Schlaf zu finden. Das gelang auch einigermaßen und er gewöhnte sich mit der Zeit so sehr an diesen Rhythmus, dass er ihn überhaupt für den dem Menschen genehmeren und natürlicheren zu halten pflegte. Somit verdankte er schließlich der ursprünglichen Unmöglichkeit, nächtens Schlaf zu finden, die Entdeckung seiner höheren Leistungsfähigkeit während der Zeiten, in denen die meisten Menschen sich der Ruhe hingaben.

4.17. Spaziergang im Wald (mit blauer Tinte)

Aus dem „Blauen Feldbuch“, 16. November 1956: „Ich ging den Steig vom Augenbründl hinab und betrachtete die Meere von Blättern, die unter den Stiefeln rauschten. Ein braunes dürres Meer aus Buchenblättern, ein gelbes Meer aus Ahornblättern, ein Nadelmeer aus goldenen Lärchennadeln. Die bunten Blätter wurden zu gefleckten Feuersalamandern und die Feuersalamander wieder zu Blättern. Ich senkte den Blick und die Sonne warf bunte Strahlen vor mir her. Ich betrachtete die Bäume nur im Vorübergehen. An der Gestalt ihrer Stämme, der Borke und der Geometrie der untersten Verzweigungen erkannte ich sie. Der Wanderer sprach leise vor sich hin: ‚Lärche, Ahorn, Fichte, Ulme, Buche, Ahorn, Telegrafenmast, Buche, Buche, Esche, noch eine Esche, Buche, Fichte, eine junge Eibe.' Dann trat ich hinaus auf die Waldlichtung. Am Wegrand standen mehrere schlanke Ahornbäume. Ein Baum, der sich am äußersten Rand der Lichtung befand, zeigte mehrere geknickte Äste. Das rührte wohl von einem der heftigen Schneebrüche der letzten Winter her. Die Zweige waren zwar verheilt, aber in ihrer gebrochenen und geknickten Stellung verblieben. Dennoch wuchs der Baum weiter und seine Rinde glänzte ebenso wie die des Ahorn, der wenige Meter danebenstand, und dessen Äste alle noch in bestem Zustand waren und sich in Harmonie befanden. Sollte jetzt dieser Ahorn mit den gebrochenen Flügeln die Freude am Wachstum verlieren und nur mehr dahinvegetieren?

Nein, er tat es nicht. Er hatte zwar ein paar geknickte Zweige, wuchs aber dennoch weiter, wurde mächtiger und stärker. War das eine passende Parabel auf das Leben, auf mein Leben? Ich sinnierte lange über die Metamorphose der Gesteine und die Anwendbarkeit auf das Schicksal der Menschen und die Möglichkeiten, für sich eine Entwicklung vorauszusehen, so wie wir sie für Gesteine berechnen können, wenn wir wissen, was auf sie zukommt. Ich kam über den Feldweg zurück ins Dorf. Der Schlossfelsen leuchtete in der Sonne. Er war mit Efeu überwuchert. Die Blätter glänzten wie Smaragde. Auf der Dorfstraße waren Menschen unterwegs. Zwei Schulmädchen gingen Arm in Arm. Ein liebenswürdiger Anblick. Die Kinder geben mir Hoffnung. Ich liebe sie ihrer Unschuld wegen, auch wenn sie grausam und eigensinnig sind. Der Bürgermeister lächelte mir augenzwinkernd zu.

Ich ließ mich indes auf nichts ein und ging weiter. Aus einem der winzigen Fenster des Getreidespeichers ragte kurz ein Kopf heraus. Ich konnte nicht erkennen, wer es war, und ging schnurstracks auf den Hauptplatz. Frau Wilfonseder sah ich aus dem südlichen Turmzimmer des Schlosses herabschauen. Ich glaube, sie war gerade beim Aufräumen. Sie erkannte mich auch sofort und verbarg sich seltsamerweise hinter den Fensterläden. Die Risse in der Burgmauer wurden zu Spinnen und Geckos, die Schmetterlinge auf den Königskerzen zu Troglodyten und der Zaunkönig am Kirchturm zum Weihwasserkessel. Ich unterdrückte mein

Verlangen, ins Wirtshaus zu gehen, und schloss mich der gerade vorbeiziehenden Blasmusikkapelle an. Erst als der Trompeter geendet hatte und die Querflöte einsetzte, erinnerte ich mich des Auftrages, den mir der Mesner am Vorabend erteilt hatte, und eilte mit fliegenden Rockschößen auf die Heide hinaus und verjagte die Schafe von den Obstkulturen. Indes es war bereits zu spät und die Bäume nicht mehr zu retten. Die Rinden waren zur Gänze abgenagt. Sie glichen nun weiß gestrichenen Zaunpfählen mit einer grotesken grünen Krone und verloren sich in der Perspektive der Landschaft."

4.18. Die meteorologische Kategorie

Die Wetterbeobachtung schien Grubers Steckenpferd zu sein. Er bezeichnete sie, unter Einbeziehung verschiedener anderer Phänomene, unter Bedachtnahme auf die Verwendung einer homogenen Nomenklatur, als „Meteorologische Kategorie". Darin vermerkte er akribisch nicht nur die tägliche Wetterlage, die sich auf die unmittelbare Umgebung des Schlossareals bezog, sondern auch Berichte seiner Informanten über bemerkenswerte und herausragende Wetterverhältnisse früherer Jahre. Der Beobachtungszeitraum erstreckte sich dabei über nahezu ein volles Jahrhundert und Gruber war immer wieder verblüfft, mit welcher Genauigkeit sich gerade meteorologische Phänomene in die Gedächtnisse der Menschen einzuprägen vermochten. So wurde Gruber über besondere schlimme Unwetter, über hervorstechend frostige und lang anhaltende Winter oder Dürreperioden informiert.

Namentlich von Bauern konnte Gruber sehr detaillierte Berichte erhalten, vor allem solche, die in irgendeiner Weise einen Einfluss auf die Ernteerträge hatten. Außerdem berichteten sie auch von seltenen Naturphänomenen, von sonderbar rot verfärbten Schneefällen zur Sommersonnenwende 1933, von Kugelblitzen und Heuschreckenschwärmen, vom Ausbleiben der Zugvögel nach einem verheerend kalten und langen Frühjahr oder den fruchtbaren Jahren von 1923 bis 1927, in denen die Ländereien des Schlosses außergewöhnliche Ernteerträge hatten. Auch von einem geradezu katastrophalen Hagelwetter wurde berichtet, das die gesamte Ernte vernichtet hatte und durch das sogar Menschen zu Schaden gekommen waren. Es lag ihm ein Bericht des Weinhauers Lorenz Schmid vor, den Gruber stellvertretend für die vielen bemerkenswerten Beobachtungen, die in direktem Zusammenhang zu meteorologischen Vorgängen zu sehen sind, ungekürzt in seinem Feldbuch vom Oktober 1955 wiedergab.

4.19. Die Hagelgeschichte

„Der 30. Juli 1925 war ein heißer, schwüler Sommertag. Die Gerstenernte war noch nicht in den Scheunen, sondern stand in Mandeln auf dem Feld. Der Hafer war noch zu mähen. Mein Stiefvater und ich waren im Wolfbrunnfeld, um mit der Mähmaschine, die von Pferden gezogen wurde, Hafer zu mähen. Am frühen Nachmittag stieg von Norden her eine unheimliche Gewitterwolke auf. Sie zog nicht, sondern wälzte sich über den Himmel. Mein Stiefvater meinte: ‚Bub, heute werden wir etwas erleben.' Sehr rasch begann es dann zu donnern, und auch Blitze zuckten in rascher Folge vom Himmel. Plötzlich kam auch Wind auf und wurde unmittelbar zum Sturm. Mitten auf dem Acker mussten wir die Pferde aus der Maschine spannen. In hastigen Schritten ging es dem Wagen zu, der unter einer Gruppe Weiden stand. Urplötzlich brach das Unheil los. Im Sturm ergossen sich Wasser, Schnee und Eis. Ein Blitz schlug in einen Weidenbaum. Die Pferde stiegen hoch und waren kaum zu halten. Wir mussten eilends weg, heimwärts. Die Hagelkörner wurden immer größer, ein Teil von ihnen erreichte die Größe von Enteneiern. Wir fuhren bis auf die Höhe des Kornberges; hier versagten die Pferde wegen der vielen Hagelschloße ihren Dienst. So standen wir nun schutzlos in der wilden Brandung. Nach einiger Zeit wurden die Schloßen weniger und auch kleiner, und wir brachten die Pferde doch wieder in Gang. Allerdings war kein Weg mehr zu sehen. Nur der Baumreihe neben dem Weg verdankten wir es, dass wir heimfanden. Diese Bäume jedoch waren kahl wie im Winter. Fruchtbeladene Wagen lagen umgeworfen neben dem Fahrweg oder auf dem Feld. Das Feld zwischen Stadlweg und Wolfbrunn war ein einziger See, in dem schwammen die Fruchtmandel kreuz und quer. Das Wasser stieg immer höher und nur mit Mühe konnten sich die Pferde fortbewegen. Bäche waren längst aus ihren Ufern getreten, Brücken überflutet.

Als wir heimkamen, bot sich ein weiteres Bild des Schreckens. Bei der Hoftür floss das Wasser aus dem Haus. Die Dachziegel waren zum Großteil zerschlagen. Auch ein Teil der Fensterscheiben war zerbrochen. In den tiefer gelegenen Häusern stand das Wasser bis zu den Strohsäcken der Betten. Gelagertes Holz und Hausrat wurden fortgeschwemmt, Geflügel und Wild kamen in den Fluten um. Beim Kriegerdenkmal stand die oberste Stufe unter Wasser. Auf diese Stufe hatte sich Frau Hollaus geflüchtet. Der Gastwirt Bunzl musste, so wie viele andere Leute im Dorf, in seinem Haus bleiben und sich in die oberen Stockwerke flüchten. Er war es, der sich die größte Sorge um Frau Hollaus machte. Herr Bunzl, ein Hüne von einem Mann, machte sich zur Rettung bereit. Mit zwei Eisenhaken unter dem Arm, ging er vom Wirtshaus zum Kriegerdenkmal, nahm Frau Hollaus huckepack und mit äußerster Kraftanstrengung gelang es ihm, in sein Wirtshaus zurückzukehren. Er sagte nur ganz kurz: ‚Ein zweites Mal nicht mehr!'

Im Haus Nr. 17 wurde der Wagen aus der Scheune geschwemmt. Die Schweine standen bis zu den Ohren im Wasser und mussten mühsam gerettet werden. Ein Eichenblock, vier Meter lang, 40 Zentimeter dick, schwamm wie ein Zündholz auf den graubraunen Fluten. Auf der Straße zum Bahnhof musste der Straßenwärter Fuxberger Trauben und Obst, die durch die Fluten vom Auberg herunter geschwemmt wurden, mit seiner Schaufel wegräumen. Am Tag nach diesem Schreckenstag floss das Wasser noch immer in den Fahrrinnen, auch Eis lag noch. Ich ging am Vormittag ins Nachbardorf und sah, dass auf der Vorderseite des Daches des Friseurhauses nur mehr ein halber Dachziegel auf den Latten hing, alle anderen waren vom Hagel zerschlagen worden. Auf den Feldern sah es furchtbar aus. Tagelang standen die tief gelegenen Äcker unter Wasser. Der Hafer war total vernichtet. In den Mandeln begann das Korn zu wachsen, die Frucht konnte kaum zu Schrot verwendet werden. Vom Kukuruz standen nur die Stängel, bei den Rüben sah man nur einige Rippen von Blättern. Der Großteil der Trauben und des Obstes war abgeschlagen, was übrig blieb, fing – wie auch die Kartoffeln – zu faulen an.

Nun mussten die Dächer neu eingedeckt werden. Es begann ein Wettlauf um die Dachziegel. Die Ziegelwerke Ernsdorf und Frättingsdorf, die damals noch voll arbeiteten, besaßen nicht genug Vorrat an Dachziegeln, und so kann man noch heute auf manchen Dächern die besonderen Dachziegel der Wienerberger sehen. Beim Eindecken am 10. August war es so kalt, dass man bei der Arbeit Rock und Handschuhe brauchte. Es ist abschließend zu erwähnen, dass im September die Obstbäume blühten. Für die Betroffenen bedeutete das Unwetter einen großen Schaden, es war eine Katastrophe, denn nur wenige Leute waren gegen Hagel versichert. Zur Erinnerung an diesen Hagelschlag ließ der Weinviertler Landwirt Josef Fröschl Nr. 76, am Auberg das Schauerkreuz setzen …"

4.20. Über die Auswirkungen von Blitzen

Eine Besonderheit, die Gruber auch zu den meteorologischen Kategorien stellte, waren seine Beobachtungen über die Auswirkungen von Blitzen. An einer Stelle im Westen des Schlossparkes, dort wo ein natürlicher Abhang den ehemaligen Prallhang des nahe gelegenen Flusses bildete, trat an natürlichen Aufschlüssen und durch das Anlegen einer kleinen Sandgrube die Formation der sogenannten "Melker Sande" zum Vorschein.

Auf der geologischen Karte von Friedrich Ellison Edler von Nidlef ist dieses Vorkommen ebenfalls schon verzeichnet. Gruber befand sich am Rande eines natürlichen Hanges, der auf eine frühe Erosion des mäandrierenden Flusses zurückgehen dürfte und versank in der Stille der Betrachtung der Natur. Doch plötzlich trat eine Änderung ein und ein fernes Wetterleuchten kündete ein heranziehendes Unwetter an. Es war bereits Anfang Oktober, also eine ungewöhnliche Zeit für ein Gewitter. Gruber saß noch unter den Bäumen, als zunächst ein leises Rascheln in den Blättern und ein Herabfallen der Eicheln wahrnehmbar wurden. Dann war auch der Sturm schon da und ein Ästekrachen brauste durch den Wald. Der Himmel war violett und im Westen leuchteten nun die Blitze auf, die starren Stämme wurden mit einem Male biegsam und stöhnten unter dem Sturm. Gleichzeitig mit dem ersten knallenden Donnerschlag setzte der Regen ein. Die ersten Tropfen fielen als irisierend-leuchtende Diamanten vom Himmel. Minuten später waren sie jedoch bereits von nussgroßen Hagelkörnern ersetzt, die mit ohrenbetäubendem Krachen durch die Baumkronen schlugen und Eicheln sowie kleine Zweige mitrissen. Unter den Bäumen bildete sich ein Teppich von Blättern. Zu Grubers Füßen schossen kleine Regenbäche dahin und schwemmten an ihren Ufern breite Wälle mit glitzernden Hagelkörnern, Laub und Eicheln auf. Nun war unter den Bäumen kein Schutz mehr gegeben und Gruber lief aus dem Wald auf eine Lichtung zu und verbarg sich dort, bereits völlig durchnässt, in einem Heustadel. Mehrere Blitze gingen im Bereich der Sandgrube nieder, wo er sich kurz zuvor noch aufgehalten hatte. Als der Himmel wieder aufklärte, zog ihn die Neugierde an diese Stelle und er suchte nach Blitzschäden an den Bäumen. Dabei fand er an einem Platz, an dem die gelblich verwitternden Sande zutage traten, eine große Anzahl konzentrisch angelegter, rostbraun bis schwarz verfärbter Bereiche, die er bei näherer Untersuchung als Fulgurite erkannte. Im Zentrum dieser Verfärbungen fanden sich wurzelförmige und röhrenförmige Gebilde, die aus geschmolzenem Sand bestanden, der durch die Hitze Einwirkung des Blitzschlages zum Schmelzen gebracht worden war. Gruber sammelte mehrere Exemplare auf und fügte sie seiner Sammlung an Raritäten bei.

Die naturwissenschaftlichen Schriften von Georg Christoph Lichtenberg, einem exzentrischen Gelehrten und begnadetem Satiriker aus Göttingen, waren häufig Grubers Wegbegleiter auf seinen Erkundungen. Der beißende Spott und die scharfe Beobachtungsgabe machten Lichtenberg zu einem seiner Lieblingsschriftsteller. Zur Deutung der Fulgurite halfen sie ihm aber nicht weiter. Dazu brauchte er Fachliteratur. Dadurch war es ihm möglich, die aufgefundenen Fulgurite in zwei Varietäten zu untergliedern.

Die eine Gruppe und zugleich die häufigste, sind die bereits erwähnten Sand-Fulgurite vom oben erwähnten Sandaufschluss. Sie sind häufig verästelt wie zarte Wurzeln, formen zylindrische Röhrchen und messen im Querschnitt bis zu mehreren Zentimetern. In der Fachliteratur fand Gruber Hinweise auf Fulgurite, die bis zu 20 Meter Länge aufweisen können; derartige Funde waren aus der südlichen Sahara von Forschungsreisenden aus dem Air-Gebirge beschrieben worden. Bei genauer Untersuchung stellte Gruber fest, dass die Sand-Fulgurite im Querschnitt einen charakteristischen Aufbau zeigen: glasige Schmelze auf der Innenseite der Röhren und auf dem äußeren Teil angeschmolzene Sandkörner.

Der zweite Typ, den Gruber aber nur auf wenigen verstreut liegenden Lokalitäten, namentlich auf Lesesteinhaufen an den Ackerrändern entdeckte, waren dünne, glasige Krusten auf Gesteinen, die ebenfalls als Schmelzprodukte durch die Blitzeinwirkung zu interpretieren waren. Letztere waren in der Literatur bisher nur von Bergspitzen beschrieben worden, noch niemals aber aus dem ebenen Lande. Gruber machte über diese Funde aber kein besonderes Aufsehen, auch wenn ihn diese Entdeckung besonders freute.

Um seine Kenntnis über diese Naturerscheinung noch weiter zu vertiefen, durchstöberte er das naturhistorische Museum und auch das elektropathologische Museum im 16. Wiener Gemeindebezirk in der Gomperzgasse nach weiteren Fundstücken und Erklärungen zur Genese derselben.

4.21. Fünfter Brief an die Schwester

„An meine geliebte Schwester!

Montag, 3. Jänner, Nachmittag 18 Uhr, Sternzeit im Orion links; ich bin ein Epigone eines Epigonen, eines Epigonen usf. (insgesamt der Brief unverständlich, möglicherweise im Zustande des Fiebers verfasst; gewisse Anzeichen deuten auch darauf hin, dass Doktor Gruber mit Alkaloid-Extrakten von Giftpilzen experimentierte; auch das wäre eine Erklärungsmöglichkeit). Rückkehr von der Jagd, schnorchelte am Außenriff entlang, fing *eine Schildkröte und einen Papageischnabel; ängstlich betrachtete ich das Muster ihrer Hornplatten, die Flossenfüße, die Krallen, die verschreckten Augen mit melancholischen Lidern, die gelbgrüne Färbung, ihre Falten am Hals, Nacken, unter den Achseln. Sie wurde nach dem Woher und dem Wohin gefragt. Das Übliche halt. Ich selbst blieb im Hintergrund. Was sollte ich auch von mir erzählen? Dass ich zufällig hier hergekommen sei und auch nur rein zufällig sie unterwegs getroffen hätte? Banal! Dass ich mit Regenschirm und Weihnachtsbaum alleine auf dieser Insel unterwegs sei? Man hätte mich für verrückt gehalten und ich hätte keinerlei Glaubwürdigkeit bei ihr hervorgerufen. So aber fand man, dass mir das Hüfttuch besonders gut stehen würde. Wickelte ich es geschickt um den Leib, so fand sich auf meinem Hintern ein großer blauer Fisch, wickelte ich es aber ungeschickt, so erschien stattdessen eine Art Papagei oder so ein seltsamer Vogel. Egal, der Himmel färbt sich bereits. Zarte rosa Streifen, Punkte und Striche. Morsezeichen eben.*

Aber ich kann nicht morsen! Also blickte ich uninteressiert zur Seite und bemerkte einen Einsiedlerkrebs, der gerade in ein geräumigeres Schneckengehäuse umzog. Er schleppte ein beachtliches Abdomen eingerollt hinter sich im weißen Korallensand einher. Ebenso hätte er es aber auch bei einem feinen oder auch gröberen Quarzsand getan. Ich vermutete, dass auch dessen Farbe keine entscheidende Rolle dabei spielte. Ich vermochte deshalb auch die Botschaft nicht zu entschlüsseln. Später mit dem Kompass die Kalke eingemessen. Die Marmore fallen 090/60. „Foit eh ollas noch Osten ei“ … Ich drehte mich erschreckt herum. Der Kompass fiel mir aus der Hand auf den Stiefel, sprang von dort weiter auf einen Stein, wurde von demselben zur Seite geschleudert und blieb schlussendlich unbeschädigt auf einem angefaulten Buchenblatt liegen. Im

Zuge des alljährlich stattfindenden Zerfall Prozesses war das Chlorophyll bereits vollständig abgebaut worden. Hinter einem dicken Fichtenstamm lehnte sich ein Bauer mit dickem roten Gesicht und schlecht erhaltenen Zähnen hervor. Nicht alle Bauern dieser Gegend hatten so schlechte Zähne, stellte ich fest! Woher mochte er sein Wissen beziehen? Ich blickte ihn fragend an, sprach aber aus guten Gründen kein einziges Wort. Ich hatte ja erst am Vortag die Eisenquelle im Steinbauergraben entdeckt. Aber er ließ mich nicht lange im Ungewissen. Er hat früher im Malaschofsky-Steinbruch gearbeitet, sagte er. Der größte Marmorbruch der Gegend. Ich wusste übrigens, wovon er sprach. Die Gesteinsplatten rutschten immer Richtung Sonnenaufgang. Auch wenn sie spätnachmittags noch einen großen Block mit Eisenkeilen lösten, die sie mit schweren Hämmern in vorgebohrte Löcher hineintrieben. Die Fallrichtung blieb dieselbe. Er bezog sein Wissen aus Erfahrung und Beobachtung! Die Sonne malt einen leuchtend roten Farbstrich über den westlichen Himmel. Diesmal war es der Westen! Ein Tag vergeht wie der nächste. Nichts verändert sich. Dieses Zeichen konnte ich entschlüsseln.

Ich grüße dich von ganzem Herzen, dein dich liebender Bruder Albert". (vermutlich geschrieben im Jänner 1957, der Herausgeber)

4.22. Der General wird alt

Der General ging am frühen Vormittag aus dem Schloss und betrachtete versonnen den mächtigen Kastanienbaum vor dem Schlosstor, der sich mit einem gebrochenen Ast auf der Wiese abstützte. Daraufhin schmiss der General seinen Spazierstock weit von sich ins Gras und lief, ohne auf die Worte der ihm nacheilenden Haushälterin zu achten, auf das Birkenwäldchen am Ödeck zu.

Nun entwickelte sich die erste Szenerie mit einer wahrhaft fürchterlichen und Unheil verkündenden Stille. Der General griff um sich, so, als ob er die Stille mit seinen Fingern zerquetschen wolle. Dann lehnte er sich erschöpft an einen Baum und umklammerte ihn mit aller Ehrfurcht, der er fähig war, und presste seine Augen in die Rinde. Das vermochte ihn zunächst zu beruhigen und im ersten Augenblick dachte er auch, er befände sich nicht am Isonzo, sondern in Krakau, wo sein Vater, Georg Freiherr von Waldstätten, Festungskommandant war. Mit einem Male aber drehte er sich um und erblickte den Hund zu seinen Füßen. Er hielt ihn hingegen für einen tollwütigen Fuchs und wollte sich das Gewehr von der Schulter reißen und nach ihm schießen. Er erwischte jedoch nur seinen Rock. Er hatte natürlich kein Gewehr bei sich und verachtete im Übrigen auch Waffen. So riss er sich also den Rock vom Leibe und schlug damit wie verrückt und ohne anzuhalten auf den imaginären Fuchs ein. Mittlerweile war aber der Hund schon aus Angst geflohen und an seiner Stelle saß nur mehr ein kleiner Kobold, der ihn mit glühenden Augen und hämischem Gesicht betrachtete. Die Schläge des Generals mit dem Rock erreichten ihn jedoch nie, denn die Entfernung des Generals zu dem vermeintlichen, zu seinen Füßen befindlichen Tier wurde von Augenblick zu Augenblick beträchtlicher, sodass er nach wenigen Minuten des heftigen Bemühens, den vermeintlichen tollwütigen Fuchs zu verscheuchen, kraftlos seine Arme hängen ließ und weinend wie ein Kind ins Gras sank.

Jetzt erst fiel ihm die veränderte Atmosphäre auf, die ihn umgab. Der Himmel war nicht mehr bewölkt wie zuvor, sondern wirkte gefirnisst, gläsern und violett; das Gras bestand aus den silbrigen Blättern und Stacheln der Silberwurz und reichte ihm bis zum Halse, sodass er sich strecken musste, um darüber hinwegzusehen, und das Zwitschern der Grünfinken, das er eben noch vernommen hatte, war zu einem tosenden Sturmbrüllen angewachsen. Der General schleuderte den Rock weit von sich und hielt sich mit beiden Händen die Ohren zu, aus denen kleine weiße Haarbüschel standen. Seine Haushälterin wollte des Öfteren versuchen, ihn dazu zu bewegen, sie doch mit einer feinen Nagelschere etwas zurechtzustutzen, da sie einen sehr lächerlichen Eindruck auf die Dorfbevölkerung machten, die auf solche Seltsamkeiten nur zu warten schien. Im Übrigen hätte schon alleine die Tatsache genügt, dass er im Schloss wohnte. Dazu bestand schon seit langer Zeit ein gespanntes und ambivalentes

Verhältnis zwischen den Dörflern und den Schlossbewohnern, besonders aber zu den seltsamen Menschen im Meierhof. Der Schlossbesitzer wurde traditionell zwar immer geachtet, niemals aber verehrt und schon gar nicht geliebt. Erschien er einmal, was höchst selten vorkam, auf der Dorfstraße oder gar im Dorfwirtshaus, so sprachen die Leute mit tief gebeugten Häuptern in geheuchelter Ehrfurcht aber ehrlicher Angst mit ihm.

Ansonsten beschränkten sie sich darauf, ihm einen demütigen Gruß zu schicken und so rasch wie möglich wieder aus seinem Blickfeld zu gelangen. Es lebte keiner im Dorf, der nicht das Gefühl hatte, in seiner Schuld zu stehen, da man es sich zum Gewohnheitsrecht gemacht hatte, die Felder und Wälder des Generals, seit seiner schleichenden Demenz, so gut es nur ging, zu plündern. Man traute dem Alten aber durchaus noch soviel Stärke und Übersicht zu, dass er von alledem schon Wind bekommen hatte, und fürchtete bisweilen das Einschreiten der Obrigkeit; was für die meisten von ihnen beträchtliche Schwierigkeiten, wenn nicht sogar Strafen nach sich hätte ziehen können; solcherart war das Verhältnis zwischen dem General und der Bevölkerung.

4.23. Epigramme und andere Überlegungen

Ging ich über schwarzem Asphalt, so wurden meine Füße warm, war es aber grauer Asphalt, so blieben sie kalt. Bei Schotterböden war es einerlei: Die Stiefel wurden grau vom Staub der Straße. Ließ er seinen Blick wieder zum Geschehen zurückgleiten, waren die ängstigenden Figuren verschwunden. Sah er sich jedoch wieder friedlich grasenden Schafen auf einer weiten Heidelandschaft gegenüber, stand das Schloss des Grafen von der Sonne beschienen gleich unter einem Wasserfall aus Gänsefedern. Verstreut, doch ohne feststehende Ordnung, purzelten kleinere Möbelstücke durch den Silbermilchschleier in die imaginäre Palimpsestlandschaft, fielen unaufhörlich auf die Wasserzeichen einer unbekannten Landschaft zu. Der alte General stieg mühsam den alten

Jägersteig herauf, hinter ihm der Diener Frederik mit der Flinte und dem Korb mit Wein und Speck; der fette Dackel Atkinson, ein Geschenk von seinem Neffen, trottete hinten nach.

4.24. Gedanken des Verwalters

In manchen Augenblicken vermochte der Verwalter an den alten Grafen nur mit Wehmut und mit Mitleid denken. Obgleich er nicht an seinem Schicksal schuld war. Mit keinem Wort und mit keiner Tat hatte er Anteil daran. Er saß vor dem Verwalterhaus und betrachtete die Wolkenfiguren, die sich wie auf einer Bühne an ihm vorbei bewegten. Gleich Kulissen, die vom Kulissenschieber an unsichtbaren Schnüren vor den Augen der Zuschauer vorbeigezogen wurden. So als erwarteten die Zuschauer gleichermaßen diese gleitenden subtilen Übergänge von einer Szene zur nächsten. Dort lief ein gefräßiges Krokodil mit weit aufgesperrtem Rachen über einen silbrigen Strom, der sich einer Schlange gleich durch die Landschaft wand. Unmerklich langsam, aber bei wiederholtem Betrachten zeigte sich die Veränderung. Das Maul schloss oder öffnete sich. Die Kiefer schienen sich auszurenken, die Zähne weiter hervorzutreten, dann verschwanden die Umrisse des Körpers ins Undefinierbare, verloren ihre Bestimmbarkeit, wurden zur Giraffe, mit langem Arm nach einer Frucht greifenden Affen, zu Fischreihern, die an einem Weiher standen, zu Kindern, die am Kittel der Mutter um ein Stück Brot bettelten. Welche Zeiten durchschritt der Verwalter bloß? Endlich war ein starker Kontrast von Sonne durchstrahlten Wolkenfetzen und blauschwarzen Gewitterwolken dahinter. Dies kam so plötzlich, dass der Verwalter aus seinen Gedanken aufschreckte, den Blick davon wendete, und ein ruhigeres Bild suchte.

4.25. Deutschlehrer Mistbacher

Gruber wusste, dass sich samstagabends immer die Lehrer

zu einer Stammtischrunde im Wirtshaus trafen. Sie unterrichteten in der Volksschule des Ortes. Die Hauptschule lag in der Nachbarortschaft fünf Kilometer auswärts. Der Freitag gehörte den Arbeitern und der Sonntag den Bauern, die nach der Kirche kamen. Vor den Arbeitern hatten sie Angst. Sie waren ihnen zu grob und ihre derbe Sprache erschreckte sie. Die Bauern wiederum verachteten sie wegen ihrer stets gleichbleibenden Lebensweise, ihrer unveränderlichen Gespräche, ihrer Hartnäckigkeit, mit der sie auf den angestammten Höfen hockten. Natürlich war das ein Vorurteil und Gruber hätte sie sicherlich eines Besseren belehren können. Aber so sah die Situation für die Lehrer aus und so blieb ihnen eben bloß der Samstag übrig. Manchmal gesellte sich auch der Pfarrer zu ihnen, und mit dem unterhielt sich Gruber gerne. Geschah dies, dann konnten diese Abende sehr amüsant sein und mitunter bis in die Morgenstunden dauern, vor allem, wenn man sich entschloss, noch in den Weinkeller des Pfarrers hinüber zu gehen. Der Pfarrer war eine bestimmende Größe im Dorf und hatte insgeheim mehr Einfluss in der Gemeinde als der Bürgermeister. Um ihn zu treffen, nahm Gruber sogar den unsympathischen Mistbacher hin. Er weckte die schlimmen Erinnerungen an seine eigene Schulzeit. Er hatte einen Deutschlehrer, der ihn als Kind immer quälte. Das ging so weit, dass Gruber aus Protest gegen diesen Lehrer auf das Erlernen des Lesens für viele Jahre verzichtete. Dabei liebte er Bücher schon als Kind. Dieser Mistbacher war ein kleines Männchen, mit gerötetem Gesicht und schütterem weißen Haar, der versuchte, listig zu blicken und doch nur einen verschlagenen Gesichtsausdruck schaffte. Er war stets tadellos gekleidet, mit Anzug, Krawatte und Gillett. Alles in allem stand ihm die Kleidung gut zu Gesicht, doch wirkte sie immer etwas unpassend unter seinen Kollegen, die mit offenem Hemdkragen in die Klassenzimmer kamen oder mit kurzen Ärmeln im Sommer. Der Physiklehrer Göbel war eine Art von Künstler. Welliges Haar, lustiges Gesicht mit markanten Zügen und ziemlich zerfurcht, als ob er viel im Freien zubrächte. Er trug einen Rollkragenpullover und war ein sympathischer Mensch, mit dem sich Gruber sehr gerne über Fragen der Naturwissenschaften unterhielt. Er war blitzgescheit und auch mit dem Pfarrer eng befreundet.

Mit diesen beiden unterhielt sich Gruber am liebsten. Immer wieder aber versuchte Mistbacher Aufmerksamkeit zu erregen und das Gespräch an sich zu ziehen. Er war ein Widerling und erinnerte Gruber zu sehr an seinen früheren Lehrer, als dass er ihn gemocht hätte. Dieser Mistbacher, soviel wusste er aus den Erzählungen von seinen Kollegen, hasste ebenfalls seine Schüler und ließ sie das im Unterricht auch gerne spüren. Dem Direktor gegenüber heuchelte er Loyalität und Ergebenheit. Deshalb war er auch zum Oberlehrer befördert worden. Wo immer es ging, zahlten ihm aber seine Schüler mit gleicher Münze heim und es herrschte sozusagen ein angeregter stiller Kriegszustand zwischen den beiden Parteien, die über die Jahre zu einer Zweckgemeinschaft wurden. Die Schüler versuchten, ihren Lehrer zu demütigen und lauerten ihm nach der Schule auf, um ihn von versteckten Plätzen aus mit Steinen zu bewerfen und zu verhöhnen. Er wiederum genoss seine Macht über sie, sobald sie in den Schulbänken saßen, und wurde immer raffinierter in seinem Sadismus. Zu gerne hätte er einen von ihnen in den Hinterhalt gelockt und misshandelt. Beim Pfarrer Hofbauer saß er sonntags mit frömmelnd gespitzten Lippen im Beichtstuhl und bekannte seine stillen, nicht ausgelebten Laster und Fantasien. Armer Pater Klemens Hofbauer! Er musste lange danach für diese arme Seele um Vergebung beten. Doch der Charakter des Deutschlehrers war bekannt und so wurde er kaum zu gesellschaftlichen Anlässen eingeladen. Dadurch blieb ihm allerdings auch das Glück verwehrt, durch ebensolche Langeweile gequält zu werden, wie er sie üblicherweise, falls man ihm Gelegenheit dazu bot, in Gesellschaft zum Besten gab.

4.26. Sechster Brief an die Schwester

„Im Irrgarten der bunten Sonnenaufgänge gaben wir uns die Hände,

tauschten vertraute Blicke aus, wanden uns Blumenkränze um den Kopf und malten uns ein fröhliches Ende aus. Nichts von alledem traf ein. Die großporigen Korallen waren durch die Strömung am meisten beeinflusst. Ihre Zooxanthellen verbargen nicht die Angst vor Temperaturschwankungen, noch mochte der Salzgehalt des Wassers eine Offensive einzuleiten. Sie unterhielten sich blendend und ich soff den Wein des Pfarrers wie Wasser hinab. Hochwürden aber hielt mich nun für einen Dieb und nicht einmal seine Köchin durfte mich empfangen. In den Nächten brannte Feuer unter den Kochtöpfen; wir versahen die Glut mit Nachschub, setzten Pfähle in die Erde und banden uns mit Lederriemen, Gürteln und Opitzscher Lyrik an ihnen fest. Die Wochen waren eingeteilt. Mir selbst fielen diese frühen Morgenstunden von zwei Uhr bis drei Uhr zu. Johann Sebastian Bach wurde gemeinsam mit der Heckenbraunelle sowie die Mönchsgrasmücke in Kongruenz mit Pachelbel aufgeführt und vor allem auch angehört. Der Vormittag verging mit Pflöckelspiel. Die goldene Regel bestand darin, den Gegner umzulegen, seinen Pflock zu treffen, aus der Erde zu schleudern und lag er dann am Boden, auch noch zu treffen. Ein kleiner Schubs genügte.

Dann kam die Ruhepause. So bereiteten wir uns auf das Mittagessen vor … (es folgen wiederum einige unleserliche Zeilen). Wir verfolgten Hasen und Rehe. Der Schnee fiel überaus dicht. Schwarzgelbe und goldene Flocken. Allesamt hexagesimal. Die Symmetrie war verblüffend. Buffon bemerkte die Diskrepanz. Es war nicht annähernd unsere erste Begegnung. Der Nachmittag war der Begutachtung des Waldes gewidmet. Es fanden sich an verschiedenen Stellen noch genauere Hinweise. Regen fiel, danach Hagel und sofort wieder Schwalbengesang.

Die Gartenlaubsänger verbrachten die Nacht in meiner Nähe. Aus den verblichenen Scheiben im Gartenhaus blickte ich auf Frederik und den Gärtner Bachmeier. Bachmeier las die Blätter vom Boden auf und legte sie, eines neben das andere, im Gartenhaus auf den weißen Kiesboden. Die bunten Glasfensterchen brachen die Sonnenstrahlen in bunte Striche, Büschel und Palmwedel und warfen sie zwischen Papageienflügeln auf den Marmortisch. Bachmeier sortierte die Blätter nach ihrer Farbe und dem Grad der Fäulnis. Erythrozyten färben die Blätter der Ahornbäume rot. Millionen von Bakterien und Pilzen hatten mit dem Fressen begonnen und weideten die zarten Blattränder ab. Sie hinterließen ein feines Äderwerk, das die Nervenbahnen der Blätter bildete. Skelette. Danach wieder das Auflegen und Sortieren. Die Sonnenstrahlen fielen immer noch durch die bunten Glasfensterchen. Die Strahlen undulierten in der amorphen Substanz, durchdrangen sie und fielen auf der anderen Seite in bunten Wasserfontänen zu Boden. Dort beendeten sie in torkelnden Bewegungen ihre achtminütliche Reise auf dem weißen Kiesboden des Gartenhäuschens. Am Hutrand Bachmeiers bildeten sich die Spektralfarben erster und zweiter Ordnung ab. Der Geheimrat zerlegte sie in totes und lebendiges Licht. Links lagen die Ahornartigen, rechts die Lupinen. Besonders bemerkenswert waren die langrüsseligen Nachtschwärmer. Eine unendliche Reihe mit allen Übergängen. Die Winkel zwischen den Blattspitzen und den Blattkielen wurden vermessen und statistisch ausgewertet. Dazu bedurfte es einiger Hilfsmittel. Nach Sonnenuntergang ging Bachmeier müde aber glücklich nach Hause. Seine Frau bereitete wie jeden Abend unter der Woche Grießbrei mit Erdbeermarmelade. Dazu aß er Speck und trank ein paar Gläser Wein. Er war nicht alleine, aber ich war es. Ich betrachtete still die Fledermäuse, die sich aus den Fensternischen des Daches fallen ließen und mit lautem Klatschen ihre Flügel ausbreiteten. Während mich das Rheuma in den Ellbogen plagte und der Himmel sich in seinen Grautönen ergoss, zuckten Blitze und rollten Donner über den Rawalsee. Wieder fand ich mich in der bedauernswerten Lage, nach dem Wächter der Rosenblätter sehen zu müssen. Lieber hätte ich mich weiterhin am Feuer des Küchenherdes erwärmt.

Albert aus dem Diamantengarten“ (vermutlich geschrieben im November oder Dezember 1957, der Herausgeber)

4.27. Die Dokumente

All sein Wissen hielt Gruber in quartformatigen Kontor-Büchern und den Feldbüchern fest. Er hatte sie stapelweise von seinem Großvater geerbt. Niemand sonst schrieb noch heutzutage in solchen antiquierten unhandlichen Büchern. Dieses Aufsammeln bemerkenswerter Beobachtungen, zufälliger Ungereimtheiten, wie auch nebensächlicher Alltäglichkeiten, gehörte zu den ritualisierten Bestandteilen seiner Vormittage. Mehrere Mappen voll eng beschriebener, linierter und unlinierter Blätter schienen hingegen von fremden

Personen zu stammen. Sie tragen jedenfalls nicht die Handschrift von Gruber. Wir können aber auch nicht gänzlich ausschließen, dass Teile davon durch Gruber einem Schreiber diktiert worden sind oder Kopien verloren gegangener Originalmanuskripte darstellen. Thematisch passen sie großteils vollständig zu den von Gruber selbst durchgeführten Studien und sind zumindest von Gruber in irgendeiner Form auch angeregt worden. Vereinzelte Werke ausgenommen, wie etwa die präzisen Listen der Einwohner von Groß-Schollach, die von Gemeindebediensteten angefertigt worden waren und mit der Jahreszahl 1859 versehen sind. Sie liegen uns in schwarzer Tinte mit Federkiel geschrieben vor, sind in Kurrent mit sehr geschwungener Handschrift gefertigt und weisen die Handschrift mehrerer Personen auf. Sie geben Hinweise über die Einwohner dieser kleinen Nachbargemeinde aus dem zurückliegenden Jahrhundert. Geordnet sind die Aufzeichnungen nach den Hausnummern, sodass es leicht ist, auch heute noch diverse Angaben zu überprüfen.

Zumindest in einem Fall lässt sich eindeutig nachweisen, dass Gruber konkret existente historische Dokumente verwendet hatte, denn es findet sich in seinem Tagebuch vom 16. April 1957 ein entsprechender Hinweis: „Mit der Hausliste von Groß Schollach durch das gleichnamige Dorf spaziert; bei Nr. 13 vorgesprochen und nach der Existenz des im Dokument erwähnten Kalkbrennofens erkundigt. Der Besitzer wusste indes vom Verbleib, ja, nicht einmal von dessen früherer Existenz, etwas zu sagen. Über dem Eingangstor des Hauses fand ich ein Schild der Österreichischen k. u. k. Tabakwerke. Es befand sich zwar keine Trafik mehr in besagtem Haus, dennoch war das erwähnte Schild noch vorhanden. Kurioserweise, ‚notabene' sozusagen, sei noch vermerkt, dass über dem Doppeladler das Hakenkreuz geklebt war. Es war zwar schon sehr vergilbt, aber noch gut erkennbar, und ich fand es bemerkenswert, dass derartige Insignien dieser unrühmlichen Zeit noch allgemein sichtbar in Niederösterreich auffindbar sind! Ich vermutete nach den Hinweisen im vorliegenden Ortsregister, dass der Brennofen an der Rückseite des Hauses, auf der sich ein primelübersäter Wiesenhang bis zum Hause her erstreckt, liegen würde. Ich machte mit der mürrisch wirkenden Besitzerin, einer ältlichen dicken und gehbehinderten Person weiblichen Geschlechts, eine kurze Besichtigung des Wiesengrundstückes. Sie beobachtete mich misstrauisch und ließ mich nicht eine Sekunde aus den Augen, bis ich ihr Grundstück wieder verlassen hatte. Es fanden sich einige unregelmäßige flache Vertiefungen und Inhomogenitäten im Graswuchs. Ich vermochte jedoch nicht mit Sicherheit zu sagen, ob dieselben natürlichen Ursprungs, etwa durch eine Rutschungstendenz des feuchten Hanges, oder durch darunterliegende bauliche Überreste verursacht waren. Sicherheit konnte nur eine Grabung mittels eines Suchschnittes erbringen. Bei Gelegenheit könnte ich darauf ja später zurückkommen …“ *(Soweit der Hinweis in den Aufzeichnungen.)*

Die erwähnten Mappen fraglicher Herkunft trugen eine Chiffrierung auf der rechten oberen Ecke jedes einzelnen Blattes. Für Gruber war dieses Klassifizierungssystem wohl hilfreich gewesen, für uns aber mangels des passenden Schlüssels hoffnungslos undurchschaubar, sodass sich eine beinahe „Nostradamus’sche Verschlüsselung“ ergibt; ein Ausdruck übrigens, der sich in den Feldbüchern Grubers mehrmals vorfindet, jedoch an keiner Stelle erläutert wurde.

Um dem Leser einen Hinweis auf die Natur und den Inhalt derartig verschlüsselter Dokumente zu geben, sei hier als Beispiel ein Auszug aus der Schrift mit der Chiffre „RWW 3IIy/57“ angeführt: „… Ohne ersichtlichen Grund entwickelte sich unvermutet das deutliche Bildnis des Machapuchare in Nepal vor meinen Augen. Im davor befindlichen Pokhara-See spiegelte sich dieser zauberhafte Berg in aller Frische und Klarheit, wie sie sonst nur durch direkte Betrachtung zu erlangen ist. Silberdrähte ragten aus Pfeilschwanzkrebsen, Zitronenfalter folgten dem gewundenen Lauf des Mühlbaches, Elstern riefen aus den Korbweiden und Pirole glänzten golden allenthalben. Mit schweren geschnürten Lederstiefeln zogen wir über die Schlammfelder der unteren Lobau. Seltene Arten von Barben waren in den Seitenkanälen des Wienflusses zu finden. Gleich unterhalb des Kursalons Hübner."

An einer weiter hinten gelegenen Textstelle heißt es wiederum: „Wir strichen die vermorschten und vom stetigen Reiben des Mühlbachwassers erodierten Holzplanken der Mühbachverbauung. Tote Bisamratten, Zuckerrüben, Küchenabfälle und Hasenställe trieben gleichmütig und ahnungsvoll an uns vorbei. Danach war für mehrere Tage Ruhe. Wir breiteten unsere Schlafmatten aus, befestigten die Zillen an alten Weiden (nicht, dass es junge nicht auch getan hätten!) und beobachteten die Rundungsvorgänge an den Flusskieseln unterschiedlicher Provenienz. Die Zeit zog durchs Land, verweilte und verließ es wieder, nachdem sie ihre Spuren in mannigfaltiger Form, Farbe und Intensität hinterlassen hatte. Manchmal kamen die Tage wie rauschende, tobende Gebirgsbäche, schossen dahin und waren verflossen. Andere wieder lagen wie träge Dorfteiche warm und algenbedeckt und gaben Zeit zum müßigen In-die-Luft-starren; und wiederum andere zogen behäbig dahin, wie gelbbraune, schlammbeladene Flüsse Chinas oder die schwarzbraunen humusreichen Ströme aus den Regenwäldern des Amazonasgebietes. Die Letzteren waren es, die Zeit gaben, die Beobachtungen zu Papier zu bringen, sie zu analysieren und in genauen Beschreibungen festzuhalten."

Von den rasch dahinjagenden Tagen blieben nur wirre Bilder, die Gruber ungeordnet und unverstanden immer wieder durch den Kopf wirbelten und bei geschlossenen Augen ineinanderflossen. Aus diesen Zeiten hinterließ er kaum Aufzeichnungen. Dafür brachten jene, in denen er mit den Bauern auf den Rübenfeldern arbeitete oder mit der Bäuerin beim Milchholen Gespräche über ihre Kinder, den Hof und die bevorstehende Anschaffung notwendiger landwirtschaftlicher Maschinen führte, reichen Niederschlag in seinen Notizbüchern. Er dokumentierte dann die Ernteerträge der verschiedenen Feldfrüchte oder die Arbeitsteilung bei den verschiedenen Bauernfamilien ebenso akribisch wie die Namenslisten der Zimmerleute, die in den alten Zeiten in den umliegenden Dörfern gearbeitet hatten und sich nun alle auf den Friedhöfen der umliegenden Dörfer ausruhten.

4.28. Die Sammlungen

Gruber legte eine Sammlung von hölzernen Nägeln an, die er sich von den Bauern erbat, wenn er wieder einmal einen Dachstuhl eines von ihm geschätzten Zimmermannes entdeckte. Besonders war es ihm an den Arbeiten von Franz Bugl gelegen, der schon in der dritten Generation das Handwerk des Zimmermannes und Tischlers ausübte. Die Nägel aus rotbraunem Lärchenholz waren kunstvoll geschnitzt, 15 bis 18 Zentimeter lang, von beinahe exaktem quadratischem Querschnitt und stets an der Kopfseite mit einer kleinen Verzierung versehen. Die Spitze war mit einem zarten Zimmermannsbeil zugeschlagen. Grubers Sammlung umfasste über 700 Holznägel; alle trugen ein kleines Kärtchen an einem Bindfaden; darauf verzeichnete er in zierlicher Schrift mit einem schwarzen Tuschestift alle bedeutenden Daten: den Namen des Zimmermannes, den Hausbesitzer, die genaue Anschrift des Objektes, egal, ob es sich um eine einfache Heuscheune handelte oder um ein herrschaftliches Haus. Auch Bauern- und Wirtshäuser wurden entsprechend untersucht.

Ein großer Teil der Nägelsammlung bezog sich ausschließlich auf den weitverzweigten Dachstuhl des Schlosses selbst, der durch die zahlreichen Bauphasen eine unglaubliche Vielfalt an verwendeten Holznägeln unterschiedlichster Provenienz aufwies. Weitere wichtige Vermerke auf dem Kärtchen bezogen sich auf das vermutliche Herstellungsjahr des Holznagels, das Verwendungsjahr desselben (manche wurden mehrmals wiederverwendet), die Herkunft des verwendeten Holzes sowie die Holzart selbst. Die Sammlung bewahrte Gruber, wie aus seinen hinterlassenen Aufzeichnungen ersichtlich ist, in eigens dafür gefertigten Sammlungskästen auf, die im gotischen Saal verwahrt wurden. Leider ging auch diese Sammlung großteils, wie so vieles andere, verloren. Es liegen uns lediglich noch ein paar

Exemplare vor, die Gruber wegen ihrer exponierten Herkunft aus der Gegend des oberen Kremstales offensichtlich nicht mit den übrigen Exponaten verwahrte, die sich allesamt nur auf die unmittelbare Schlossumgebung bezogen und eine besondere Relevanz zu seinen Schlossstudien aufwiesen. Das mag auch der Grund für deren Erhaltung sein, da sich diese Holznägel, die übrigens von sehr schöner Arbeit und aus tiefrotem Eibenholz gefertigt sind, zwischen den Büchern der naturwissenschaftlichen Bibliothek von Gruber befanden, die er zum Großteil vom General als Geschenk erhalten hatte.

Doch nicht nur Holznägel sammelte Gruber. Es gibt auch vereinzelt Hinweise dafür, dass er auch Holzstiele aller möglichen Arbeitsgeräte gesammelt hatte. Darunter vorzugsweise solche, die reichlich Gebrauchsspuren aufwiesen; zum Beispiel bereits lange im Gebrauch stehende Krampen, Besen, Mist- und Heugabeln oder Schaufeln, Zimmermannsbeile, Worfelgabeln, Sicheln, Rechen, selbst Sägen und Sensen. Kurz, alle Arten von Werkzeugen, die Holzgriffe aufwiesen. Hierbei schien sich Gruber in der Sammeltätigkeit zu einer Klassifizierung nach verwendeter Holzart entschieden zu haben, wie einige rudimentäre Aufzeichnungen und vereinzelte Korrespondenz mit anderen Sammlern aufzeigen. Von dieser Sammlung fehlt jedoch auch der überwiegende Teil; nur ein paar Sicheln pakistanischer Provenienz waren unter den Verlassenschaften noch aufzufinden; wir vermuten aus gutem Grunde, dass sie ein Raub der Flammen beziehungsweise von den Meierhof-Bewohnern als Brennmaterial verwendet wurden.

Eine weitere Leidenschaft war die Wetzsteinsammlung, von der jedoch noch ein größerer Teil im Dachboden des Meierhofes aufgefunden wurde. Aus Grubers Feldbüchern ist uns dazu Folgendes erhalten: „Die Bauern trugen dünne, teilweise völlig abgenützte Wetzsteine an ihren Gürteln. Ich sah ihnen gerne dabei zu, wie sie die Sensen mit großer Geschicklichkeit und raschen Bewegungen schliffen. Sie nannten das ‚Wetzen'. Ein weiterer Prozess, die Sensen in Schuss zu halten, war das ‚Dengeln'. In den Scheunen hatten sie eine Art kleinen Amboss auf einem Holzblock befestigt, auf die sie die Sense legten und mit einem Hammer die verbogenen Stellen ausglätteten. Die Wetzsteine steckten sie in einfache Kuhhörner, die mit Wasser gefüllt wurden, um den Stein feucht zu halten. Sie waren aus einem sehr feinkörnigen, dunklen Sandstein gefertigt.“ Bei seinen Flurbegehungen fand Gruber immer wieder Fragmente weggeworfener oder gebrochener Wetzsteine und sammelte sie auf. Akribisch beschriftet mit den Angaben über Fundort, Funddatum und die näheren Fundumstände, wanderten sie in seine täglich wachsenden Sammlungen. Im Laufe der Zeit perfektionierte Gruber seine Dokumentation immer mehr. Auch Hinweise auf die Wetterlage sowie Angaben der jeweiligen, zuletzt gebauten Feldfrucht fanden sich und waren von Bedeutung.

Grubers Sammlungen mussten beträchtlich sein: an die 20.000 Stück unterschiedlichster Provenienz. In einem Gespräch mit dem Verwalter soll der General darauf hingewiesen haben, dass er von dieser Sammeltätigkeit Grubers viel gehalten habe und wünschte, dass darauf achtgegeben werde; jedenfalls sollte die Sammlung das Schloss nicht verlassen, auch im Falle eines Auszuges von Gruber nicht. Im Nachlass des Generals fand sich bei der notariellen Testamentseröffnung in einer Schreibtischlade des Arbeitszimmers ein vollständig beschrifteter Wetzstein wieder, der mit hoher Wahrscheinlichkeit aus Grubers Sammlung stammte.

5 DIE METAMORPHOSE

5.1. Der Tod des Generals

Zwei Tage vor dem Heiligen Abend schlug das Wetter um. Der Himmel bekam eine bläulich-graue Färbung, es herrschte vollständige Windstille und wurde kalt. Gruber war zum Festtag beim General eingeladen. Es war das dritte Weihnachten, das er in Albrechtsberg feiern sollte. Am

Vormittag half er dem Dölla Franz beim Holzeintragen und um vier Uhr nachmittags sollte er sich bei Tante Anna zur Jause einfinden. Als er hinter dem Schloss über die Felder zu ihrem Haus hinüberging, sah er einen protzigen Mercedes bei den Stallungen stehen und bemerkte den Verwalter im Gespräch mit einem fremden Mann in grauem Anzug.

Der Himmel war mit schweren Wolken überzogen, die allmählich als bleigrauer Mantel auf das Land niedersanken. An diesem Tag begann in stiller Stunde, noch vor Mitternacht, der erste Schnee des Jahres zu fallen. Sanft wie die Liebe einer Mutter legte sich die weiße Hülle über die Erde. Zweige, Bäume, Felsen, Gräser, Dächer und Blumen, alles versank in den glitzernden Flocken. Nicht nur die Landschaft veredelte sich durch das reine Weiß des ersten Schnees, selbst die Menschen schienen bessere und edlere Gedanken zu haben und plötzlich Freude zu empfinden. Es war der 22. Dezember 1957 und Gruber rechnete nach, dass er beinahe seit zweieinhalb Jahren in Albrechtsberg war und seit über eineinhalb Jahren im Schloss wohnte. Am darauffolgenden Tag, ein Tag vor Weihnachten, starb der General. Gruber befand sich gerade im Dorfgasthaus mit dem Tischler Bugl, als der Mesner zur Tür kurz hereinblickte und rief „der General liegt im Sterben!“ Nach dieser Hiobsbotschaft, die alle völlig unerwartet traf, verschwand er wieder. Durch die offenstehende Tür sah man ihn die Dorfstraße hinab zum Schloss laufen. Der Wirt sperrte sein Maul auf und der dicke gelblich-weiße Schnauzbart stand wie eine übergroße abgenützte Zahnbürste von der Oberlippe. Gruber war weiß geworden und der Tischler blickte auf seine knotigen Finger. „Es kann nicht sein“, sagte Gruber. „Es kann nicht sein. Noch vor ein paar Tagen war ich bei ihm.“ Gruber flüsterte in seine Hände hinein, in die er sein Gesicht legte, und schloss dabei die Augen. Misstrauisch blickte ihn der Wirt von der Seite her an. „Was hatten Sie bei ihm zu suchen, Herr Doktor? Sie sind in letzter Zeit oft bei ihm gewesen.“ „Wer sagt das?“, fragte Gruber. „Die Leute reden halt“, meinte der Wirt achselzuckend. „Ich wohne ja schließlich dort“, sagte Gruber.

„Ja, aber nicht im selben Trakt wie der General", bemerkte spöttisch und zugleich neugierig der Wirt. „Es wird erzählt, dass Sie mit dem General allerhand zu tun hatten, von dem unsereins nichts wissen sollte, allerhand Heimlichkeiten und so?" „Ich muss zu ihm", sagte Gruber. „Ich muss den General nochmals sprechen, sofort!"

Er sprang auf, nahm seinen Rucksack vom Boden auf und verließ grußlos das Wirtshaus. Draußen lehnte sein Fahrrad, mit dem er zum Schloss hinüber fuhr und auf halbem Wege noch den Mesner überholte, der schon ganz außer Atem war. „Warum habt ihr es so eilig?", rief Gruber dem Mann hinterher. „Ich muss ihm doch die heiligen Sakramente spenden!" „Das soll gefälligst der Pfarrer machen", schrie Gruber im Vorüberfahren. „Der ist betrunken und schläft", rief der nachlaufende Mesner. „Ihr wisst doch genau, dass der General euch allesamt nicht ausstehen kann, weder Priester noch Mesner, die ganze Kirche nicht! Bleibt besser zurück. Er lässt euch nicht zu sich. Und wenn er es nicht hindert, dann bestimmt Frederik. Aber tut, was Ihr wollt." Gruber war ihm bereits weit voraus, hörte die Wehr rauschen und sah, dass sich von allen Seiten her Menschen in Richtung Schloss bewegten.

Vorm Schloss angekommen, schien sich dort bereits das halbe Dorf versammelt zu haben. Was wollen all die Leute hier, fragte sich Gruber. Das schwere, eisenbeschlagene hohe Haupttor stand offen. Die leicht ansteigende, enge Einfahrt in den Hof war frei. Im Schlosshof war niemand zu sehen. Seitwärts zweigten mehrere Türen ab und führten in den Turm, die Seitentrakte sowie den oberen Wehrgang. Der einarmige Torwächter züchtete seine Hasen dort draußen unter den Pfirsichbäumen und stieg vom Küchenfenster an einer Holztreppe gerade eben hinaus. Er stierte neugierig über die Mauerbrüstung auf die anwachsende Menschenflut hinab. Ein summendes Stimmengewirr hüllte die Festung ein. Gruber ging weiter. Der modrige Geruch, der ihm entgegen zog, war vertraut. In der Durchfahrt war es dunkel. Eine kleine Lampe schwebte hoch oben im schwarzen Tonnengewölbe an einem Eisenhacken. Der kleine Lichtkegel wirkte verloren und nutzlos. Matt schien ihm das Licht vom ersten Hof entgegen – wie ein blasser Lichtschein am Ende eines Tunnels. Drinnen befanden sich noch keine Menschen. Alle drängten sich noch vor dem Schloss und hatten Hemmung, es uneingeladen zu betreten. Es war eine seltsame Stimmung. In Grubers Ohren dröhnte es und er eilte wie in Trance, ohne genau zu wissen, was er eigentlich zu tun hatte. Der General lag im Sterben! Konnte es überhaupt sein, dass er starb? Über ein Jahr hatte er gebraucht, um ihn kennenzulernen und sein Vertrauen zu gewinnen. Alles zerfiel wieder zu nichts.

Gruber war in panischer Angst, zu spät zu kommen. Er schien um sein Leben zu laufen und eilte im ersten Hof die breite Granittreppe hoch. Oben nach rechts in den schmalen Verbindungsgang zum roten Marmorkorridor, der zu den Wohngemächern des Generals führte. Hier aber endete vorerst sein eiliges Bemühen. Das große schmiedeeiserne Tor im Marmorkorridor war versperrt. Der Verwalter hatte es mehrmals entfernen lassen wollen. Der alte Diener Frederik hatte es verhindert. Möglicherweise war dies die einzige sichere Barriere im Schloss, die der Verwalter nicht überwinden konnte und für die er keinen Nachschlüssel besaß. Die Haushälterin Wilfonseder hatte offensichtlich alle Zugänge abgeriegelt. Gruber sah den alten Frederik knapp hinter dem versperrten Tor in einem Stuhl. Er machte den Eindruck, als habe er einen Schlaganfall erlitten. Frederik saß starr. Gruber rief ihn an, doch der Alte wirkte wie tot. Hier konnte er nicht weiter. Aber es gab noch einen Weg, den durch Grubers Wohnung selbst. Er eilte zurück und bei der Haupttreppe nach links in den langen, schmalen, stockdunklen Gang hinein. Ganz hinten tastete er sich zu seiner Türe hin und zog den Schlüssel aus der Tasche. An der Wand links neben dem Türstock befand sich ein Lichtschalter. Gruber schloss auf und war im Vorraum seiner Wohnung, im gotischen Saal. Hier hatte er den Großteil seiner Sammlungen aufbewahrt. Für die Bücher war es zu feucht und kalt. Aber die Gesteine, die angeknabberten Bücher vom Dachboden, die Holznägelsammlung, die Wetzsteine und vieles mehr waren hier untergebracht. Der dunkelste und kälteste Raum seiner Wohnung. Hier lagerte er auch Holz, Vorräte, Most, Birnen und Weinflaschen. Die kleine Lampe, die Gruber selbst installiert hatte, konnte den Raum kaum ausleuchten. Aber er war nicht gekommen, um seine Sammlung zu ordnen. Ohne die Tür zu schließen, lief er weiter durch den breiten Durchbruchsgang, der das gotische Feste Haus mit dem spätmittelalterlichen Renaissanceanbau verband und in dem sich seine Wohnräume und sein Arbeitsraum befanden. Vom Schlafzimmer aus führte eine hohe zweiflügelige Tür hinaus auf den Renaissance-Arkadengang, und über diesen gab es eine direkte Verbindung zu den Wohngebäuden des Generals. Gruber hatte diesen Weg nie benutzt, weil es ihm ungehörig erschien, den General anders als über den offiziellen Weg zu besuchen. Das heißt, über den Marmorkorridor in das Besucherzimmer. Von dort wurde er üblicherweise von Frederik weitergeführt. Aber jetzt, in dieser Situation, konnte er darauf keine Rücksicht nehmen. Er musste den General sprechen. Es gab da ein Geheimnis, das ihm dieser mitteilen wollte. Er machte beim letzten Tee einen geheimnisvollen Hinweis auf wertvolle Juwelen, die er aus Russland vom Zaren für einen besonderen Dienst bekommen hätte. Der riesige Smaragd, den er ihm einmal gezeigt hatte, gehörte dazu. Der General wollte, dass im Falle seines Todes die Tochter Bachmeiers, Marie, diese Wertgegenstände erben sollte. Er hatte selbst keine Nachfahren. Seine Ehe mit Melanie war kinderlos geblieben. Er mochte Marie, dieses sensible Kind, das eine solche Liebe für den Schlosspark zeigte. Er hätte die Sachen gut versteckt, meinte er augenzwinkernd, er würde ihm aber einen entsprechenden Hinweis geben, wenn es soweit wäre. Gruber betrat, nachdem er im Besucherzimmer an eine gegenüberliegende Tür mehrmals geklopft hatte, durch eine unscheinbare eiserne Tür die Kammer der Haushälterin. Diese hatte drei Zugänge. Eine Tür führte zum Arkadengang, der zusätzlich durch eine Wendeltreppe des hinteren Hofes zu erreichen war. Diese Treppe war aber seit Langem nicht mehr begehbar, sonst hätte Gruber auch diesen Weg nehmen können. Die Kammer war leer und Gruber trat nun in den anschließenden Raum, der als Kleiderkammer für den General diente. Dahinter lag der Schlafraum des Generals. Auch dieser Raum war leer. Es brannten alle Lichter, doch nirgends eine Spur, weder vom General noch von der Haushälterin.

Aus dem Prunksaal, der nur zu seltenen Festtagen betreten wurde, hörte er ein lautes Stöhnen. Die Tür stand offen. Gruber lief durch das Schlafzimmer und sah, was er befürchtet hatte. Der General lag regungslos in seiner Paradeuniform auf dem Feldbett ausgestreckt. Neben ihm saß Frau Wilfonseder und weinte; unmittelbar daneben stand – der Verwalter! Gruber war verwundert. Was machte der Verwalter hier? Jetzt in der Sterbestunde. Die Präsenz des Verwalters war mit Sicherheit das Letzte, das sich der General in dieser Stunde gewünscht hätte. Davon war er überzeugt. Wie kam er hierher und was wollte er? Der Korridor war verschlossen, durch seine Wohnung konnte er nicht gekommen sein, oder doch? Gab es doch Geheimgänge, wie Gruber durch manche Indizien vermutete? Hatte der Verwalter etwa selbst das Tor abgesperrt, damit sonst niemand zum General gelangen konnte? Wie lange befand er sich schon hier? Wie war überhaupt die Nachricht vom Sterben des Generals aus dem Schloss gelangt? Wenn einer infrage kam, dann bloß Frederik.

Als Gruber den Raum betrat, schlug ihm kalter Hass aus den Augen des Verwalters entgegen. Doch er spürte auch dessen Verunsicherung. Es war dem Verwalter nicht recht, dass er hier auftauchte. Doch einen störte das Ganze mit Sicherheit nicht mehr. Den General! Er war bereits tot! Das Stöhnen, das Gruber gehört hatte, stammte von Frederik. Jetzt konnte der General keinem mehr etwas mitteilen. Falls es so etwas wie Mitteilungen überhaupt gegeben hätte. Er war ebenso ruhig gestorben, wie er in den letzten Wochen sein Mittagsschläfchen gehalten hatte. Frau Wilfonseder konnte das bestätigen. Er lag in voller Uniform und mit Sicherheit in der gewissen Vorausahnung des bald kommenden Todes. Er hielt gerade seine letzte Parade ab. An einem Ort, an dem ihn jetzt keiner von den Anwesenden mehr erreichen konnte. Gruber fiel wieder der groteske Tanz des Unbekannten ein, den er gesehen hatte, als beim General der Maler zu Gast war, mit dem sich dieser so angeregt unterhalten hatte. Gab es da einen Zusammenhang? Frau Wilfonseder hatte sich immer mächtig über diese neueste Marotte des Generals geärgert, das Mittagsschläfchen in voller Uniform und noch dazu im Prunksaal auf der persischen Ottomane abzuhalten. Jetzt herrschte Frieden. Sie verzieh dem Alten. Auch das begriff sie: Er war ein seltsamer und außergewöhnlicher Mensch. Eine Sorte von Mensch, die es nicht mehr gab. Vielleicht war er der letzte dieser Spezies. Noch in der k. u. k. Zeit groß geworden und in der Neuzeit, in die er nicht mehr richtig passte, abgetreten. Ein Unikat. Ein Fossil, wie er von sich selbst gesagt hatte. Ein seltsamer Kauz, der eine Ära begrub. Und nun musste er selbst begraben werden.

Gruber war wieder ruhig geworden. Es gab jetzt nichts mehr zu fragen. Jedenfalls nicht mehr den General.

„Was tun Sie eigentlich hier?, es hat Sie keiner gerufen!“

„Doch, ich bin gerufen worden.“

„Unsinn, entfernen Sie sich wieder, Sie werden hier nicht benötigt.“

„Da teile ich Ihre Meinung aber nicht, Herr Verwalter.“

„Lassen Sie das, Herr Gruber, ich warne Sie!“

„ Ah, so rasch kann einem der akademische Titel entzogen werden!“

„Sie mit Ihren unverständlichen Worten. Ich halte Sie für verrückt, da ist alles. Alle halten Sie für verrückt. Die Leute lachen hinter Ihrem Rücken über Sie.“

„Auch hinter Ihrem Rücken werden Geschichten erzählt.“

„Ich bin der Verwalter dieses Anwesens. Ich fordere Sie auf, das Schloss zu verlassen. Packen Sie Ihre Sachen zusammen, Herr Gruber!“

„Das werde ich nicht tun, Herr Burger!“

„Für Sie bin ich der Verwalter, damit Sie es wissen.“

„Und für Sie bin ich ‚Herr Doktor Gruber’, damit Sie das auch wissen!“

„Was fällt Ihnen denn ein“, rief Burger, haben Sie denn überhaupt keinen Respekt vor der Autorität meiner Verantwortung hier im Schloss?“

„Nein, das habe ich nicht. Respekt, das ist etwas, das man sich verdienen muss, durch Taten und Seelenstärke. Sie aber haben weder das eine, noch das andere. Sie sind ein Mann, dem man keinen Respekt und schon gar nicht Achtung zu zollen braucht!“

Wie vielseitig der Verwalter doch war. Er wechselte seine Gesichtsfarbe rascher als ein Chameleon, stellte Gruber fest. Der Verwalter bebte vor Hass. „Dann haben Sie wenigstens Respekt vor dem Tod seiner Exzellenz“, meinte er trotzig.

„Eben aus diesem Grunde stehe ich hier und aus demselben Grunde ersuche ich Sie, nun zu gehen. Gehen Sie, Herr Burger, gehen Sie. Der General wird es Ihnen danken!“

„Was mir seine Exzellenz zu danken hat und was nicht, das ist seine Sache.“

„Damit haben Sie das Wahre getroffen, Herr Verwalter. Und deshalb fordere ich Sie noch einmal auf, zu gehen. Ich habe hier“, und dabei zog Gruber einen braunen Umschlag aus seiner Jacke, „in meinen Händen den Letzten Willen des Generals. Erst vor ein paar Tagen hat er mir dieses Schreiben überreicht. Ich trage es stets bei mir. Darin macht er ausdrücklich darauf aufmerksam, dass er in seiner Sterbestunde einen Menschen mit Sicherheit nicht an seiner Seite zu sehen wünscht. Nämlich Sie, Herr Burger!“

Der Verwalter war aschfahl geworden und zitterte wie Espenlaub in den Herbststürmen. „Geben Sie mir das Testament. Ich will es sehen“, krächzte er.

„Das werde ich nicht tun. Sie werden es erst vor dem Notar, bei der offiziellen Testamentseröffnung, zu sehen bekommen. Bis dahin fordere ich Sie auf, das Schloss nicht mehr zu betreten. Ich bin testamentarisch als interimistischer Verwalter bestellt. Sie führen noch den Meierhof und alle Agenden der Güterverwaltung. Sie sind aber nicht mehr zeichnungsberechtigt. Ich werde nach den Feiertagen sogleich bei einem Notar das Dokument verwahren lassen. Sie verstehen, Herr Burger, für alle Fälle."

Der Verwalter schien plötzlich wieder Macht über sich zu bekommen. „Ich weiche dieser Gewalt", stieß er hervor. „Ich ziehe mich zurück. Aber Sie werden noch von mir hören, Herr Doktor Gruber. Das letzte Wort ist noch nicht gesprochen!" Für den Verwalter schien seine Anwesenheit plötzlich nicht mehr so wichtig zu sein und er ging in den Korridor hinaus, wo man das schwere Eisentor knirschen hörte.

Gruber war allein mit dem General. Der starrte zur Decke. Frau Wilfonseder war in ihrer Kammer gewesen und kam eben zurück. „Diese Unsitte muss beendet werden", sagte sie. „Man kann seine Exzellenz doch nicht auf den Plafond starren lassen." Aus der Schürze zog sie zwei Silberkronen und legte sie behutsam auf die Augen. Gruber fragte sie nicht, warum sie das tat oder woher sie die alten Münzen hatte. Vielleicht hatte es ihr der General selbst aufgetragen. Oder sie tat es unbewusst. Der General war noch ganz warm und machte überhaupt ganz den Eindruck eines Schlafenden.

„War er krank gewesen, oder irgendwie unwohl", fragte Gruber Frau Wilfonseder. „Nein, ich habe nichts bemerkt", sagte sie. „Er aß genau so wie sonst und gestern Abend, als der Herr Verwalter zur Audienz kam, hat seine Exzellenz sogar einen Schnaps mit dem Herrn Verwalter getrunken."

„So, so, einen Schnaps? Ich wusste gar nicht, dass der Herr General am Freitag neuerdings Audienz gab", sagte Gruber.

„Ja, es war auch nicht die übliche Audienz, das stimmt schon, aber gestern erbat sich der Herr Verwalter ganz dringlich eine außerordentliche Audienz."

„Ja, das ist dann etwas anderes, aber es ist auch schon ein bisschen seltsam, finden sie nicht, Frau Wilfonseder?" Frau Wilfonseder saß am Bettrand neben dem General und Grubers Erscheinen musste für sie etwas Beunruhigendes haben, denn sie sah ihn verängstigt an. Er war vom Wirtshaus in einem wahren Anfall herüber gerannt und stand jetzt hier, ohne dass er nun wusste, was er tun sollte.

„Was ist jetzt zu tun, Frau Wilfonseder", sagte er. Was wollte er überhaupt hier, schien Frau Wilfonseder zu denken, denn ihre Stirn begann, sich in Falten zu legen. War sie nun die Hausmeisterin oder er? Am liebsten wäre sie jetzt ein bisschen zornig geworden. Aber das hätte auch nicht so recht zu diesem Anlass gepasst. Außerdem musste sie ja auch etwas Kummer zeigen. Schließlich war der General ja ihr Brötchengeber. Aber darüber hatte sie ja noch gar nicht nachgedacht. Was sollte denn nun aus ihr werden? Eine große Doppelfalte rollte über ihre Stirn. An sie dachte wieder einmal keiner. War ja klar! Sie war wieder einmal übersehen worden. Während sich nun verschiedene trübselige Gedanken hinter der umwölkten Stirne der Haushälterin entwickelten und wieder vorüberhuschten, bemerkte Gruber den alten Frederik, der zitternd und mit hängenden Armen im Raume stand und einem Geist glich. Es war klar, das Frau Wilfonseder jetzt wohl am liebsten gegangen wäre.

„Herr Doktor“, sagte sie, „Sie fragen mich da Sachen, die ich nicht verstehen kann. Ich bin doch nur eine einfache Haushälterin und Sie selbst waren ja auch öfters beim Herrn General, auch wenn er nicht seine Audienzstunde hatte!“

„Das stimmt schon. Es ist gut Frau Wilfonseder“, sagte Gruber und beließ es bei dem, was er wusste.

„Seltsam ist das schon“, sagte Frau Wilfonseder, „gerade heute nach dem Mittagessen hat sich der Herr General so besonders schön angezogen.“

„Wie meinen Sie das?“, fragte Gruber.

„Nun, ich meine, dass er gerade heute auch seine Waffen mit auf die Ottomane genommen hat. Zum Schlafen meine ich. Das ist ja zumindest auffällig, finden Sie nicht auch, Herr Doktor?“

Der alte Frederik wankte heran und starrte auf das ausgestopfte Schlachtross. „Das war das Lieblingspferd des Generals“, sagte Frederik, „er hat es in der großen Reiterschlacht in Galizien, in Jaroslawice geritten. Der Gaul hat dem Herrn General ein paar Mal das Leben gerettet. Aber es hat all dieses Kämpfen nichts genützt.“

„Und jetzt ist er tot“, sagte Frau Wilfonseder und wollte bei der Tür hinaus. Aber da hatte Gruber noch eine Frage.

„Hat er noch etwas gesagt?“, fragte Gruber.

„Ich weiß von nix“, sagte Frau Wilfonseder, „ich habe Ihnen ja gesagt, dass ich ihn so gefunden habe, als ich zum Auftischen des Kaffees ins Zimmer kam. So lag er da, genau so!“ Dabei deutete sie auf den General, dem mittlerweile die Kinnladen herabgeklappt waren. Aber die Silbermünzen auf den Augenlidern nahmen sich gut aus. Frau Wilfonseder blickte jetzt genau auf die Münzen und begegnete dabei auch den Blicken Grubers; Frederik blickte auf die weiße Schimmelstute, die neugierig mit ihren Glasaugen aus der Vitrine glotzte und einstmals in seinen jungen Jahren den General über die blutgetränkten Wiesen von Jaroslawice getragen hatte. „Sehen Sie“, sagte Frau Wilfonseder, mittlerweile schon etwas verärgert, „er hat ja auf mich nicht hören wollen. Ich hab ihm gesagt, er soll mit dem Herrn Verwalter nicht so viel Schnaps trinken!“

„Ist schon gut“, sagte Gruber, „beruhigen Sie sich jetzt und schließen Sie das Tor ab. Wer weiß, wer sonst noch alles hereinkommt.“

Frau Wilfonseder ging hinaus. Gruber setzte sich im Erker nieder und blickte auf die seltsame Szene vor sich. Der große Prunksaal, strahlend hell von glitzernden Kristallleuchtern beleuchtet; darüber die Deckenfresken von Paul Troger, die Vertreibung aus dem Paradies darstellend; an den Wänden orientalische Gobelins und Ahnenbilder, Bücherreihen mit goldenen Rücken, der große Glaskasten mit dem ausgestopften Paradepferd, mitten im Raum das einfache, eiserne Feldbett und darauf der General, der sich selbst aufgebahrt hatte, in seiner schönsten Uniform, mit Säbel und Standarte.

„Das war nicht einfach, ihn von der Ottomane auf das Feldbett zu heben“, begann Frau Wilfonseder, als sie wieder den Raum betrat. „Der Herr Verwalter war so freundlich. Alleine hätte ich das nicht fertiggebracht. Der Mann ist ja unverschämt schwer.“

„Ach, Sie haben seine Exzellenz umgebettet? Ich dachte, Sie hätten ihn so vorgefunden und er sei auf dem Feldbett entschlafen.“

„Nein, ich sage doch, er schlief auf der Ottomane ein. So was ist doch unbequem. Die ist doch viel zu schmal. Alles muss man selber machen. Da ist mir dann der Herr Verwalter zu Hilfe gekommen. Oder besser ich ihm. Denn als ich hereinkam, wegen dem Kaffee, da war der Herr Verwalter schon so nett, sich bereits um seine Exzellenz zu kümmern."

Gruber sagte darauf nichts und auch Frederik verhielt sich still. Nachdem Frau Wilfonseder mit Kummer festgestellt hatte, dass sie wieder einmal übersehen worden war, und ihr keiner eine Antwort gab, verließ sie den Raum. Frederik saß an der Bettkante und murmelte dem General etwas ins Ohr. Auch Gruber war still geworden. Das Grübeln, in das er gerade zu verfallen begann, war jedoch von kurzer Dauer, denn vor dem Schloss begann sich ein Höllenspektakel vorzubereiten, das seine Vorboten bereits in das Sterbezimmer schickte. Der Mesner stand plötzlich in der Tür; hinter ihm der wankende Pfarrer, der mit seiner riesigen Gestalt den Türrahmen völlig ausfüllte. Frau Wilfonseder hatte ihnen geöffnet, nachdem sie wie wild am Tor gerüttelt hatten. Der Mesner musste ihn irgendwie aus dem Bett gezerrt haben, denn so, wie er aussah, schien er sich noch halb im Schlaf zu befinden. Beide waren gelaufen und ihre Gesichter waren vor Anstrengung gerötet. Der Pfarrer war schwer betrunken. Der Mesner flüsterte ihm etwas zu, das Gruber nicht verstehen konnte und ging auf den Toten zu. Aus seinen Manteltaschen holte er einen kleinen Weihwasserbehälter und ein Kruzifix. Der Pfarrer stand am Totenbett und starrte neugierig auf die silbernen Münzen, die auf den Lidern des Toten lagen. „Die heiligen Sakramente, Herr Pfarrer", murmelte der Mesner nervös. Der Pfarrer kniete vor dem Toten nieder und hielt eine kurze Predigt in lateinischer Sprache. Danach weihte er den Toten und hielt ihm das Kreuz an die Lippen. Frau Wilfonseder erschien in diesem Augenblick in der Tür und musste herzerweichend weinen.

Der Mesner packte die heiligen Insignien wieder zusammen und half dem Pfarrer auf die Beine. Hochwürden sollten sich jetzt etwas ausruhen", sagte er. Der Pfarrer winkte Gruber heran: „Ich habe einen ausgezeichneten Riesling im Keller“, sagte er zwinkernd, „Sie sollten morgen Abend bei mir vorbeikommen.“

Seltsame Welt, dachte Gruber, da stirbt der General und der Pfarrer denkt an seinen Wein. Er wollte gerade etwas erwidern, da bemerkte er, dass sich der Raum mit Menschenmassen gefüllt hatte, die alle ihre Rechte auf den toten General geltend machen wollten. Nachdem Frau Wilfonseder den Mesner und den Pfarrer hereingelassen hatte, hatte sie offensichtlich vergessen, das Tor wieder zu versperren.

„Da haben wir den Salat!“, rief Gruber verzweifelt. Jedoch keiner vermochte mehr den Andrang zu stoppen. Alle wollten herein und sehen. Sehen, wie der tote General aussah, sehen, wie er überhaupt aussah. Viele hatten ihn ihr Lebtag lang nicht zu Gesicht bekommen. Jetzt kamen sie alle. Diejenigen, die ihn kannten und diejenigen, die ihn nicht kannten. Forstadjunkten und alle übrigen Angestellten begannen eine Ehrengarde hinter dem Bett des Generals zu bilden; sie formten ein langes Spalier, das vom Sterbezimmer bis in den Hof hinab reichte. Alle anderen, vornehmlich die einfachen Leute aus dem Dorf und aus den umliegenden Ortschaften, sprudelten fröhlich herein, ganz so, als handelte es sich um einen Jahrmarkt. Und in der Tat, es glich zunehmend einem Fest. Ein lustiger Umzug wurde organisiert, der Aufmarsch der Blasmusikkapelle der Freiwilligen Feuerwehr mit Tanz und Vergnügung.

Die Einleitung zu diesem Fest bildete eine kirchliche Prozession, mit dem inzwischen im Hochamtstalar geschmückten Pfarrer samt Ministranten und kirchlichen Insignien, wie sie sonst nur zu Fronleichnams-Umzügen zu sehen sind. Wie sich der Pfarrer von seiner gerade zuvor noch bemerkbaren „Müdigkeit“ so rasch erholen konnte, schien ein Wunder. Der Mesner war allerdings verschwunden. Das Treiben im Schloss glich nunmehr präzise Dantes Inferno.

5.2. Die Plünderung

In der letzten Stunde, während der Gruber ungläubig und fassungslos dem Treiben folgte, waren noch zahlreiche Dorfbewohner in das Schloss heraufgekommen, um, wie sie vorgaben, sich mit eigenen Augen vom Tode des Generals zu überzeugen. Sie alle fanden mit Leichtigkeit den Weg in den Prunksaal und gafften sich die Seele aus dem Leib. Der Schimmel stand mit steifen Beinen unter dem verstaubten Glassturz und glotzte aus den gelben Glaskugelaugen nobel und indifferent auf die neugierigen Dorfbewohner herab. Frau Wilfonseder sammelte hastig die Geschenke ein, welche die Dorfbewohner, einem alten Brauche folgend, zur Totenwache mitgebracht hatten. Sie tat das Ihre, um den Schaden so gering wie möglich zu halten, und verwahrte rasch noch einiges in der Abstellkammer neben der Küche.

Seltsamerweise war es der Deutschlehrer Mistbacher, der laut nach dem Testament rief. Sein rotes Gesicht glänzte vor Aufregung und Tatendrang. Der Bürgermeister konnte helfend einspringen und die Sachlage aufklären. Da es keine direkten Nachkommen des Generals gab, sei auch die Regelung der Erbfolge eine sehr einfache, wie er kurz und mit gebührlicher Autorität verkündete. „Das Schloss gehört zum Dorf", sagte er. Das war logisch und leuchtete auch sofort jedem ein. „Folglich", schrie er mit sich überschlagender Stimme, „folglich gehört auch der Inhalt des Schlosses zum Dorf!" Lautes Johlen und zustimmendes Kopfnicken folgte. Mistbacher schlug sich vor Begeisterung auf die Schenkel. Die versammelte Menschenmenge, die unaufhörlich in den Saal hereinströmte, war im Zustand der Ekstase. Es genügte ein Funken, um sie zur Hysterie zu steigern. Den brachte schließlich der Schlusssatz des Bürgermeisters: „Und das Dorf sind wir!", brüllte er, das Gesicht gerötet, die Augen im Kinderglanz.

Die Menge war nun nicht mehr zu bremsen. Gruber hielt es nicht für nötig, diesen Narren darüber zu informieren, dass er persönlich das Testament bei sich trug. Die Menge war in einem hysterischen Zustand und nicht zu bremsen. Die Leute benahmen sich wie Verrückte. Was ihn aber wunderte, war, dass der Verwalter, der lauernd in einer Ecke stand und das Treiben beobachtete, nichts davon sagte, dass er, Gruber, das Dokument bei sich habe. Das ist wieder rücksichtsvoll von ihm, dachte Gruber, das ist ihm wieder anzurechnen, diesem undurchschaubaren Herrn Burger. Vielleicht verkenne ich ihn doch, und er ist gar nicht so schlecht, wie man glauben möchte.

Der beigezogene Gemeindearzt, der den Totenschein ausstellen musste, stand in seinem grauen Anzug schüchtern in der Ecke. Er glänzte durch Stille und zeigte Einverständnis mit der Rede des Bürgermeisters. Zudem schätzte er kurze und prägnante Reden. Seine Anwesenheit gab dem Ganzen überdies den Anstrich von Seriosität und verkürzte somit beträchtlich die Testamentsvollstreckung. Damit war der formelle Teil erledigt. Ein Blick auf den General genügte vollständig: „Tot ist tot“, sagte er und setzte sich an ein Tischchen, um den Totenschein auszufüllen und sofort dem Bürgermeister zu übergeben. Er sparte dadurch das Porto. Die Menschenmenge hatte sich bereits in Bewegung gesetzt. Auf Etikette wurde verzichtet. Zunächst versuchte jeder, sich die Taschen mit allen möglichen beweglichen Gütern vollzustopfen, derer er nur habhaft werden konnte. Leicht hatten es hier die Bauern mit ihren weiten Hosensäcken. Schwerer schon die Lehrer und erst recht der Pfarrer. Beim Mesner, der mittlerweile wieder aufgetaucht war, ging es auch noch leidlich. Die Bäuerinnen fanden gerade bei dieser Gelegenheit wieder zum praktischen Nutzen ihrer Schürzentaschen zurück, und die Kinder mussten eifrig zwischen Schloss und Dorf hin und her laufen, um die einen oder anderen brauchbaren Gegenstände rasch im elterlichen Hof in Sicherheit zu bringen. Sie wurden für ihren Fleiß auch später am Abend dann besonders ausgezeichnet, indem der Bürgermeister gerade ihnen persönlich für den herausragenden Eifer und den Gehorsam sein Lob aussprach. Während sich dieser plötzliche Besitzwechsel in rasantem Eifer und völlig ungeniert vollzog, hatten sich andere wiederum, gebunden durch Gelöbnis oder Profession, der pflichtgemäßen Ausübung ihres Berufes hingegeben. So etwa der Totengräber, der sich praktischerweise nebenbei auch als Sargtischler bewährte. Er besah sich inmitten dieses Höllenspektakels ungerührt und höchst professionell den mittlerweile steifen General von allen Seiten und nahm schließlich routiniert Maß für den Sarg. Zunächst tat er das, indem er vor dem Totenbett auf die Knie fiel und auf dem Parkett fiktive Messungen durchführte. Kurz darauf, nachdem Frau Wilfonseder mit dem Zollstab aus der Küchenlade zurückkam, um dem Unfug Einhalt zu bieten, wiederholte er die Messungen am Objekt und notierte auch einige Zahlenwerte auf die Rückseite eines Zwanzig-Schilling-Scheines. Diesen hatte er auf dem Nachtkästchen entdeckt. Der Geldschein lag nur halb verdeckt unter der gehäkelten Lampendecke und war zufälligerweise der allgemeinen Aufmerksamkeit bislang entgangen. Auch der Haushälterin. Diese hatte nämlich den Fuhrmannslohn bereits wieder an sich genommen, den sie zuvor, womöglich einem alten Aberglauben folgend, selbst ausgelegt hatte. Frederik war nicht mehr anwesend. Er weinte sich fernab vom allgemeinen Trubel in der exponierten Bibliothek des Nordturmes die Augen aus. Er hätte auch sonst nicht mehr die Kraft gehabt, der Fledderer zu wehren, die in ihrem fröhlichen Fortgang nicht mehr zu bremsen waren. Aber es musste Frau Wilfonseder auch zu Gute gehalten werden, dass sie dem General die Kinnladen noch zur rechten Zeit zusammengezurrt hatte, ehe es zu spät dafür war. Um dem Detail die Treue zu halten, sei noch hinzugefügt: mit einem Geschirrtuch. Frau Wilfonseder sah im Herabklappen der Kinnladen eine gewisse Bosheit des Generals. Etwas von seiner üblichen Widerspenstigkeit. Als dann all die vielen Besucher hereinstürmten, fand sie das nicht sehr angebracht und wusste sich geistesgegenwärtig in der Bügelkammer nach einem frisch gebügelten Geschirrtuch umzusehen. Sie war eben doch die Hausfrau hier, das konnte ihr keiner streitig machen. Allerdings störte sie das ungehobelte Betragen der vielen

Besucher, die alle ohne Anmeldung und zudem außerhalb der üblichen Audienz kamen. Und außerdem putzte sich keiner die Schuhe ab. „Und ich kann diesen Dreck wieder aufräumen“, rief sie wütend, und stemmte dabei kampfbereit die Hände in die Hüften. „Und dann auch die Raffsucht dieser Leute, die auch nicht vor dem Mobiliar halt machen können“, fügte sie noch hinzu. Dabei war sie gewiss nicht geizig, die Frau Wilfonseder. Aber dachte denn niemand an sie? Die Möbel konnte doch sie ebenso gut gebrauchen. Nicht die Klaviere, von denen es mehrere gab, und auch nicht das eiserne Bett des Generals, auf dem mochte sie auf keinen Fall schlafen. Aber doch immerhin die Nachtkästchen oder die Kücheneinrichtung und vor allem die Teppiche. Vielleicht auch das eine oder andere der Bilder. Die hatte sie doch immer so schön abgestaubt. Standen sie ihr da nicht selbstverständlich zu? Sie musste etwas unternehmen. Da konnte man doch nicht mehr länger zusehen. Niemand konnte das von ihr erwarten. Alles wurde weggetragen. Der Raum war schon beinahe leer. Und nur weil sie die Haushälterin war, musste sie jetzt auch noch dabei sein, wie der Sargtischler Maß nahm. Das ist ja noch schöner. Diese schwierigen Gedanken quälten Frau Wilfonseder. Aber dergleichen Dinge gingen im herrschenden Trubel völlig unter und waren auch nicht wirklich von Bedeutung. Das mit dem Zwanzig-Schilling-Schein hatte allerdings schon etwas auf sich. Der war nämlich auch der Beobachtungsgabe des Bürgermeisters entgangen. Dieser hatte zwar registriert, dass der Totengräber und Sargtischler einen Zwanzig-Schilling-Schein zum Notieren unbedeutender Zahlen verwendete, aber woher er den hatte, wusste er nicht. Wer zuerst kommt, mahlt zuerst! So ist das eben. Das ließ auch der Bürgermeister gelten. Allerdings waren seine Blicke nicht gerade freundlich auf den Totengräber gerichtet. Er wusste jedoch die Wimpern zu senken und den Blick zu verbergen. Er konnte das Bett des Generals später noch genauer inspizieren. Man konnte nie wissen. Der General war ja nicht gerade arm. Wer weiß? Aber auch Frau Wilfonseder schien sich über den Totengräber sehr zu ärgern. Vor allem, dass er auf dem

Fußboden herum kroch. Was hatte er dort zu schaffen? Sah er etwa nach, ob unter dem Bett Staub lag. Das hätte noch gefehlt. Das wäre ja noch schöner. Als ob ihn das etwas anginge! Sie sah dann doch ein, dass der Totengräber bloß Maß nahm, sozusagen halt, bis sie ihm den Zollstab brachte. Aber es war offensichtlich, dass er sich nur wichtig machte, sonst bräuchte er doch nicht wie ein Kleinkind am Boden herumzurutschen. Seltsames Gebaren und überhaupt und sowieso. Sie stemmte bei diesen Überlegungen schon sehr eindrucksvoll die Hände in die Hüften. Aber niemand schien sie zu bemerken.

Ungestört verfuhr jeder nach seinem Geschmack. Der Bürgermeister, indem er Löcher in die Luft guckte, und der Totengräber, indem er sich wichtig machte. Routiniert fuhr er in seiner Arbeit fort. Er blickte immerhin auf eine ungebrochene Tradition seit mehreren Generationen zurück und hatte dieses ehrenwerte und bodenständige Handwerk in direkter Linie von seinem Vater übernommen. Nebenberuflich war er noch Sensenschmied und auch sonst sehr geschickt in der Reparatur landwirtschaftlicher Geräte. Die Krone setzte er seiner Zunft zweifellos damit auf, dass er mit aufgespanntem Zollstab durch die Räume hin und her lief und dabei den fiktiven Sarg durch die Türen schleppte. Der Bürgermeister schien anfangs einen Einwand gegen die ungehobelte Vorgangsweise des Totengräbers zu haben. Jedoch ob dieser geheuchelten Professionalität musste er ihn einfach bewundern und ließ ihn fortfahren.

Die Entdeckung des Zwanzig-Schilling-Scheines schien den Totengräber indes noch auf andere Gedanken zu bringen. Allgemein wurde darüber hinweggegangen, dass die Banknote als Notizzettel verwendet wurde und rasch in der Hosentasche des Totengräbers verschwand. Ein paar mal war der Bürgermeister allerdings kurz davor, seine Autorität zu nutzen und einen Halt zu befehlen. Aber er unterließ es. Insgesamt verfuhr der Totengräber mit ungeheurer Pietätlosigkeit. Der General fiel auf den Boden, als er ihn wie einen Mehlsack umwendete. Der Bürgermeister fand jedoch, dass er anderweitig Wichtigeres zu tun hatte und konzentrierte sich auf die weitere Inspektion der angrenzenden Räume. Mittlerweile herrschte sowieso ein heilloses Durcheinander. Beinahe das ganze Dorf war präsent und stöberte mittlerweile ungeniert durch die Schlossräume. Mistbacher lief gerade mit einem goldgerahmten Stillleben durch den Flur, und die Holzknechte des Hagerbauern warfen den schwarzen Konzertflügel vom Arkadengang in den Hof hinab. Das ging alles nicht so leicht, wie es sich vermuten lässt. Ein bisschen wurden die Fensterrahmen schon in Mitleidenschaft gezogen. Vor allem die Unhandlichkeit des Flügels war Schuld, dass es zu massiven Schäden an den Fensterflügeln und den Rahmen selbst kam. Aber auf das wertvolle Brennholz wollten die beiden erfahrenen Holzexperten nicht verzichten. Sie wussten, wie gut so ein massiver Korpus aus Ahorn brennt. Noch dazu war er mit Sicherheit trocken. Vom Mobiliar wäre noch viel zu berichten. Die Ochsenkarren vor dem Schloss bildeten eine ansehnliche Kolonne. Der Bürgermeister hatte seine beiden Buben nach dem Traktor mit zwei Anhängern geschickt. Es war genug da und es wäre vor allem schade, die Sachen einfach liegen zu lassen. Am Ende hätten die Würmer alles aufgefressen. So etwas wäre unverantwortlich gewesen.

Aber auch kleinere Gegenstände fanden ihren Abnehmer. Schuldirektor Hofmeister stopfte eine barocke Sanduhr aus Messing, die auf dem Nachtpult des Generals stand, in seine Rocktasche. „Für meine Frau“, sagte er errötend, als er den Blick Grubers bemerkte, der plötzlich wieder aufgetaucht war. Seinen Schülern hatte er für diesen besonderen Anlass frei gegeben und die Schule an diesem Tag geschlossen. Er brauchte ja nicht unbedingt diese Bengel als Zeugen. Grubers ernster Blick schien ihn aber doch zu verunsichern. „Herr Doktor, wie nett sie hier zu treffen. Habe ich Ihnen eigentlich schon von meinen ausgedehnten Studienreisen erzählt? Die halbe, was sage ich, die ganze Welt habe ich mit meiner Frau bereist. Sie verstehen. Wir lieben es, die unterschiedlichen Sitten und Gebräuche der fernen Völker zu erforschen!“ Gruber sah ihn sprachlos an. „Na, dann eben nicht. Sie entschuldigen mich, ich habe noch weitere Geschäfte." „Davon bin ich überzeugt", sagte Gruber. Aber der Direktor hörte das nicht mehr. Er war mit seiner Beute bereits im Gewühl der Menge untergetaucht. Der dicke Wirt war auch da und hatte seine drei Söhne mitgebracht. Jeder trug einen Sessel über der Schulter. Ein Mädchen mit langen blonden Zöpfen, das mit Sicherheit noch die Volksschule besuchte, hatte sich einen prunkvollen Band über Gartenbaukunst unter die Achsel geklemmt, den es auf einem Tischchen mitten im Raum, von den Übrigen gänzlich missachtet, gefunden hatte. Ein Weinbauer aus der Nachbargemeinde, den Gruber von seinen Flurbegehungen her kannte, hatte sich mit dem grünen Lodenrock des Generals bekleidet. Erstaunt blickten ein paar Kinder aus dem Nachbardorf, die mit ihren Eltern zu Fuß den Weg von Wölfingbrunn nach Obergreith und von dort nach Albrechtsberg, gekommen waren, in den Bildersaal, der sich direkt neben dem Schlafgemach des Generals befand. Auch der Deutschlehrer Mistbacher war wieder anwesend, nachdem er mit einer ersten Fuhre bereits abgezogen war. Vielleicht kam er nochmals zurück, weil er eine Gelegenheit erhoffte, einem seiner Zöglinge im Labyrinth des Schlosses heimlich aufzulauern. Jedenfalls waren viele Schüler anwesend.

Gruber machte einen völlig wirren Eindruck. Mit hängenden Schultern und fahlem Gesicht schlich er im Getümmel umher. Er konnte das alles einfach nicht fassen. Mal sah man ihn beim Totenbett des Generals, mal wieder im Garten bei den Kindern, dann in der Bibliothek, um die Plünderungen zu stoppen, die an allen Seiten wie ein Erdbeben plötzlich losbrachen. Aber es war da nichts mehr zu retten. Von Minute zu Minute schwoll der Besucherstrom an und ergoss sich in das Schloss. Im Park hatte mittlerweile die Blasmusikkapelle einen passenden Platz zur Aufstellung gefunden und der Dorfwirt war mit seinem ganzen Personal, das aus seinen drei Söhnen, der Magd, seiner Gattin und dem schwerhörigen Bruder seiner Gattin bestand, erschienen und errichtete einen überdimensionalen Schanktisch, um dem Andrang des ständig sich mehrenden Besucherstromes gerecht zu werden. Ohne viel Federlesens rief er die Fuhrknechte zu Hilfe und ließ Schränke und Türen aus den Sälen tragen und zu einem riesigen Tisch zusammenstellen. An einem Ende, das direkt neben dem Hauptportal des Schlosses begann, war die Wirtsgattin samt Tochter bereits mit dem Kneten und Auswalzen von vorgefertigten Teigklumpen beschäftigt, aus denen schmackhafte Feuerflecken gebacken wurden.

Der Vater des Dorfpfarrers, eine Ehrfurcht gebietende Erscheinung im dreiundachtzigsten Jahre, rollte ein Fass aus dem Mostkeller des Generals und schlug es sogleich an. Die Frau des Schuldirektors, der selbst an einem rasch gefertigten Stand Steaks grillte, hatte ein großes Lavoir herangeschafft, in dem sich Gläser und Krüge türmten. Das unglaubliche Spektakel riss immer mehr Besucher in einem wahren Jahrmarktstrubel mit sich. Schon längst war der General nicht mehr selbst die Ursache der zuströmenden Menschen, sondern vielmehr der außergewöhnliche Ruf der verborgenen Schätze und angehäuften Absonderlichkeiten und Raritäten, die es in seinem Schloss geben sollte. Jahrelang war niemandem, außer seiner Haushälterin, Frederik und den wenigen Besuchern, der Zugang zum Schloss gestattet gewesen. Sie selbst hatte, außer der Küche und einigen wenigen ausgewählten Räumen, auch noch nicht alles im Schloss mit eigenen Augen gesehen. Nur Frederik hatte zu allen Räumen Zutritt gehabt. Dementsprechend groß war nun ihre Neugierde die übrigen Räume zu erforschen.

Gruber sah mehr oder weniger apathisch dem wahnsinnigen Treiben zu. Er befragte zwar die fremden Menschen, die gierig in den Sachen des Generals wühlten, aber sie gaben ihm keine Antwort. Einen Kesselheizer sah er die Bücher aus dem Fenster werfen. Darunter im Hof bemerkte Gruber einen Jungen, der einen Leiterwagen damit belud. Er hatte offensichtlich vor, sie seinem Gewerbe entsprechend zu verwerten. Der Mesner war auch wieder gekommen. Ihm tat dieser Zerstörungswahn ebenso weh wie Gruber. Der Mesner war insgeheim bibliophil. Wer hätte das geahnt? Er roch verzweifelt an den alten Büchern und nahm einen ganzen

Packen an sich und drückte sie an die Brust. Was immer da in den Regalen stand, es würde verheizt werden. Nichts war zu retten. Gruber schritt wie gelähmt zwischen den Plünderern herum. Ein paar Tage später war alles, was nicht niet- und nagelfest war, verschwunden. Noch waren in den Räumen die Parkettböden. In jedem Raum ein anderer. Vielfältig in Muster, Erhaltungszustand und Machart. Auch diese wurden herausgerissen und verheizt. So wie die Fensterflügel, die Türstöcke und die Särge. Nicht die zinnernen. Die hatte bereits im 45er Jahr der alte Verwalter Gundacker dem Alteisenhändler verkauft. Aber auch die Klaviere und Konzertflügel wurden zerstört. Man hatte sie einfach aus den Fenstern geschmissen. Das war der Vorabend des Weihnachtsfestes. Am nächsten Tag sollte Gruber mit Tante Anna Weihnachten feiern und am Abend war er beim Pfarrer eingeladen. Die Dorfstraße sah am nächsten Tag aus wie nach dem Rückzug der Russen. Die Straßengräben waren mit zurückgelassenem Raubgut aus dem Schloss angefüllt.

Was die Zustände des Zweiten Weltkriegs und die Besetzung durch die Russen nicht vermocht hatten, das schafften die Bürger der umliegenden Gemeinden bei dieser Plünderung nach dem Tod des Generals. Nur das schwerste Mobiliar hatte man noch weitgehend unangetastet lassen; selbst die kräftigsten Bauern vermochten es nicht hinauszutragen. Alles andere war aber bei diesem Spektakel bereits aus den Räumen verschwunden. Bloß Frau Wilfonseder hatte noch ihre Kammer retten können und sich schützend vor die Türe gestellt. Für Tante Anna war der Winter und besonders die Weihnachtszeit die gemütlichste Zeit des Jahres. Sie backte und kochte unentwegt und für den Heiligen Abend bereitet sie besonderes Essen zu. Der Kachelofen verbreitete eine behagliche Wärme und nach dem Kuchen und den Vanille-Kipferln beim abschließenden Kaffee würde sie sich in ihrem alten Sofa gemütlich zurücklehnen und dem Doktor Gruber Geschichten erzählen. Doch aus dem wurde nichts, denn von diesem Abend an galt Gruber als verschollen.

5.3. Siebter Brief an die Schwester

„Liebe Schwester, ich berichte Dir von meinen Träumen, die sich nächtens in meinem Kopfe ereignen und die mich bisweilen beunruhigen. Vielleicht weißt Du sie mir zu deuten. Hier gleich der von gestern Nacht. Ein Schmetterling flog aus meinen Händen und verwandelte sich in mozartäische Musik. Diese zog, wie wir es von Nebelschwaden in feuchten Wiesen her kennen, durch die Räume und Säle eines mir unbekannten Stadttheaters, um endlich an den Wänden zu wagnerischen Bühnenbildern zu erstarren, die ich zum „Ring der Nibelungen" gehörig erkannte. Aus den Bildern ritt Siegfried und verschwand mit der wippenden, aus seinem Rücken ragenden Lanze, die Hagen nach ihm geworfen hatte, als er sich trinkend über eine Quelle beugte.

Ein weiterer Traum: Ich befand mich in einer Glaskugel und blickte durch sie in einen Wasserfall. Das tosende herabstürzende Wasser vermengte sich mit Edelsteinen, Blumen, schillernden Insekten, Blüten von Schlingpflanzen und Ästen unbekannter Koniferen. Berührte ich die Glaskugel (der wundervolle Anblick von herabrieselnden Topasen, Saphiren, Rubinen, Diamanten, Smaragden und anderen wertvollen Steinen verleitete mich mehrmals dazu), so wurde sie stets augenblicklich undurchsichtig und nahm die Konsistenz einer harzigen, an der Oberfläche klebrigen Masse an. Den Geruch derselben empfand ich als sehr angenehm. Er erinnerte mich an Erlebnisse meiner Kindheit, wo ich alleine oder in Begleitung meines Onkels in den umliegenden Wäldern herumstreifte und den Geruch der Bäume wie ein köstliches Parfum einatmete. Mein Onkel lehrte mich, das Harz wie einen Kaugummi zu kauen, bis es zu einer weißen, zähen und gummiartigen Masse wurde. Er wies mich darauf hin, dass er im Krieg gelernt hätte, das Harz der Föhren, bei denen es besonders reichlich aus der Rinde floss, mit den Zähnen zu zermahlen und stundenlang zu kauen. Meist versank ich bei dieser Tätigkeit in einen schlafähnlichen Zustand und meinte dann, auf einer blühenden Sommerwiese zu sein und das Summen der Bienen und Hummeln zu hören, die um mich herumflogen und die Blüten absuchten. Oder aber ich träumte davon, an einem glühend heißen Sommertag träge im Schatten einer Steinmauer beim Bienenhaus meines Vaters zu liegen und dem unermüdlichen Hin und Her der kleinen fleißigen Arbeiter zuzusehen. Der Geruch des Bienenwachses und der Teeranstrich der äußeren Verkleidung des Bienenhauses drangen dabei so wirklichkeitsnah an meine Nase, dass ich nicht wusste, ob ich schlief und träumte, oder tatsächlich mich beim Bienenhaus befand.

Dieses Befinden verschmolz mit dem Geräusch des herabstürzenden Wassers. Glänzende Steine in allen erdenkbaren Farben rieselten weiterhin vor meinen Augen über den Wasserfall herab. Blüten und Pflanzen schienen von Gärtnern erlesener Pflanzenzuchten in das Wasser gemengt worden zu sein. Die Äste von Ginkgo-Bäumen, seltenen Zedernarten und Sequoien glichen bizarren, unbekannten Insekten. Berührte ich die Glaskugel, so war sie augenblicklich undurchsichtig, nahm ich die Hand davon weg, so vermochte ich hindurchzublicken. Etwas Ähnliches hatte ich in einem früheren Traum bereits gesehen.

Allmählich ermüdete ich und ließ mich auf den Boden nieder und verschmolz in einem unmittelbar darauf einsetzenden Traum mit dem Wasser, das ihn umgab. Die im Wasserfall treibenden Baumteile wurden zu wundervollen Bäumen mit einer Fülle von Blüten, die wie Achselhaare aus den Armen von weißhäutigen Mädchen sprossen. Edelsteine bildeten den Boden und die Luft glich einem Seidenschleier, der im Wind wehte. In den Felswänden sprossen Rubine und Smaragde aus kleinen farnbedeckten Ritzen und Klüften.

Ich untersuchte im Traum diese Spalten und fand, dass die verschiedenen Edelsteingruppen, die in der Natur normalerweise nicht nebeneinander vorkamen, hier eine friedliche Koexistenz führten. Ich brach mit geringer Anstrengung aus einer kaum handbreiten Kluft einen Diamanten vom Durchmesser einer Kinderfaust heraus. Bei näherer Betrachtung fand es sich, dass er zur Hälfte von Rubinen besetzt war und an einen von Balaniden bewachsenen Schotterstein erinnerte, wie ich ihn vor einigen Jahren bei einem Urlaub am Strand der Ägäis aufgelesen hatte. Mit dem Unterschied allerdings, dass die Rubine dunkelrot wie reife Himbeeren waren. Der Diamant fühlte sich warm an, ganz so, wie die Haut eines Menschen. Ich zog ein Taschenmesser aus meinem Rucksack und versuchte damit, den Stein zu ritzen. Ich dachte bei diesem physikalischen Versuch, bei dem ich die Härte des Minerals überprüfen wollte, an die lebhaften und geistreichen Vorlesungen meines alten Mineralogieprofessors Machatschki. Dieser verstand es brillant, durch seine anschaulichen Beispiele uns Studenten für die mitunter langweiligen chemischen Formeln und den beinahe unübersehbaren Dschungel an

Kristallsystemen zu begeistern. Es war unfassbar! Ich stand vor einem Phänomen, das es in der Natur eigentlich nicht geben sollte. Es war wie eine Katze mit Schuppen, der Zunge eines Ameisenbären und den Hufen einer Ziege, an denen noch zusätzlich Schwimmhäute waren. Rubine auf einem Diamanten gewachsen!

Das letzte Bild, das ich im Traum gesehen hatte, war ein Adler, der mit einer Elster einen Streit austrug. Ich hatte beide eine geraume Zeit beobachtet und vermochte mich nicht genug darüber zu verwundern, dass ein solch großes und starkes Geschöpf wie ein Adler sich derart erniedrigen konnte, mit einer Elster einen Streit auszutragen. Das Schauspiel, das ich, natürlich immer noch im Traum, neugierig betrachtete, nahm indes eine ungeahnte Wendung. Aufgrund einer geschickten Attacke des Adlers entfiel den Krallen der Elster ein mit Brillanten besetztes Haarnetz, das aus einem lockeren Geflecht feingewebter Goldfäden bestand. Im Herabfallen spiegelten sich in der Goldhaube die Sonne, die dahinter aufsteigenden Gebirge sowie der rauschende Wasserfall mit seiner unentwegt herabstürzenden absonderlichen Fracht. Das Leuchten daraus fiel, durch einen riesigen Saphir reflektiert, durch die Glaskugel direkt in meine staunenden Augen.

Inzwischen war die Glaskugel allerdings bereits zu einem beträchtlichen Teil durch die Flüssigkeit aufgelöst worden, die noch immer aus der Felsspalte hervorrieselte, der ich den Diamanten entnommen hatte. Augenblicklich fiel ich wieder in einen schlafähnlichen Zustand. Im daraufhin einsetzenden Traum fiel die goldene Haube durch die Glaskugel auf mich herab und bedeckte die Hälfte meines Körpers. Die Haube glich nunmehr einem goldenen Fischernetz. Ich stellte mit Erstaunen fest, dass es sich federleicht anfühlte, obwohl es von Hunderten winzigen Edelsteinen übersät war. Ich erwachte daraufhin sogleich wieder aus dem Traum und betrachtete das Netz. Ich war mir sicher, dass es sich hierbei um die Tarnkappe der Nibelungen handeln musste. Ich schlief wieder ein und sah mich in einem Hörsaal meiner alten Universität. Der Vortragende, den ich nicht kannte, verwandelte sich in einen großen Affen mit zottigem, rotbraunem Fell und abscheulich großen, abstehenden Ohren. Sisyphus gleich versuchte er unentwegt, einen ungemein feinen Goldfaden über einen ungeheuer großen Obsidian zu winden, der zu einer vollkommenen Kugel geschliffen und mit dem Fell eines ausgestorbenen Hochlandlamas aus den peruanischen Anden über Generationen hinweg poliert worden war. Ich zog die silberne Taschenuhr meines Großvaters aus der Weste und fand, dass es Zeit sei, nach Hause zu gehen; beim Betrachten des Ziffernblattes wachte ich auf und befand mich wieder in meinem vertrauten Bett.

Derart sind meine Träume, liebe Schwester. Ich wünsche dir ein glückliches Leben. Dein dich liebender Bruder Albert; Albrechtsberg, Dienstag, den 24. Dezember, in den frühen Morgenstunden des Weihnachtstages im Jahre 1957"

6 DIE AUFKLÄRUNG

6.1. Die verbrannten Briefe (Grubers Tagebuch)

„Ich fand mich unversehens in einem Lichtstrahl, der mich völlig blendete und ein Erkennen der Umgebung unmöglich machte und im nächsten Augenblick war um mich her tiefste Dunkelheit und ich vermochte die Hand nicht vor dem Gesicht zu erkennen, geschweige denn die näheren Umstände dieser seltsamen Ereignisse. Ich öffnete mehrmals den Mund zu einem Schrei der Angst und dann wieder, um mein Erstaunen auszudrücken, es entrang sich aber nicht der kleinste Laut meiner Kehle, so sehr ich mich auch bemühte. Es war, als ob meine Ohren gänzlich versagten, denn mir war, als ob ich schrie, aber ich vermochte nichts zu hören. Das alles ereignete sich in wenigen Augenblicken und aus der heute weit zurückliegenden Erinnerung erscheint es mir noch verwunderlicher als damals, als ich mich inmitten dieser Ereignisse befand. Es war aber nicht nur dieser rasche Wechsel der Lichtverhältnisse, es waren auch die atmosphärischen Ströme, ein gewisses Aufladen der Luft oder des Mediums, in dem ich mich befand. Einmal war mir, als ob ich ersticken müsste, dabei war es eine mir nicht erklärliche Dichte und Fülle an Luft, die mich umgab. Kalte, sauerstoffreiche Luft, wie sie in manchen Tauchflaschen als Gemisch Verwendung fanden, für besonders tiefe Tauchgänge, wo hohe Konzentrationen an Sauerstoff oder Helium verwendet werden. Ich konnte nur mit großer Anstrengung und sehr langsam aus und einatmen. Mein Brustkorb bewegte sich wie unter heftigem Druck, gleichsam, als ob auf mir tonnenschwere Gewichte lägen,

und ich dachte jeden Augenblick zu sterben. Dann aber war plötzlich die Atmosphäre so dünn, so dass ich glaubte, in den Boden unter mir versinken zu müssen. Ich sackte in mich zusammen und erhob mich dennoch vom Boden weg, so als ob ich jeden Augenblick in das Weltall aufsteigen würde, nicht unähnlich den Vorbildern, die uns von Ausflügen in das Weltall durch Raumfahrer bekannt sind. Ein schwereloser Zustand. Ich hielt mich nur mit Mühe aufrecht und griff um mich, um etwas zum Festhalten zu finden. Es befand sich aber nichts in meiner Griffweite und meine Hände ruderten nur hilflos im Leeren herum. Es umgab mich das Nichts, es war schier unglaublich, und auch heute noch vermag ich dieses Erlebnis nicht gebührlich zu beschreiben und erst recht nicht zu erklären. So, wie ich nichts erkennen konnte, weil es einfach nichts um mich gab, auch eigentlich keinen Boden, kein Oben und kein Unten.

Das schien mir auch der Grund dafür zu sein, dass ich mich selbst nicht hören konnte, denn es gab nichts, das einen Schall zurück an mein Ohr geworfen hätte, es gab auch nichts, an das sich mein Blick hätte heften können, es war nichts, auf das ich zugehen könnte; ich wusste nicht, wohin ich mich hätte wenden können! Ich schloss die Augen und versuchte, den Schwindel loszuwerden und nachzudenken. Ich war hierher gekommen, nachdem ich dieses Buch aufgeschlagen hatte, das ich unter meinen frühen Manuskripten fand. Ich verbrachte das Wochenende wegen einer Grippe in meiner Wohnung im Schloss und hatte mir im Kamin Feuer gemacht; um mir die Zeit zu vertreiben, stöberte ich im alten Postkoffer herum, in dem ich Ansichtskarten, Briefe, Zeichnungen, einen Katzenschädel (an dem ich einmal osteologische Untersuchungen angestellt hatte), meine Münzensammlung und eben allerlei Aufzeichnungen und ein paar Bücher aufbewahrte. Soweit konnte ich das noch klar rekonstruieren. All dies war aber erst vor wenigen Augenblicken geschehen, und dennoch hatte ich den Eindruck, mich in diesem fremden Zeit-Raum schon seit Tagen oder gar Wochen zu befinden.

Es musste irgendwo eine Grenze gegeben haben, an der ich in diese seltsame Welt plötzlich gefallen bin, unerwartet und ohne Warnung. Und so weit ich das noch im Detail rekonstruieren konnte, nahm ich einen Packen Briefe heraus, öffnete die Schnüre, mit denen ich die Briefe in kleine Pakete zusammengebunden hatte, und las ein paar, um sie gleich darauf wieder zuzuschnüren. Ich fand es seltsam und nutzlos, all diese

Dokumente meiner frühen Irrwege aufzubewahren und blickte in die Lichtspiele, die durch das flackernde Ofenfeuer ausgelöst wurden. Das Holz prasselte noch ein wenig. Bald würde es zu einer rotgelblich glühenden Holzkohlenmasse zusammengeschrumpft sein und ich würde die Ofentür schließen. Dann erst würde sich der Ofen richtig erhitzen und die Wärme von den Kacheln in den Raum hinein abstrahlen. Ohne einen weiteren Gedanken nahm ich das ganze Paket mit Briefen, das sicherlich einige Hundert Stücke umfasste, und schritt damit zum Ofen hin, öffnete das gusseiserne Spritzgitter und warf Paket für Paket in die Glut. Das Feuer flammte auf, loderte hellgelb und ließ meinen Schatten an den Wänden tanzen, um wenige Augenblicke später in niedrigen grünen Flammen zu versinken.

Ich saß auf dem Holzboden und starrte in die Flammen! Ich versuchte mich zu besinnen, denn mein Überleben schien mir von einer exakten Rekonstruktion des Vorgefallenen abzuhängen. Um mich her war mittlerweile ein Sturm entstanden, der in wenigen Augenblicken zu einem Orkan anwuchs und mich in Todesängste stürzte. Ich spürte all dieses Toben und Ziehen, die unglaubliche Heftigkeit, mit der sich die Luft um mich bewegte, und doch hörte ich keinen Laut und sah keine Bewegung. Ich „fühlte" nur den Sturm und war nahe am Verrücktwerden, weil dieses Erleben all mein Verstehen auf den Kopf stellte, mir unerklärlich und unirdisch erschien, falls dieses Wort hier überhaupt angebracht ist. Jedenfalls vermag ich nicht einmal annäherungsweise zu beschreiben, was sich ereignete; unmittelbar darauf taumelte ich in einen Regen, der heftig auf mich niederstürzte, als ob ich mich unter einem hohen Wasserfall befände und das Wasser mit solcher Heftigkeit auf meinen Körper aufschlüge, dass ich jeden Augenblick fürchtete, die Knochen im Leibe durch diese Wucht und diese Lasten zu brechen und erschlagen zu werden.

Doch nicht einen Tropfen Wasser vermochte ich auf meinem Körper tatsächlich zu sehen. Ich hatte nur den „Eindruck" eines Wassers, das mich nun dicht wie eine Mauer umgab und durch das ich nicht zu sehen vermochte. Der Lärm war nun zu einem unglaublichen Donnerrollen und Brausen angeschwollen und doch hatte ich den Eindruck, dass ich das Piepsen einer Maus aus Kilometer Entfernung hätte hören können. Einen Umstand muss ich hier an dieser Stelle erwähnen, weil er mir wichtig erscheint für die Einschätzung der Situation, wie ich sie damals erlebte. Es war das grauenhafte, Angst erweckende Gefühl der Unmöglichkeit, mich selbst zu erkennen; ich meine, der Möglichkeit zu wissen, dass ich es sei, der das alles erlebte und sähe; denn ich konnte mich nicht einmal physisch „begreifen." Ich betrachtete meine Hände und sah sie nur wie in einer Erinnerung, nur im Kopf, nicht wirklich als Teil von mir, der eine bestimmte Orientierung im Raum hatte und eine bestimmte Bewegung vollführte. Ich konnte nichts sehen als eben eine Hand, und wenn ich auf meine Kleidung blickte und ‚wusste', dass in diesem Augenblick Regen auf mich niederfiel, so sah ich doch nicht den kleinsten Schimmer eines Regentropfens darauf, und ebenso war es, als ein Orkan an mir zerrte und mich mitzureißen drohte. Nichts, nicht mein Haar, keine Faser meiner Kleidung, nicht das kleinste Detail an mir schien davon betroffen zu sein und befand sich in völliger Ruhe und Unbeweglichkeit; gleichsam einem Bild, und doch spürte ich das Zerren des Sturmes. Ich weiß nicht, wie viele bei diesem Erlebnis verrückt geworden wären.

Ich glaube, es rettete mich nur ein Umstand: Ich befand mich in Gedanken vor dem Ofen sitzend und starrte ins Feuer und betrachtete die verglommenen Briefe und ich wusste, dass ich am Abend bei Tante Anna zum Weihnachtsfest geladen war."

6.2. Das Polizeiprotokoll des Herrn Zauner

Herr Zauner wurde in stark angetrunkenem Zustand am frühen Morgen auf der Landstraße in Albrechtsberg angetroffen und in das Bezirksspital M. zur Ausnüchterung eingeliefert. Bei dem Erwachen aus seinem Zustande rief er nach der Polizei und erklärte, er wolle eine Aussage machen. Die nachstehende Aussage wurde von Zauner zu Protokoll gegeben, vom diensthabenden Gendarmerie-Revier-Inspektor Franz Bärenscheitter aufgenommen und nach Durchlesen von Zauner gefertigt.

Polizeiprotokoll des Postenkommandos in M. von Peter Zauner, wohnhaft im Meierhof No. 13, Schloss Albrechtsberg, 13. Mai 1958.

„Ich fand letzte Weihnachten an einem Nachmittag, es war der Heilige Abend, beim Schloss Albrechtsberg den Doktor Gruber tot, oder sagen wir halb tot. Ich sag das jetzt, weil ich die Geschichte nicht mehr für mich behalten will. Ich hab auch schon Angst, dass mir auch wer ans Leben will. An diese

Geschichte, auch wenn sie schon ein halbes Jahr zurückliegt, kann ich mich noch so genau erinnern, denn es war gerade der Tag, nach dem die Herrschaft, der alte General, gestorben ist. Der Doktor, der im Schloss gewohnt hat und seitdem verschwunden ist, der ist auch tot! Das möchte ich hier jetzt zur Anzeige bringen. Ich habe mit seinem Tod aber nichts zu schaffen. Man hat ihn als abgängig erklärt, weil die Leute nicht gewusst haben, wo er über die Nacht plötzlich hingekommen war. Aber das ist nicht wahr, ich weiß, was mit ihm geschehen ist.

Ich kam damals gerade vom Meierhof heraus, da wo ich meine Wohnung habe. Ich wollte mir vom Kutscher eine Fuhre Pferdemist holen. Meine Frau braucht den Mist für ihre Gemüsebeete. Ich musste auf die Seite treten und ging neben der Treppe in das Gebüsch hinein, die was zum Schloss hinaufführt. Da fiel mir ein Stöhnen auf, das was aus dem alten Weinkeller zu kommen schien. Ich ging dorthin nachschauen. Da ich mir keine Zünder eingesteckt hatte, ging ich so in den finsteren Weinkeller hinein, ohne viel was zu sehen. Ein Stück vom Eingang weg sah ich einen Menschen liegen. Es war der Herr Doktor Gruber, den was ich aus dem Schloss schon lange kennen tue. Er röchelte so wie einer, der was gleich stirbt. Ich habe ihm helfen wollen, denn der Herr Doktor Gruber war eigentlich ein netter Mensch. Auch wenn er ein Studierter war und solche Leut' mit unsereins normalerweise gar nicht anstreifen. Er hat mir aber einmal sogar geholfen, eine Fuhre Holz auf meinen Gepäckträger zu heben. Das ist ganz was Legales, weil der Verwalter selber hat uns das erlaubt.

Er lag da und schaute mich mit ganz großen Augen an. Ich sah, dass er einen blutigen Kopf hatte, so, als wenn er auf einen Stein gefallen ist, oder so was. Ich glaube, er lag schon im Sterben. Ich habe einmal einen Überfahrenen gesehen, der ist auch gestorben. Aber der hat auch so ausgesehen, mit diesen großen Augen und gesagt hat der auch nichts, nur gestöhnt hat er. Ich bin dann hinausgelaufen, weil ich ja kein Arzt bin und man ja einen Arzt rufen musste, oder die Rettung, das ist doch ganz klar, oder nicht? Ich lief also aus dem finsteren Keller hinaus und dort am Platz vor den Stallungen stand gerade der Herr Verwalter Burger, und sah zu mir herüber. Ich ging zu ihm hin und sagte, dass sich der Gruber am Kopf verletzt haben musste und so was, und dass man die Rettung schnell holen muss. Aber der Verwalter sah mich nur ganz komisch an und sagte bloß, dass mich das alles gar nichts angeht und dass wir damit nichts zu schaffen haben und ich sollte mich gefälligst wegscheren, oder so was.

Dabei fiel mir plötzlich auf, wie der Verwalter drein sah. Er sah aus, so als ob er ein Gespenst gesehen hätte; seine Augen waren so komisch, und sein Gesicht war ganz rot und verschwitzt. Aber das war noch gar nichts, Herr Inspektor. Sein Gewand war ganz blutig und zerrissen, so als hätte es eine Rauferei gegeben, und in der Hand hielt er eine Hacke, und alles war blutig, die Hacke und seine Hand. Es tropfte das Blut herunter und dort, wo er stand, waren am Erdboden Blutstropfen im Schnee zu sehen. Der Verwalter brüllte mich plötzlich an, ich solle ihn nicht so blöd anstarren. Er hätte eine Sau schlachten müssen, weil sie sich mit dem Kopf im Saustall verfangen habe und bereits ganz blau gewesen sei. Da dürfe man nicht zusehen und warten, sonst ist das Fleisch verdorben. Da hat er auch Recht. Aber ich glaube, das war eine Lüge gewesen. Außerdem hat das noch einer gesehen. Der Einarmige war auch dabei, der hat es auch gesehen, der stand gerade im Stall und hat zu uns heraus gesehen. Wir nennen ihn nur den Einarmigen, weil man seinen Namen eigentlich nicht richtig aussprechen kann. Er ist auch etwas dumm im Kopf und redet nicht viel. Egal, der stand auch in der Nähe. Als mich der Verwalter so anbrüllte, da blickte der Einarmige nur starr vor sich hin und sagte nichts.

Daraufhin bin ich dann schnell gegangen. Es war aber ein grausiger Anblick, Herr Inspektor, das können Sie mir glauben. Ich ging danach in meine Wohnung zurück und wollte gar keine Fuhre Pferdemist mehr holen. Meine Frau war nicht Zuhause. Ich habe mir dann wohl einen Rausch angetrunken, denn am nächsten Tag, als ich in der Frühe aufgewacht war, war das Zimmer ganz zerschunden und zerhaut. Ich mache das aber ganz selten, Herr Gendarm. Nur wenn es ein ganz ein kramperter Wein ist. So was kann mich dann ganz schön närrisch machen. Vielleicht war's auch meine Frau, die was immer so mit mir schreit, dann, wenn sie mich besoffen sieht. Sie sagt dann immer zu mir: ‚Du besoffene Sau, warum habe ich bloß so ein Vieh geheiratet.' Das sagt sie immer zu mir. Aber meine Frau, die sauft noch mehr als ich. Aber das gehört jetzt da nicht her. Ich hab ihr aber dann, als sie heimgekommen ist, die ganze Sache von dem Gruber und dem Verwalter erzählt. Aber sie hat mir gar nicht zugehört. Sie hat immer nur geschrien, ‚du bist ein Dreckschwein, du elendigliche Sau', und so was hat sie gesagt. Sie hat mit mir geschimpft, weil sie gedacht hat, ich hab absichtlich alle Schubladen herausgerissen und die Kredenz umgeschmissen und das Bett auseinandergenommen und all das. In meiner Wohnung, bitte schön, da hat es wirklich ausgesehen wie damals in der Russenzeit. Aber ich hab mich an nichts mehr erinnern können. Jedenfalls hab ich ihr dann geholfen, alles wieder einzuräumen. Es hat ausgeschaut wie bei den Russen. Dann wie alles fertig war, hat sie mich angeschaut und gesagt, was erzählst da für Blödheiten von einem blutigen Kopf und so was. Und ich hab gesagt, dass es wahr ist, weil ich es erst am Vorabend selber gesehen hab. Da hat sie gesagt, das geht uns gar nichts an, so eine Sache, und sie hat so was gesagt, wie der Herr Verwalter, und ist ganz fuchsteufelswild geworden und hat gleich eine Lade, die sie grade eingeräumt hat, wieder auf den Boden gehaut und ist weggegangen.

In der Tür hat sie sich noch mal umgedreht und hat gesagt: ‚Du bist ein blödes versoffenes Schwein!' Das hat sie schon so oft zu mir gesagt, Herr Inspektor, das geht da hinein und da hinaus. Ich bin dann zum Einarmigen gegangen, aber der hat nicht aufgemacht, hat sich wahrscheinlich wieder angesoffen hinter verschlossener Türe. Da bin ich dann zum Herrn Binder rüber gegangen, der was ein Nachbar von mir ist und gleich die Wohnung neben der meinen hat, und hab es ihm erzählt. Mit ihm bin ich dann gemeinsam in den Weinkeller rüber gegangen, weil der Binder auch gesagt hat, so was kann man nicht anstehen lassen. Wir sind dann gleich in den Keller gegangen und es war so was um zehn herum. Wir haben beide alles abgesucht und da war keine Spur von dem Herrn Gruber mehr und dann hat auch der Binder gesagt, ob ich mir das nicht alles nur einbildet hab. Aber ich schwöre Ihnen, Herr Inspektor, es hat sich alles so zugetragen, wie ich Ihnen das jetzt erzählt hab. Ganz genau so."

Herr Zauner legte diese Aussage auf eigenen Wunsch beim Postenkommando ab. Ende der Niederschrift.

F. Bärenscheitter, Gendarmerie - Revierinspektor und Postenkommandant, M., den 13. Mai 1958;

6.3. Die Sorgen des Gerichts-Kommissars Kubelka

Nach der Anzeige begab sich Herr Zauner zunächst auf ein Reparatur-Viertel in den Stadtkeller von M., wo er sich seelisch und geistig auf einen entsprechenden Empfang durch seine bessere Hälfte vorbereiten konnte. Danach kehrte er zu Fuß nach Albrechtsberg zurück. Nach dem Abgang des Herrn Zauner ließ sich der Postenkommandant erschöpft in seinen Stuhl zurückfallen. Ihm blieb auch gar nichts erspart. Nicht, dass er mit der Einvernahme dieses unappetitlichen Menschen, der noch immer eine ansehnliche Alkoholfahne verströmte, schon genug Unangenehmes erleben musste, war es außerdem noch seine Pflicht, dieser Sache mit dem Verwalter nachzugehen. Es war klar, dass man diese Anzeige nicht im Sand verlaufen lassen konnte. Denn dass der Verwalter gewaltig Dreck am Stecken hatte, das war auch aus diesem etwas wirr vorgetragenen Bericht unzweifelhaft zu erkennen. In seinen Augen passte die Aussage auch ganz gut mit der Abgängigkeitsanzeige über diesen Doktor Gruber zusammen, die seinerzeit eine gewisse Anna Baumgartner bei der Gendarmerie angegeben hatte. Hier musste vorsichtig und mit Bedacht gehandelt werden, dachte sich Bärenscheitter. Also verschob er sein Handeln auf den nächsten Tag. Die Sache lag ein halbes Jahr zurück. Auf einen Tag auf oder ab kam es nun auch nicht mehr an. Der Gutsverwalter Burger galt in der Gegend allgemein als angesehener Bürger. Das wurde auch dadurch nicht geschmälert, dass er von der einfachen Bevölkerung für einen unangenehmen Zeitgenossen gehalten wurde, dem man besser nicht über den Weg lief. Aber wenn das Gesetz einmal einem angesehenen und in der Gesellschaft gut integrierten Menschen an den Kragen ging, so brachte das leicht auch einen unangenehmen Nachgeschmack für seine Bekannten, und erst recht für seine Freunde. Na das wird ein schönes Gerede geben, dachte sich der Gendarm.

Denn was der Herr Zauner und auch sonst in der Öffentlichkeit noch keiner wusste, aber dem Postenkommandanten bei dieser Anzeige sofort einfiel, war die Tatsache, dass seit einigen Wochen auf dem Bezirksamt, um genau zu sein, auf dem Schreibtisch des Notars Dr. Kubelka, ein Schreiben aus einer Wiener Notariatskanzlei lag, das geeignet war, ganz schönen Staub aufzuwirbeln. Denn eines war dem Postenkommandanten dabei völlig klar: Sobald der Inhalt dieses Schreibens bekannt würde, war die Ernte des Verwalters Burger, die er seit dem Tode des Generals bisher durch die Ausbeutung der Schlossgüter eingetragen hatte, abrupt beendet, aber auch eine gute Einkommensquelle des bestellten Notars Kubelka! Irgendwie schien sich jetzt alles zu entwirren, was dem Postenkommandanten in der „Causa Schloss Albrechtsberg“ bisher an Ungereimtheiten noch aufklärungsbedürftig war. Postenkommandant Bärenscheitter wusste, dass Dr. Kubelka nach dem Ableben des Generals beauftragt worden war, die rechtliche Abhandlung für das Gut Albrechtsberg durchzuführen. Insofern hatte sich der General auch noch eine passende Zeit ausgesucht, denn erst aufgrund des Staatsvertrages vom Oktober 1955 war es möglich, die von 1945 bis 1955 unter sowjetischer Zwangsverwaltung stehenden Güter zu veräußern. All dies ging dem aufmerksamen Postenkommandanten Bärenscheitter durch den Kopf. Zauner hatte daher kaum das Kommissariat verlassen, als Bärenscheitter auch schon in der Notariatskanzlei anrief und Kubelka genauestens über die soeben protokollierte Anzeige informierte.

Wenn Dr. Kubelka auch nicht über den kriminalistischen

Spürsinn eines Postenkommandanten Bärenscheitter verfügte, so dämmerte auch ihm sofort der mögliche Zusammenhang mit dem Verschwinden des Doktor Gruber. Außerdem, so dachte nun Kubelka, nachdem er durch diese Information plötzlich zu einer ungeahnten Klarheit gelangte, sei es auch nicht ausgeschlossen, dass der Verwalter in Gruber einen potenziellen Erben für das Schlossgut sah und er ihm damit in seinen Plänen hinderlich werden konnte; das gäbe ein passables Motiv für einen Mord! Nun konnte Kubelka das Schreiben von Wien auch im rechten Licht sehen. Die Verwaltung des Gutes musste umgehend wieder in die Hände der Familie Rohan übergeben werden. Nach allem, was er nun wusste, war es natürlich auszuschließen, dass der Verwalter seinen Posten behalten würde. So ähnlich waren die Gedanken, die dem Herrn Dr. Kubelka nach dem Telefonat mit Bärenscheitter durch den Kopf surrten. Gleich morgen würde er ein entsprechendes Schreiben aufsetzen. Vorher aber würde er mit dem Bezirksrichter über die Sache reden müssen. Er wollte sich nicht in die Angelegenheiten der Gendarmerie mischen, aber es war wohl vorteilhaft, wenn er sich zuvor nochmals mit dem Postenkommandanten besprach. Das Ganze war nun eine Angelegenheit für die Staatsanwaltschaft.

6.4. Die Aufklärung des Ungeklärten – Rückblick

Um eine Verbindung dieses ominösen Schreibens, das bisher nur der Bezirksrichter Lerchner, Dr. Kubelka in seiner Funktion als Gerichtskommissär und dessen Vertrauter, der Postenkommandant, gesehen hatten, eine Verbindung zu der Aussage Zauners herzustellen, muss in den Ereignissen auf die Weihnachtszeit des Jahres 1957 zurückgegriffen werden. Doktor Gruber war als abgängig gemeldet worden. Und zwar von Tante Anna, die ihn natürlich zuerst vermisst hatte. Sie hatte Gruber zum Heiligen Abend eingeladen und er war nicht gekommen. Nach dem Wirbel um die Plünderung war die ganze Gegend tagelang im Aufruhr gewesen. Am Ende kam sogar noch die Gendarmerie vorbei. Und zwar nicht, weil sie gegen die Plünderung einschreiten musste, sondern um Prügeleien zu schlichten, die zwischen den Beteiligten entstanden. Es ging schließlich um eine begehrte Beute. Es betraf das ausgestopfte Schlachtross des Generals von Waldstätten. Der Bürgermeister von Albrechtsberg wollte das Vieh haben. Aber der Wiesinger, ein Großbauer des Nachbarortes und ebenfalls Bürgermeister, hatte es auch darauf abgesehen und bereits auf seinen Anhänger verladen. Als er mit dem Traktor wegfahren wollte, kam es zur Eskalation. Es entstand eine regelrechte Prügelei, bei der die Bürger der jeweiligen Gemeinde ihren Bürgermeister selbstredend bis aufs Messer verteidigten. Weder die Schrattenbacher, die Partei für Wiesinger ergriffen, noch die Leute aus Albrechtsberg ließen sich lumpen. Es gab eine Menge blauer Flecken.

Doktor Gruber war am Abend des Ablebens des Generals zuletzt noch von mehreren Zeugen gesehen worden. Es bezeugten dies, neben der Dienerschaft des Schlosses, noch der Mesner, Mistbacher, der Bürgermeister, Frau Wilfonseder, Frederik sowie auch der Sargtischler. Andere Zeugen ließen sich nicht finden, und der Pfarrer, der auch von der Gendarmerie befragt worden war, konnte sich an nichts mehr erinnern. Die Leute hatten wohl Angst, man könnte sie ansonsten mit den Plünderungen in Beziehung bringen. Der Verwalter, den man auch dazu befragte, wollte zunächst überhaupt von nichts wissen; doch konfrontiert mit der Aussage von Frederik, der eindeutig und glaubhaft der Gendarmerie gegenüber versichern konnte, den Doktor am Sterbebett zuletzt gesehen zu haben und auch den Herrn Verwalter Burger, der bei diesem Anlass sogar mit Doktor Gruber gesprochen hätte, kam dem Verwalter doch die Erinnerung zurück und auch er bestätigte dann, sozusagen „aktenkundig und offiziell“, Doktor Gruber an diesem Abend zuletzt gesehen zu haben. Aber das war auch schon alles. Zusätzlich wurde noch von einem Befragten, an den sich später aber niemand mehr genau erinnern konnte, erwähnt, dass an eben diesem Tag auch ein scheinbar verwirrter

Fremder im Schlosshof aufgetaucht sei, der einen seltsamen Tanz aufgeführt hatte und kurz darauf wieder verschwunden sei. Im Zuge der behördlichen Nachlassregelung wurde Herr Burger als interimistischer Gutsverwalter und Zeichnungsberechtigter eingesetzt. Ein diesbezügliches Schreiben war dem Verwalter mit 28. Jänner 1958 vom Bezirksgericht M. durch Notar Dr. Kubelka zugestellt worden. Grund dafür waren die eidesstattlichen Aussagen der Herren Binder und Sorbietzky, beide wohnhaft im Meierhof des Schlosses Albrechtsberg. Sie erklärten übereinstimmend, auf Ansuchen des Verwalters und der daraufhin erfolgten Vorladung beim Bezirksrichter, dass sie als Zeugen bei einer testamentarischen Erklärung des Herrn General a. D., Alfred Freiherr von Waldstätten zugunsten des Herrn Burger, wenige Wochen vor dessen plötzlichem Ableben zugegen gewesen wären. Bei dieser testamentarischen Erklärung, die vom General schriftlich abgefasst und von den beiden erwähnten Zeugen angeblich unterzeichnet worden war, handelte es sich um nichts Geringeres als die Überschreibung des Gutes samt aller Liegenschaften auf den Verwalter Burger. Während der Plünderung des Schlosses war allerdings diese Urkunde angeblich verloren gegangen.

Kubelka war, nachdem die Nachricht vom Gemeindeamt Albrechtsberg über das Ableben des Herrn Alfred Freiherr von Waldstätten samt beigelegtem Totenschein an das Bezirksgericht M. ergangen war, vom Bezirksrichter als Gerichts-Kommissar zur Verlassenschaftsabhandlung bestellt worden. Zu dieser Zeit logierte der Schlossverwalter Burger bereits in den ehemaligen Räumen des Generals und ließ sich nun von Frau Wilfonseder bedienen. Der Diener Frederik hatte wenige Tage nach der Beisetzung des Generals in der Gruft des Schlosses seine Stelle aufgegeben und war mit unbekannter Adresse samt seinen Habseligkeiten abgereist. Das gesamte Personal, mit Ausnahme der Waldarbeiter, war vom Verwalter sofort fristlos gekündigt worden. Aber noch bevor Gerichts-Kommissar Kubelka das Grundbuch aufsuchte, um die Aktenlage offiziell zu erkunden, besuchte ihn der Schlossverwalter privatim und machte ihm ein äußerst attraktives Angebot, „falls seinen (behaupteten) Rechtsansprüchen nicht durch gegenteilige Unterlagen seitens des Grundbuches Probleme entgegentreten würden“. Dieses Angebot an einen von öffentlicher Seite her nur unangemessen bezahlten Staatsdiener war im Leben des Dr. Kubelka sehr willkommen und wurde gerne und ohne langes Überlegen angenommen. Dazu bedurfte es seinerseits nur einer kleinen Unachtsamkeit, die man einem überlasteten Beamten durchaus nicht übel nehmen konnte.

Am Tag nach dem Treffen mit dem Verwalter suchte der Kommissär das Grundbuch in M. auf. Der Grundbuchführer begleitete ihn in das Archiv und zog aus dem bis an die Decke reichenden Register zielsicher einen riesigen, ledergebundenen Band heraus, legte ihn auf das darunter befindliche Pult und zog sich diskret zurück. Dr. Kubelka schlug routiniert das Buch auf. Auf der ersten Seite, unter der Konskriptionsnummer EZ 1, war das Schloss Albrechtsberg verzeichnet. Am ersten Blatt, dem sogenannten „A-Blatt“, fanden sich sämtliche Parzellennummern der Liegenschaft aufgelistet. Das interessierte ihn nicht und er blätterte weiter. Am „B-Blatt“ fand er, was er suchte: die näheren Hinweise zur Person des Eigentümers, Alfred Freiherr von Waldstätten sowie die entsprechenden Hinweise auf die Urkundensammlung. Diese war das Herzstück des Grundbuchregisters. Stillstand der Zeit, Kontinuität und Ordnung atmeten diese in Jahrgänge sauber gebundenen Bände. Alles war gewissenhaft vom Gerichts-Kommissar durchgesehen worden. Es gab keinerlei Pfandurkunden, keine Rangliste, keine sonstigen zusätzlichen Vermerke; lediglich der Erbvertrag der Baronin Auersperg auf ihren Sohn Karl Anton, datiert mit 23. Februar 1921, fand Kubelka in der Urkundensammlung. Alles war ordnungsgemäß. Nach der Aktenlage war der Prinz noch Besitzer des Gutes. Nach den amtlich vorgebrachten Aussagen des Verwalters und der beiden Zeugen jedoch der testamentarische Erbe wiederum der Verwalter Burger. Motiviert durch das zufriedenstellende

Arrangement mit dem Verwalter nahm Dr. Kubelka das „B-Blatt" der Urkundensammlung diskret an sich und ließ es zusammengefaltet in seinem Mantel verschwinden.

Dass nun, nach all den Jahren, eine neue Quellenlage auftauchte, daran konnte man damals aber nicht denken. Aus heiterem Himmel, gerade ein paar Monate nach der sozusagen „halboffiziellen" Gutsübernahme des Verwalters, an einem sonnigen Märztag, war das erwähnte Schreiben einer Notariatskanzlei aus Wien auf dem Bezirksgericht in M. angelangt. Der Bezirksrichter sah es kurz durch und gab es an den zuständigen Gerichtskommissär weiter. Er hatte anderes zu tun. Auf Kubelka konnte er sich verlassen. Als Dr. Kubelka die aus Wien angelangten Unterlagen durchgelesen hatte, fiel er aus allen Wolken. Mit einem Begleitschreiben der angesehenen Notariatskanzlei Hofer versehen, enthielt das Schriftstück eine beglaubigte Kopie eines Treuhandvertrages: „Vor mir, dem öffentlichen Notar Dr. Siegfried Hofer, Herrengasse 3, Erster Bezirk, Wien, erscheinen der mir persönlich bekannte Prinz Karl Anton Rohan, wohnhaft auf Schloss Albrechtsberg in Niederösterreich, sowie seine Durchlaucht Freiherr Alfred von Waldstätten, General a. D., wohnhaft im Palais Auersperg, Auerspergstraße 1, 1080 Wien, zum Zwecke der Abfassung eines Treuhandvertrages betreffend der Liegenschaft Albrechtsberg. Wien, den 23. März 1945"

Dieses Schriftstück belegte nichts weniger, als dass im Falle des Ablebens des Generals von Waldstätten die Liegenschaft Schloss Albrechtsberg an die Familie Rohan zurückfallen würde. Interessant war allerdings in diesem Zusammenhang, warum der Prinz nach dem Krieg nicht mehr ins Schloss zurückgekommen war; möglicherweise gab es eine Regelung zwischen dem General und dem Prinzen, die nicht im Grundbuch dokumentiert war. Aber das konnte dem Gerichtskommissär jetzt auch egal sein. Dr. Kubelka, der aufgrund persönlicher Interessen nicht daran interessiert gewesen war, die beauftragte Abhandlung der Verlassenschaft allzu rasch zu erledigen und auch keinen Grund gesehen hatte, die Rechtsnachfolge des Verwalters Burger anzufechten, war schockiert. Mit dieser ihm vorliegenden Urkunde des Treuhandvertrages war nicht nur für den Gerichtskommissär Kubelka die Rechtsklarheit wieder hergestellt; der ganzen Welt würde durch dieses Schreiben nun klar werden, dass hier ein Betrug vorlag und Kubelka unter Umständen auch in Verdacht kommen könnte, für das Verschwinden relevanter Dokumente aus dem Grundbuch verantwortlich zu sein. Das nicht einbringbare und daher auch nicht beweisbare angebliche Testament zu Gunsten des Verwalters war eindeutig als Rechtsmittel hinter die Glaubwürdigkeit des vorliegenden Treuhandvertrages zu stellen. Prinz Rohan oder dessen Rechtsnachfolger sind somit sofort wieder die Eignungs- und Nutzungsrechte der Liegenschaft zu überlassen. Dieser Argumentation folgend, verfasste Dr. Kubelka ein entsprechendes kurz gefasstes Begleitschreiben und leitete es umgehend an den Bezirksrichter Lerchner weiter. Die einzigen, die mit Bestimmtheit wussten, dass mit dem angeblichen Testament zugunsten des Verwalters etwas nicht stimmte, waren die beiden falschen Zeugen Binder und Sorbietzky sowie Kubelka, nachdem er die Unterlagen im Grundbuch hatte überprüft (und verschwinden lassen), und natürlich der Verwalter selbst. Er, Kubelka, hatte sich da in eine sehr unangenehme Sache hineinziehen lassen. So einfach war das! Aber noch einer hatte damals im Dezember 1957 davon gewusst: Dr. Gruber! Doch davon wusste Kubelka wiederum nichts, dafür ahnte der Postenkommandant einen Zusammenhang mit dem Protokoll des alten Zauner. Jetzt zog sich die Schlinge zusammen! Nun war es Dr. Kubelka natürlich nicht entgangen, dass der Verwalter Burger eine sehr rege Tätigkeit nach dem Tod des Generals an den Tag gelegt hatte, im Zuge dessen die Schlosswälder beträchtlich, der Schlosspark aber zur Gänze dahingeschwunden waren. Dies störte zwar das Landschaftsbild, nicht aber den Kommissär. Denn da es keine auffindbaren Barmittel gab, mussten eben Liegenschaften in irgendeiner brauchbaren Form verwertet werden, um für die vorhersehbaren Aufwände im Zuge der Verlassenschaft Abhandlung aufzukommen. Und neben diesen offiziellen

Einnahmen gab es ja auch noch die „Sondervereinbarung“ mit dem Verwalter selbst. Das offiziell vorgesehene Honorar legte im Allgemeinen der Bezirksrichter in kollegialer Weise fest. Mit der großen Liegenschaft konnte Dr. Kubelka auf eine fette Beute rechnen. Die war aber in Gefahr, denn es gab nun diesen verflixten Brief von der Kanzlei Hofer aus Wien und damit eine völlig andere Perspektive. Dr. Kubelka gab sich aller möglichen geistigen Akrobat-Übungen hin, um einen Trapezakt zu vollführen, der ihm sowohl das in Aussicht gestellte Honorar für die bisher betreute Abhandlung sicherte, als auch eine rasche und diskrete Einstellung des nunmehr unnötigen Verfahrens erlaubte. Es war ihm zwar ein bisschen peinlich, dass gerade er es war, der sich in diese Sache hineinziehen lassen hatte. Andererseits konnte man ihm auch keine Nachlässigkeit vorwerfen, da er ja von dem Treuhandvertrag tatsächlich nichts hatte ahnen können. Und dass er das „B-Blatt“ verschwinden ließ, dafür gab es keine Zeugen. Damit blieb seine Weste weiß. Die des Verwalters aber war schwarz, sehr schwarz, ja nach dem, was er von dem Postenkommandanten erfahren musste, kohlrabenschwarz. Das wird in der Gemeinde einschlagen wie eine Bombe, dachte er. Wichtig war, dass sich das Holz des geschlägerten Schlossparks gut verkaufen ließ und er aus dem Erlös bereits eine erste Honorarnote von der Schlossverwaltung, sprich durch den Verwalter Burger, erhalten hatte. Mochten nun die Handschellen klicken, er ging zumindest nicht leer aus. Die Sache mit dem Verwalter ging ihn ja eigentlich gar nichts an. Da hätte er ja gleich Gendarm werden können, wenn er sich nun gar mit einer kriminellen Seele wie der des Verwalters beschäftigen würde. Das war Sache der Justiz und da in erster Linie die des Herrn Bärenscheitter. Der war zurzeit gewiss nicht zu beneiden. Nun musste der Verwalter eben die Kröte schlucken, wie man so im Volksmunde sagt. Und ich kenne diesen Herrn Burger natürlich auch nicht mehr, sagte sich Dr. Kubelka. Das ist ja nun eine „persona non grata“. Was hab ich mit solchen Leuten zu schaffen!

6.5. Das Gelage am Fliederbusch und die Einvernahme der Zeugen

Während Kubelka sich noch nicht einmal den Schlaf aus den Augen rieb, fuhr frühmorgens der Postenkommandant Bärenscheitter mit seinem Dienstfahrrad zum Schloss Albrechtsberg, um Zeugen zu der eingebrachten Anzeige zu befragen. Er hatte sich am Vorabend mit dem Bezirksrichter besprochen, der von Dr. Kubelka unterrichtet worden war und erhielt solcherart sowohl amtliche Rückendeckung, als auch den Auftrag zur Erstellung eines Berichtes an die Staatsanwaltschaft in der Kreisbehörde. Er fuhr die gemütliche, von blühenden Birnbäumen gesäumte Landstraße entlang, in der Hoffnung, den Fall bald gelöst zu haben. Bärenscheitter hatte keine Lust, den ganzen Tag mit dieser Angelegenheit zu vertun. Tapfer warf er sich ins Pedal, um Schwung für den Schlossberg zu nehmen. In Gedanken ging er schon die Liste der möglichen Zeugen durch. Auf der Hinfahrt vom Postenkommando in M. zum Schloss hatte er geistig schon die möglichen Varianten seiner Befragungstaktik durchgegangen. Was, dachte er, wenn der Verwalter unangenehm wird. Er ist ja als roher Mensch bekannt. Ach was, ich werde ihn einfach mit der Aussage Zauners konfrontieren und ihn dann sofort danach, ohne ihm viel Zeit zum Nachdenken zu lassen, von dem Treuhandvertrag in Kenntnis setzen. Während er diese Szenarien durchdachte, schob er sein Fahrrad den steilen Schlossfelsen hinauf und blieb verwundert vor dem ausgelassenen Treiben der versammelten Meierhof-Bewohner beim Fliedergebüsch stehen. Gleich als ersten bemerkte er Zauner. Der schien allerdings bereits so blau zu sein, dass er ihn sicher nicht mehr erkannte. Den brauche ich heute zu nichts mehr befragen, dachte er missmutig. Sofort wurde er unsicher. Wer weiß. Vielleicht hat dieser Säufer bloß Unsinn erzählt und am Ende mache ich mich hier noch lächerlich.

Als Zauner nach mehreren Vierteln Wein, die er zwecks seelischer Vorbereitung auf seine Gattin am Heimweg nach der Anzeige am Postenkommando zu sich hatte nehmen müssen, zu Hause ankam, gab es natürlich zuerst die vertraute Prügelei, damit man sich wieder entsprechend aneinander gewöhnte. Als er seiner besseren Hälfte dann von seiner Anzeige erzählt hatte, überraschte sie ihn mit einer Novität. Sie empfing ihn nämlich beim Eingang des Meierhofes nicht mit den gewohnten Worten „du blödes versoffenes Schwein, sondern verblüffte ihn mit: „Wo hast du versoffener Hurenbock nur gesteckt, während ich mich abrackern musste." „Hurenbock" hatte sie ihn noch nie genannt; also vermutete er, dass sie während seiner Abwesenheit mit aufgeklärten Menschen zu tun gehabt hatte, die ihren Horizont derart erweitert hatten. Letztlich war das aber alles bedeutungslos. Denn am gleichen Tag noch, spät am Nachmittag, als er nach ausgiebiger Ruhe und einigen aufmunternden Worten seiner Gattin die Wohnung verließ und vor den Meierhof hinaustrat, fand er die gesamte Bewohnerschaft vor dem Schloss versammelt, wo alle, ganz wie früher, ehe der Verwalter es ihnen untersagt hatte, vor der Zugbrücke in der schönen Fliederlaube gemütlich beisammen saßen und eine fröhliche Zecherei veranstalteten. Dabei fielen mitunter laute und unsanfte Worte, es gab auch hier und da eine Ohrfeige und dergleichen, insgesamt aber herrschte eine fröhliche und ausgelassene Stimmung. Man war unter sich und sprach sozusagen „die gleiche Sprache". Zauner begab sich unverzüglich zu diesem unerwarteten Fest, um sich den Mitbewohnern gesellig anzuschließen, nachdem ihn die Ausnüchterung im Spital seiner gewohnten Umgebung etwas entfremdet hatte. Wenig später bereits kam der Postenkommandant den Berg herauf. Ganz so wie vor ein paar Jahren Gruber über dieses bunte Treiben gestaunt hatte, staunte nun der Gendarm über dieses seltsame Völkchen. Grölendes Gezeche unter dem blühenden Fliederhain. Gruber pöbelten sie damals frech an, vor dem Gendarm in Uniform hatten sie Respekt, wohl auch ein wenig Angst. Denn ein jeder von ihnen lebte mit dem Gesetz auf Kriegsfuß. Kleine Diebstähle, Schlingen legen, Hühnerstehlen bei den Bauern. Hier hatte er, was er für seine Nachforschungen brauchte. Das war der ideale Zund! Binder in seinem gestreiften

Häftlingsgewand fiel ihm als erster auf. Diesen Menschen nahm er sich als ersten vor.

Noch bevor die Sonne unterging, hatte Bärenscheitter seinen Bericht an die Staatsanwaltschaft beisammen. Er hatte einen guten Tag erwischt. Binder war der beste Informant, den er sich wünschen konnte. Kaum hatte er in der illuminierten Gesellschaft durchblicken lassen, dass er wegen des Verwalters kam, begannen die bunten Vögel zu zwitschern. Binder stellte ihm Sobietzky vor, der nicht nur die Aussage Zauners bestätigte, sondern auch glaubhaft versichern konnte, damals selbst den Verwalter aus dem Keller herauskommen gesehen zu haben. Es bestand kein Zweifel, dass der Verwalter mit dem Verschwinden Grubers etwas zu tun haben musste. Als Bärenscheitter dann den Treuhandvertrag erwähnte und die beiden, Binder und Sobietzky, nach dem angeblichen Testament des Generals und ihre Zeugenaussage befragte, kamen nach einigem Zögern Geschichten zutage, von denen er am liebsten gar nichts gewusst hätte. Es dauerte lange, bis die beiden, die er zwecks Einvernahme zur Seite nahm, alles erzählt hatten. Im Februar 1945 war ihnen die Flucht von einem Häftlingstransport gelungen, der in der Nähe des Schlosses von amerikanischen Tieffliegern bombardiert worden war. Die begleitende SS-Mannschaft hatte sich zur Deckung vor den anhaltenden Luftangriffen in die Straßengräben geflüchtet und die Häftlinge in den Transportfahrzeugen ihrem Schicksal überlassen. Der Fluss war nahe und der Auwald bot Schutz. Eine kleine Gruppe von fünf Häftlingen, zum Teil schwer verwundet, konnte entkommen. In einem leer stehenden Teil des Meierhofes konnten sie sich verbergen. Burger, der damals Ortsgruppenleiter war, machte sich mit einigen Freiwilligen, darunter auch dem damaligen Schlossverwalter Gundacker, auf die Hatz nach den Flüchtlingen. Zur gleichen Zeit durchstöberten SS-Leute der nahen Kaserne M. mit Spürhunden den Auwald in der Umgebung der zerschossenen Transportfahrzeuge. Der übereifrige Ortsgruppenleiter Burger kam ihnen zuvor und entdeckte den zerlumpten und verschreckten Haufen Unglücklicher. Gundacker wusste einen ausbruchsicheren Keller im Meierhof, in den sie zunächst eingesperrt wurden. Sie wurden jedoch nicht ausgeliefert. Wer weiß, sie konnten vielleicht später noch nützlich sein, die eigene Weste weiß zu waschen. Das Kriegsende stand bevor und die Russen rückten an. Als „U-Boote“ ohne Papiere und ohne amtliche Kenntnis lebten Binder und Sobietzky seit diesen Tagen im Meierhof und verrichteten Arbeit für den Verwalter, die ihm selbst zu schmutzig war. Die drei anderen Männer waren in der ersten Woche noch elendiglich krepiert. Kein Arzt durfte sie sehen, und es gab auch keinerlei Verbandszeug und sonstige medizinische Hilfe. Wie Sobietzky, den man nur als „der Einarmige“ bezeichnete, mit seinem abgeschossenen Arm überleben konnte, grenzte an ein Wunder. Die Toten wurden in der Nacht hinter dem Gutshof verscharrt. Als es wenig später nach dem Besitzwechsel zur Entlassung Gundackers kam (wegen der Geschichte mit dem „Umbruch der Zeit“) und Burger Verwalter wurde, drohte er den beiden, sie an die Russen auszuliefern, die sie möglicherweise wegen Spionage erschossen hätten, weil sie in Ungarn noch vor dem Krieg als politische Schriftsteller nicht nur gegen das nationalsozialistische Regime, sondern auch gegen Stalin geschrieben hatten. Das war auch der Grund, warum der Verwalter sie zur falschen Zeugenaussage nötigen konnte. Danach hatte er sie erst recht in der Hand. Eine unglaubliche Geschichte, und doch schien sie dem Postenkommandanten Bärenscheitter aufgrund seiner jahrelangen Erfahrung sehr gut geeignet, das Verfahren rasch zu einem zufriedenstellenden Abschluss zu bringen.

Mit dieser Aussage von Binder und Sobietzky, die ihm auch die Stelle zeigten, wo die verstorbenen Häftlinge vergraben waren, schwang er sich auf sein Rad und fuhr ins Amt nach M. zurück, um seinen Bericht zu verfassen. Als im Zuge der Untersuchungen von der Staatsanwaltschaft später die Bergung der Skelette angeordnet wurde, fand sich am gleichen Ort auch ein Skelett neueren Datums, das man für die Überreste von Doktor Gruber hielt. Es fanden sich Verletzungen am

Schädelknochen; die gerichtsmedizinischen Untersuchungen bestätigten den Mordverdacht. Die Schädelverletzungen ließen sich durch das gewaltsame Einwirken einer Axt erklären. Damit war der Strick für Burger gedreht. So wanderte der Verwalter wegen Totschlags und Betrug hinter Schloss und Riegel. Die unterlassene Hilfeleistung während des Krieges war verjährt. Für Binder und Sobietzky wurde von der Gemeinde eine Wohnung zur Verfügung gestellt. Eine vom Bezirksrichter angeordnete Untersuchung im Verwalterhaus überraschte Frau Burger beim Verheizen von Dokumenten und Büchern, die aus dem Besitz des Doktor Gruber stammten und aus dessen Wohnung, nach seinem plötzlichen Verschwinden, entwendet worden waren. Darunter fand sich auch ein bereits angesengtes Schriftstück, das als Willenserklärung des Generals von Waldstätten zu erkennen war, der im Falle seines Ablebens seine Fahrnisse Doktor Gruber vermacht hatte. Darunter seine Sattelkiste mit Sattelzeug für vier Pferde. Es gehörte zu den Aufgaben des alten Dieners Frederik, diese jedes Jahr einmal herausnehmen und sorgfältig zu putzen. Auch die Bibliothek war Doktor Gruber vermacht worden. Weiter wurde ihm auch noch ein Wohnrecht auf Lebenszeit im Schloss gesichert. Das aber brauchte er nun nicht mehr.

Es gab auch noch einen Hinweis auf einen „russischen Smaragd“; der Name des Begünstigten war auf dem schwer beschädigten Dokument jedoch nicht mehr lesbar. Außerdem konnte bei der von Dr. Kubelka im Zuge der Nachlassabhandlung angefertigten Inventarliste der beweglichen Güter dieser Stein, nebst vielen anderen wertvollen Gegenständen, nicht mehr aufgefunden werden. Es wurde angenommen, dass der Verwalter Burger diese Dokumente des Doktor Gruber an sich genommen hatte, um seine Pläne nicht zu gefährden.

Aus dem unvollständig vorhandenen Text in einem der Tagebücher Grubers, fand sich später noch ein Hinweis, der den Verwalter in den Verdacht brachte, einen Giftanschlag auf den General geplant zu haben. Das Bezirksgericht entschied sich allerdings gegen eine Untersuchung des Verstorbenen, dessen Ruhe in der Schlossgruft nicht gestört werden sollte. Somit war der Fall „Schloss Albrechtsberg“ abgeschlossen.

7 EPILOG

Heute liegt das Schloss devastiert, alles befindet sich im fortgeschrittenen Verfall, der Dachboden des Wohngeschosses ist meterhoch von Taubendreck bedeckt, die Fensterstöcke sind zum Teil rausgerissen, die Fassade abgefallen, der Burggraben mit Schutt gefüllt, die Granulit-Platten aus dem Hof wurden von ehrenwerten „Heimatforschern“ der angrenzenden Gemeinde weggebracht, alles, was nicht niet- und nagelfest war, wurde gestohlen; was die russische Besatzungsmacht nicht besorgt hatte, erledigte die einheimische Bevölkerung. Die Schärfe des Taubenmists hat dem Dachstuhl bereits soweit zugesetzt, dass Einsturzgefahr besteht. Und erst der Park und die angrenzenden Wälder! Der alte Gärtner Bachmeier würde in Tränen ausbrechen, sähe er, was mit seinem geliebten Park angerichtet wurde, den er ein Leben lang mit äußerster Hingabe, Erfahrung und Fleiß, ja fast mit Melancholie betreut hatte. Er hatte für jeden der alten Riesen im Park einen Namen. Wenn er am frühen Morgen damit begann, die kiesbestreuten Wege vom Laub zu säubern, sagte er jedem von ihnen ein paar Worte. So etwa zur alten Platane am hinteren Parkende, die gleich neben dem Lusthaus stand, das nach dem Krieg abbrannte, und der Verwalter bereits wenige Wochen nach der Plünderung als eines der ersten Objekte des Parks wegbaggern ließ: „Na Moosmann, hast wieder so viele goldene Blätter für mich.” Oder: „Eichkatzlbaum, wenn du nur reden könntest, was für Geschichten könntest du mir erzählen.“ Und dergleichen mehr. Dann gab es noch einen „Moosbaum“, den „Herrn Methusalem“ oder den „Rotwelsch“. Letzteren nannte er auch “Seufzerbaum”, weil er bemerkte, dass die alte Baronin, die ihm immer die Hand zum Küssen entgegenstreckte, sobald sie ihn im Park irgendwo traf, auch wenn es drei Mal an einem

Nachmittag geschah, immer ein ganz betrübtes Gesicht machte, wenn sie an dem Baum vorbeiging.

Nichts, das im Park geschah, konnte dem scharfen Blick des Gärtners Bachmeiers entgehen. Er liebte seinen Park auf unvergleichliche Weise. Er ging nie ohne Freude an den Dirndelsträuchern vorbei, die als Erste im Frühjahr goldgelbe Blüten aufsetzen und die fast so stark wie ein Baum am unteren Stammende waren und wahrscheinlich Jahrhunderte alt waren. Der alte Gärtner war schon ein loyaler Diener der Rohans gewesen und ein besonderer Vertrauter der alten Fürstin Auersperg, der Tante des Prinzen. Danach diente er dem General von Waldstätten mit der gleichen Treue. Im Grunde aber diente er bloß dem Park. Das war sein eigentlicher Herr. Bachmeier war eine gerade, aufrichtige Seele. Er liebte seinen Beruf, seine Bäume und seinen Park. Mit seiner Tochter Marie bewohnte er im Park ein kleines Häuschen. Die Baronin hatte ihm für seine treuen, über 40 Jahre ununterbrochenen Dienste im Schloss, freies Ausgedinge bis zu seinem Tode gewährt. Der alte Bachmeier verbrachte gerne den ganzen Tag im Park. Marie richtete ihm täglich Jausenbrote, die er dann in den Park zur Arbeit mitnahm und dort im Schatten der Bäume verzehrte. Unter den riesigen Linden oder bei der kleinen Gruppe von Tulpenbäumen, die noch von den Grafen Enenkel aus Amerika herübergebracht wurden. Im Frühjahr entwickelten sie unvergleichlich zauberhafte Blüten. Der Dorflehrer suchte jedes Jahr beim Prinzen um die Erlaubnis an, mit seiner Klasse den Park zu Lehrzwecken besuchen zu dürfen – als Beitrag für die Naturkunde, wenn sie die Angiospermen durchmachten. Er zeigte seinen Schülern dann stolz den seltenen Ginkgo biloba, der erst vor weniger als einem Jahrhundert von einem Französischen Pater in China entdeckt worden war und den man als „lebendes Fossil" bezeichnete. Nur im Prälaten-Park im Stift Melk, für den es keinen öffentlichen Zugang gab, stand noch so ein Baum, und in Wien waren in den großen Parks der Innenstadt sowie im Botanischen Garten unter Bürgermeister Lueger um die Jahrhundertwende ebenfalls einige Ginkgo-

Bäume gepflanzt worden. Später fand dieser exotische Baum auch im Botanischen Garten der Universität für Bodenkultur sowie zahllosen Schlossgärten nach und nach eine neue Verbreitung, fernab der chinesischen Heimat. Dennoch blieb dieser Baum für die breiten Bevölkerungsschichten noch eine Rarität und war nur den wenigsten bekannt.

So hatte dieser Park auch seinen Beitrag zur Volksbildung geliefert und deshalb war es auch verständlich, weshalb das rücksichtslose Fällen dieser Bäume so viel Empörung unter der Dorfbevölkerung ausgelöste hatte, die ansonsten um das Abholzen eines Waldes kein Aufheben gemacht hätten. Denn der Verwalter ließ sie alle fällen, einen nach dem anderen. Kaum lag der General in der Gruft, als er auch schon die Schlägerung organisierte. Viele Menschen des Dorfes verbanden mit diesem Park schöne Erinnerung an die Schulzeit, an die fröhlichen Stunden, die sie oft auch für Schabernack nutzten, wenn der Lehrer Hammer vor ihnen her dozierte, von Angiospermen und Gymnospermen sprach oder von der Ausbreitung und Entwicklung der ersten Blütenpflanzen berichtete. Gerne vertiefte er seine Zuhörer dabei in die Geschichte um die Entdeckung des Ginkgos oder wies auf die Bedeutung der Buttersäure hin, nach der die Ginkgo-Früchte im Herbst so abscheulich stanken. Die prächtigen Parkbäume dienten ihm als Lehrbeispiele zur Erläuterung des Wasseraustausches zwischen Boden und Pflanzen, dem Mysterium der weit verzweigten Wurzelsysteme derselben und zur Erklärung der Fotosynthese. Diese komplexen biologischen Prozesse waren jedenfalls im Freien leichter zu verdauen, als in der drückenden Atmosphäre der Klassenzimmer. In der stillen abgeschirmten Atmosphäre, die nur selten ein Laut von außen erreichte, machte das Lernen viel mehr Spaß.

Die Kinder bewarfen sich hinter dem Rücken des Lehrers mit Eicheln oder versteckten sich hinter den steinernen Nymphen, Elfen, Heiligen, Löwen und Drachen. Die Steinfiguren, die den Park belebten, stammten aus den Steinbrüchen von

St. Margareten und waren von einem unbekannten Künstler des 18. Jahrhundert hergestellt worden. Sie standen im Park verstreut an den Weggabelungen und neben dem kleinen Brunnen mit den uralten, Moos auf dem Rücken tragenden Teichkarpfen. Amor und Psyche bildeten solch ein Paar, das der Gegenstand von Neckereien wurde, und die Knaben machten höhnische oder unanständige Gebärden hinter dem Rücken des Lehrers, stellten sich hinter Psyche und legten ihre Hand verschmitzt auf deren Busen oder hängten einen Zweig auf Amors Bogen und grinsten vergnügt.

Der kreisförmig angelegte Brunnen bestand aus Kalkstein-Quadern, die in ihrer Ausführung ganz dem des Prälaten-Park des Benediktinerstiftes Melk glich. Auch er wurde ein Opfer des Baggers. Denn der Verwalter Burger bekam auf eigenartige Weise doch wieder Zugriff zum Gut. Keiner wusste, was aus dem Testament wurde. Hatte der Verwalter so gute Kontakte, auch zum Bezirksgericht? Da war doch vor wenigen Jahren mehrmals der Notar Dr. Kubelka aus M. mit seinem neuen Mercedes vorgefahren. Der sollte sich doch angeblich um die Nachlass-Regelung kümmern. Warum hatte der das nicht verhindert? Als der Park plötzlich geschlägert und verwüstet war, schüttelten viele Menschen im Ort den Kopf. „Das ist doch verrückt, was der Verwalter da treibt“, sagten sie. Aber auch sie wussten es nicht zu verhindern. Die schön behauenen Steine des Springbrunnens verschwanden in den anschließenden Planierungsarbeiten in Gräben unter der Erde. Die Dorfbuben fischten gerade noch rechtzeitig die Karpfen heraus, bevor der Bagger in das kleine Rokokobauwerk hineinfuhr. Die im Umfang über zwei Kilometer lange Parkmauer wurde ebenfalls Opfer der eigenmächtigen Handlungen des Verwalters. Die Jahrhunderte alte Mauer, die das Anwesen einfriedete, wanderte zum Teil in die sogenannten „Materialgräben”, Bauschuttdeponien der Umgebung. Zum Teil holten sich, wie bereits erwähnt, die Häuselbauer die Ziegel. Von dieser Mauer ist heute nicht einmal der kleinste Rest mehr erhalten. Sie hatte den Besitz nach außen abgegrenzt und auch geschützt. Als sie gefallen war, wurde auch im Inneren mit vermehrter Geschwindigkeit die Zerstörung vorangetrieben. Der alte Bachmeier hatte das alles Gottseidank nicht mehr miterlebt, er starb zwei Monate nach dem General an einem Schlaganfall. Kurz darauf begann der Verwalter mit der Verwüstung.

Bachmeiers Tochter verließ nach dessen Tod das Schloss und zog über die Donau zu ihren Verwandten ins Waldviertel hinauf. Sie konnte die Zerstörung nicht fassen, von der ihr nur berichtet wurde, und sie hatte sich auch geweigert, je wieder einen Fuß nach Albrechtsberg zu setzen. So behielt sie den Park wenigstens unversehrt in ihrer Erinnerung. Sie brauchte die Zerstörung nicht zu sehen. Man hatte ihr davon berichtet und sie schüttelte dabei nur ungläubig den Kopf. Was für ein unglaublicher und unverständlicher Hass hatte sich über das Schloss ergossen!

Die Geschichte des Parks umschloss auch einen wichtigen Teil ihrer eigenen Geschichte. Vor allem die ungestörter und traumhaft schöner Kindheitserinnerungen. Obgleich es der Dienerschaft nur zu besonderen Zeiten gestattet war, den Park zu betreten, und sein Zugang nur der gräflichen Familie und später dem General vorbehalten war, hatte die Tochter des Gärtners von der Herrschaft die stille Erlaubnis, den Park zu betreten, wann immer sie wollte. Zudem half sie auch ihrem Vater bisweilen bei der Arbeit, oder brachte ihm an heißen Sommertagen einen Krug mit Most hinüber. Häufig aber streifte sie selbst einfach darin umher, hatte dort ihre Lieblingsplätze und Verstecke, die niemand kannte und verbrachte oft Stunden auf einer alten Eiche, deren unterste Äste am Boden auflagen und auf die sie geschickt wie ein Eichkätzchen hinaufklettern konnte. Sie saß dann auf einem dieser weinfassdicken Äste und träumte vor sich hin. Sie nahm ihre Puppen mit zum Spielen, denen sie die Namen der Bäume sagte, die ihr Vater ihnen gegeben hatte, oder später dann, als sie zur Schule ging, brachte sie manchmal ihre Hausaufgaben mit und schrieb sie auf einem Baum. Sie war ein stilles Mädchen und liebte so wie ihr Vater diesen Park. Es war eine stille geschützte Welt. Der Prinz war nur selten darin zu sehen, meist nur wenn es große Feste auf dem Schloss gab und viele Gäste eingeladen waren. Die Besucher gingen dann gerne auf den weißen Kieswegen spazieren, in Gesprächen vertieft. Meist verstand sie ihre Worte nicht, weil sie sich in fremden Sprachen unterhielten. Marie versteckte sich dann hinter den Büschen und Bäumen und beobachtete die fremden, feinen Herrschaften, auf die sie ein wenig eifersüchtig war, weil sie in „ihrem" Park spazieren gingen. Ihr Vater verbot ihr bei solchen Anlässen den Park. Die Herschafften kämen aus ganz Europa und träfen sich zu wichtigen politischen Gesprächen. Er sagte ihr auch, dass die Sprachen, die sie nicht kannte, Französisch, Italienisch, Englisch und Ungarisch seien. Sie konnte es kaum fassen, dass der Graf Rohan alle diese Sprachen verstehen und sprechen konnte.

Trotz, oder gerade wegen des Verbotes, trieb sich Marie zu diesen Zeiten besonders gerne im Park herum und belauschte dabei die fremden Menschen. Bisweilen dauerte so ein Fest eine Woche. Sie sah dann an abgelegenen Stellen des Parks manchmal auch interessante Dinge, die ihr neu waren, und die sie nicht verstand. Sie erzählte ihrer älteren Freundin Birgit einmal davon, die beim Wirtshaus Erber in der Schlosstaverne wohnte. Birgit kicherte bei dieser Erzählung und wurde ganz rot im Gesicht, sagte aber nichts weiter. Im hinteren Park, der zu den Feldern am nördlichen Waldhang anschloss, sah es aus wie in einem Urwald, das heißt, so, wie sich Marie einen Urwald vorstellte. Dorthin ging sie nur mit ihrer Freundin Gerda, die wie ein Junge aussah, gut klettern konnte und flink auf den Bäumen war, wie sonst keiner im Dorf.

Ein beinahe heiliger Platz für die Mädchen war der Pavillon. Wände und Dach bestanden aus einer zarten, kunstvollen Schmiedeeisen-Konstruktion mit Blumengirlanden und kleinen Rauten, Quadraten und Rechtecken, die mit buntem Glas ausgekleidet waren. Tante Anna hatte stets einen besonderen Glanz in ihren Augen, wenn sie davon sprach. Aus ihrer Erzählung merkte Gruber, dem sie diese Geschichte erzählte, dass der Pavillon etwas ganz Besonderes gewesen sein musste. Gerda und Maria spielten dort „Prinzessin" oder

„Dornröschen." Marie war der Prinz. Sie versteckte sich und kam nach einer Weile von weiter weg laut auf dem knirschenden Kiesweg zum Eingang des Pavillons herangestapft. Gerda saß im sonnendurchfluteten Pavillon, den Kopf auf das Marmorsteintischchen in die Armbeuge gelegt und tat, als schliefe sie. Marie öffnete leise das kunstvoll geschmiedete Tor, kniete sich theatralisch vor Gerda hin und erweckte sie durch einen Kuss auf die Stirn.

Besonders gerne saßen sie bei Gewitterstimmung im Spätsommer in diesem Versteck, das sie ihr „Schloss" nannten. Kaum, dass sich die Baronin dorthin verirrte. Der Pavillon lag versteckt im westlichen Parkende. Die Mädchen starrten auf die zuckenden Blitze, abwechselnd mal durch die kobaltblauen, dann wieder durch die saphirgrünen, oder kirschroten Fensterchen, und erfreuten sich an den Farbspielen. Wenn der Regen niederprasselte, liefen sie im geschützten Pavillon um den Steintisch herum und ihre Füße traten kleine Kreise in den weißen Kiesboden.

Einmal im Jahr brachte ein Lastwagen eine Fuhre Kies aus einem Wachauer Marmorsteinbruch, um die Wege auszubessern. Marie lief dann immer hinter dem Arbeiter her, der mit einem Schubkarren voll glänzender Marmorkieseln die Parkwege abfuhr, da und dort eine Schaufel voll hinwarf und mit dem Rechen gleichmäßig verteilte. Sie musste bei dieser Arbeit dabei sein, damit sie sicher war, dass ja nichts Unrechtes geschah, oder einfach, weil sie auf jeden eifersüchtig war, der nur in die Nähe ihres „Schlosses" kam. Der Arbeiter ging aber nie in den Pavillon hinein, schien ihn nicht einmal besonders zu bemerken. Er richtete den Weg bis hin zum Eingang, kümmerte sich aber nicht um den kiesbestreuten Boden im Inneren. Das übernahm später Marie selbst. Das Tor bestand aus zwei schmalen, aber sehr hohen Flügeln. Einer davon hatte einen verzogenen Rahmen und schien nicht mehr richtig zu schließen. Er stand immer offen. Auch im Winter. Im Frühjahr musste Bachmeier immer eine Menge Blätter hinaus rechen, die im Spätherbst und Winter vom Sturm hineingewirbelt wurden. Über das verzinkte Blechdach mit den bunten

Fenstern und die Glaswände wucherte wilder Wein und verdeckte es im Spätsommer beinahe gänzlich. Im Winter saßen dann die Spatzen und Amseln still in den dürren Zweigen und fraßen die kleinen, dunkelblauen, bitteren Beeren.

Marie saß oft in dieser Zeit im Pavillon, hüllte sich in ihren Mantel, die Hände unter die Ärmel gezogen, eng an den Körper gepresst und beobachtete die Vögel durch das bunte Glas. Sie stellte sich vor, dass sie Paradiesvögel sähe und auf einer fernen Insel sei. Der Schatten verzerrte die kleinen Geschöpfe und auf dem Kiesboden huschten Schattenvögel mit langen dürren Beinen und Schnepfenschnäbeln hin und her. Im Winter ging kaum jemand in den Park hinaus. Nur Bachmeier sammelte herabgefallene Äste und sah bisweilen nach den Steinfiguren beim Karpfenbrunnen. Manchmal riss der Wind die Schilfmatten herab, die er mit Draht um die Statuen gewickelt hatte. Er hoffte, damit den Schnee fernzuhalten, der sonst den weichen Kalkstein zersprengt hätte.

Das alles ist jedoch Vergangenheit. Es gibt sie alle nicht mehr: die Steinfiguren, den Brunnen, den Pavillon, die alten Baumriesen. Zumindest war das Schicksal dem alten Bachmeier insofern gnädig, als es ihn davor bewahrte, seinen Park fallen zu sehen. Seinen „Moosbaum", den „Herrn Methusalem", die „Nymphen-Allee", den „Eichkatzlbaum", den „Rotwelsch" und die vielen anderen, von denen jeder seine eigene Geschichte hatte. Die Birkenallee zum Beispiel hatte Prinz Rohan ansetzen lassen. Sie bildete einen weiten Kreis um den Karpfenbrunnen, und der „Eichkatzlbaum" hatte seinen Namen daher, dass in ihm seit Menschengedenken eine Eichhörnchenfamilie ihre Nesthöhle hatte. Den „Rotwelsch", eine Blutbuche, nannte Bachmeier so, weil die Baronin Auersperg sie angeblich von einem Jugendfreund aus dem Welschland erhalten hatte. Es war ihre Erinnerung an eine unglückliche Liebschaft. Ihre Eltern waren gegen die Heirat. Die Baronin erzählte Maria einmal diese Geschichte, so, als handle es sich dabei bloß um ein Märchen. Von Günter Eich stammt der schöne, verzweiflungsvolle Satz: „Wer möchte leben ohne den Trost der Bäume." Wie gut drückt er die Nähe aus, in der Bachmeier zu seinen Parkbäumen stand.

Bachmeier ruht auf dem Dorffriedhof in der hinteren Zeile, gleich an der Kirchenmauer. Das Grab ist völlig verwildert, denn seine Tochter Marie dürfte ihre Ankündigung, nie mehr in die Gegend zurückzukehren, ernst gemeint haben. So endet dieses traurige Kapitel über die Parkzerstörung. Mit der Schlägerung des Parks war das gesamte Ensemble, das harmonisch über Jahrhunderte mit dem Schloss gewachsen war, endgültig zerstört. Der Verlust ist umso bedauerlicher, da kein Geringerer als Fürst Pückler, unangefochtene Gartenkoryphäe seiner Zeit, an der Parkgestaltung mitgearbeitet hatte. Mit dem Ausheben der Grundfeste des schweren kunstvollen Schmiedeeisentores wurde sinnbildlich und auch praktisch das Tor zu einer unendlichen Reihe himmelschreiender Kulturzerstörung geöffnet. Der Bagger mühte sich nicht lange, und das Tor fiel. Der ortsansässige Alteisenhändler Kröpfl holte es ein paar Tage später mit einem Pferdefuhrwerk ab. Ein wahres Prunkstück an Schmiedeeisenkunst. Es war nach dem Vorbild des beinahe doppelt so hohen Eingangstores zum Schloss Nikolsburg in Tschechien gefertigt worden. Über das weitere Schicksal ist nichts bekannt. Wahrscheinlich fand es sein Ende in einem Schmelzofen.

8 EDITORISCHE NOTIZ

In den Jahren 1983 bis 1985 wohnte ich als Student in dem ehemals prachtvollen, seit dem Zweiten Weltkrieg aber völlig verwahrlosten Schloss Albrechtsberg bei Melk, das auf eine tausendjährige Geschichte zurückblickt und zuletzt den Familien Auersperg und Rohan als Wohnsitz und Herrschaftsbereich gedient hatte. Daneben trieb ich mich aber auch immer wieder in und um Burg Albrechtsberg im Waldviertel herum, wo ich die Bekanntschaft des Malers Eugen Jussel machte, der die Burg noch von den Grafen Lempruch erwarb. Schließlich landete das traumhaft schöne Gebäude nach jahrelangem Konkursverfahren bei meinem verehrten Lehrer, dem bekannten genialen, und auch sehr umstrittenen Geologie-Professor und Mitbegründer der „Vereinte Grüne Österreichs" Alexander Tollmann. Durch meine guten Beziehungen zu den damaligen Besitzern verschaffte ich Tollmann erstmals Zugang in die Burg; er war von der weitgehend unverfälschten Architektur sofort begeistert und erwarb daraufhin die Liegenschaft samt Grundbesitz, Park und Nebengebäuden. Mit Tollmann teilte ich das Interesse an diesen geschichtsträchtigen Gebäuden und ich erinnere mich an viele interessante Gespräche und einen intensiven Schriftverkehr, während der Zeit, in der ich in der „Burg" wohnte.

In dem vorliegenden Roman verschmelzen Erfahrungen, die ich an diesen zwei Orten gleichen Namens in Niederösterreich gemacht habe, mit Erinnerungen aus meiner Kindheit und Jugend, die ich am Land verbrachte. Die Begegnung mit der wankenden Geschichte dieser beiden Herrschaftssitze und das Studium zahlreicher dabei aufgefundener Dokumente, ließen mir keine andere Wahl, als mich mit dem Thema auch literarisch auseinanderzusetzen.

Die ersten Fragmente, die später auch Eingang in den Roman fanden, gehen bereits auf das Jahr 1994 zurück, der überwiegende Teil entstand jedoch in den Jahren 1999-2004. Ohne damals zu ahnen, dass aus diesen erratischen Fragmenten auf Bierdeckeln, Zeitungsrändern, Straßenbahn-Fahrscheinen, Rechnungsblocks, Schuhschachteln und sonstigen griffbereiten, beschreibbaren Unterlagen jemals ein zusammenhängender Stoff entstehen würde, überließ ich mich vertrauensvoll diesen Schreibimpulsen.

In diesen Jahren machte ich auch die Bekanntschaft mit dem Wiener Verleger Ulrich Schulenburg (Thomas Sessler Verlag), von dem ich meine erste professionelle Unterstützung bekam und der mich in großzügiger Weise förderte. Schulenburg ließ mich nicht nur an seinem unerschöpflichen Schatz an Wiener „Gschichtln" teilhaben, sondern machte mich auch mit Autoren wie Michael Guttenbrunner, Peter Turrini, und Gerhard Roth bekannt; außerdem inspirierte er mich zum Buchtitel, den ich zunächst skeptisch ablehnte. Aber noch etwas soll hier erzählt und dankend erwähnt werden, das für mich ein wichtiger Meilenstein war: Im Februar 2005 organisierte der Wiener Thomas Sessler Verlag ein Autoren-Casting und lud mich dazu ein. Es war eine Lesung für sogenannte „Jungautoren", wobei das Alter sicher nicht gemeint sein konnte, denn es war ein breites Spektrum von 20 bis 50- jährigen mit von der Partie.

Da mir die Vorstellung, selbst zu lesen, nicht sehr angenehm war, bat ich meine Freundin und „Wahltante" Friederike Tschebull um Rat. „Fritzi", früher selbst als Lektorin tätig und äußerst literaturkundig, ist mit Fritz von Friedl befreundet und stellte den Kontakt her. Als ich daraufhin diesen bekannten österreichischen Schauspieler und Rezitator kontaktierte und die Sachlage erklärte, sagte er sofort zu, und erbat sich lediglich eine freundliche Erwähnung, sollte ich den Roman einmal veröffentlichen; hiermit löse ich dankbar mein Versprechen ein, das mir lange Sorge bereitet hatte.

Er las aus einer Schlüsselszene des Romans: „Der Tod des Generals", und man hätte während seines Vortrags die sprichwörtliche „Nadel“ fallen hören können, so andächtig war das Publikum. Allerdings vermute ich, das war eher das Resultat seiner Sprachkunst, die von solcher Brillanz ist, dass er auch aus einem Telefonbuch mit ähnlichem Erfolg hätte vorlesen können, und es wäre trotzdem mucksmäuschenstill gewesen.

Aber ich möchte noch auf ein weiteres Erlebnis zurückkommen, das ich meinem Freund und Mentor Ulrich Schulenburg verdanke: Ulrich lud mich zu einem exklusiven Soirée in privatem Kreise in sein Haus ein.

Es war ein regnerischer Sommertag, der 4 Juni 2004. Als ich die steile, dunkel gebeizte Holztreppe in das Obergeschoß des traditionellen alten Grinzinger Winzerhauses hinaufging, atmete ich die frische Luft, die durch den Hof aus dem dahinterliegenden Garten ins Haus hineinfloss. Im Obergeschoss angekommen, erwartete mich ein erlesen gedeckter Tisch in einem von Kerzen beleuchteten Speisezimmer; nach und nach fand sich ein kleiner Kreis literarisch interessierter Gäste ein. Es gab einen phantastischen Tafelspitz, den die Gastgeberin, die charmante Frau des Hausherrn als „Kaiserspitz“ bezeichnete, und dabei lächelnd auf das lebensgroße Ölgemälde von Kaiser Franz Josef hinwies, das an der Rückseite des offenen Kamins an der Wand hing. Ein wunderbarer Jugendstilrahmen mit silbernen Platten in einem Blumenmotiv an den Ecken, der Kaiser in Galauniform mit seinen Orden, nach rechts blickend, sehr gut getroffen und mit Sicherheit von einem Hofmaler. Ein passender Hintergrund für den Abend. Außerdem: Alfred von Waldstätten, eine der Hauptfiguren meines historischen Romans, stand im Dienst von Kaiser Franz Josef; im Hause Schulenburgs kam es somit 90 Jahre nach dem Tod des Kaisers nochmals zu einer symbolischen Begegnung dieser beiden Persönlichkeiten!

Ulrich Schulenburg machte mich an diesem elysischen Abend mit Freunden aus der Wiener Gesellschaft bekannt; für mich besonders interessant, befand sich doch, sicher nicht durch Zufall, eine geborene Rohan unter den Gästen. Sie schien nicht unangenehm berührt, dass ich ihrer Familie in meinem Werk eine so große Aufmerksamkeit schenkte, obwohl es sich natürlich bloß um einen Roman handelte und in keinem Fall um ein biographisches Werk, wiewohl sich die Handlung vielfach an konkrete historische Ereignisse und Fakten anlehnt.

Wir sprachen bei Tisch über den Roman, und Schulenburg war so freundlich, aus einem Kapitel bei Tafel vorzulesen; eine besondere Ehre, die ich jedoch nur peripher mitbekam, denn mit am Tisch befand sich seine Exzellenz der Pakistanische Botschafter Hyatt Mehmedi, ein stattlicher Pathan aus Lahore, in Begleitung seiner Tochter; einer Schönheit, wie man sie im Leben nur ganz selten zu Gesicht bekommt. Sie richtete einmal das Wort an mich, und gab mir damit die Möglichkeit ihre schönen Augen aus der Nähe zu betrachten. Doch das Gespräch war von kurzer Dauer und sie fand mehr Gefallen an meiner Begleiterin, die ich in diesem Augenblick unschicklicher Weise völlig vergessen hatte. Ulrich drängte mich die Geschichte meines Überfalles in Pakistan zu erzählen, doch ich wollte nicht; zum Teil, weil mich die Erinnerung daran immer noch beunruhigte, zum Teil wohl auch aus Rücksichtnahme, um nicht einen Schatten auf das Land der zauberhaften Begleiterin des Botschafters zu werfen, indem ich von haarsträubenden Geschichten berichtete. Dieser Abend blieb mir jedenfalls unvergessen.

Weiters möchte ich mich bei Albert Rohan bedanken, Zeitzeuge, Botschafter i. R. und Sohn von Karl Anton Prinz Rohan, der im Roman einen wichtigen Platz einnimmt, und dessen Bibliothek im Roman von Gruber entdeckt und analysiert wird. Mein Vater kannte den Prinzen persönlich und meine Tante erzählte mir viel über ihn und diese Zeit. Albert Rohan hat im Schloss Albrechtsberg an der Pielach einen Teil seiner Kindheit verbracht; er ist ein wichtiger Zeitzeuge, sowohl einer verschwindenden Generation, als auch einer Familie, deren Traditionen noch in der k. u. k. Monarchie wurzelten. Ein Thema, das ich versucht habe in literarischer Form in meinem Roman auch durch Metaphern und Symbole zu transzendieren. Albert Rohan verdanke ich einige Hinweise, die sich auf die Flucht seiner Familie im Frühjahr 1945 vor der anrückenden Roten Armee beziehen, die nur er mehr wissen konnte, und durch seine Richtigstellung Eingang in den Roman fanden.

Biografische Notizen zur Offiziersausbildung in der Maria Theresia Militärakademie in Wiener Neustadt von Alfred Freiherr von Waldstätten, der in meinem Roman als General a. D. eine wichtige Rolle spielt, sind u.a. in den Bänden über die Absolventen der Theresianischen Militär-Akademie nachzulesen (Johann Swoboda: Die Theresianische Militär-Akademie zu Wiener-Neustadt und ihre Zöglinge: 1838–1893, Band 2, Wien 1897), die ich meinem Freund Franz Perschl, einem pensionierten Richter und passionierten Historiker und „Weltvermesser“ verdanke. Franz war einer der Ersten, die sich die Mühe machten, mein Manuskript durchzulesen und mit wertvollen Randbemerkungen zu versehen. Ihm verdanke ich auch intime Kenntnis des amtlichen Sprachgebrauches auf Bezirksgerichten, der mir, wohl glücklicherweise, bisher weitgehend unbekannt blieb und für die Ausführung des Kapitels „Das Polizeiprotokoll des Herrn Zauner“, von Bedeutung war. Hätte ich Franz Perschl schon früher gekannt, ich wäre versucht gewesen, aufgrund seiner vielseitigen Interessen und seinem ungeheurem Wissen, dem Protagonisten des Romans seinen Namen zu verleihen.

Als Erste aber hat Friederike Tschebull, die bereits im Zusammenhang mit dem Kontakt zu Fritz von Friedl erwähnt wurde, erfahrene Hand an mein Manuskript gelegt. Ihr kann nicht genug für ihre Anteilnahme und unermüdliches Interesse an meinen Arbeiten sowie für die ungezählten Gespräche über Literatur und vor allem ihre Freundschaft gedankt werden.

Stavanger, Norwegen, September 2018

Printed in Poland
by Amazon Fulfillment
Poland Sp. z o.o., Wrocław

93433480R00158